KB268427

國語學叢書 60

개화기국어의 명사 어휘 연구

신중진 著

태학사

머리말

처음에는 사람들이 좋았다. 좋아하는 사람들이 하는 것을 나도 하고 싶었다. 그래서 내 자신이 너무나 부족하다는 것(돌이켜보면 등골이 오싹하고 식은땀이 날 정도로 아찔하다)을 잘 알면서도 국어학을 공부하기 시작했다. 그냥 그때는 국어학을 전공하시는 조교 선생님과 TA 선배님이 나에게는 유독 편했다. 그리고 원서 스터디를 이끌어 주시던 선배님이 누구보다도 자상했으며 생활까지 조언해 주셔서 좋았다. 이렇게 사람이 좋아 국어학을 공부하기 시작했던 것이다. 고백하건대 나는 이런 유아적 발상에서 국어학에 빠졌던 셈이다.

그래서인지 유독 여러 선생님과 선배님을 알게모르게 괴롭혔거나 실망시켰던 기억이 뚜렷하다. 그 결과가 오늘의 내 모습이며 이 졸저이다. 많이 부끄럽다. 의지한 만큼 그리고 도와주신 만큼 내 자신이나 이 졸저가 받아들이지 못했다. 오로지 나의 무능력 탓이다. 1% 정도가 내 것이라면 99% 이상이 그분들의 것이기에 더더욱 그분들께 송구하면서도 그지없는 고마움을 표하고 싶다. 그래서 머리말을 그야말로 감사의 글로만 갈음하려 한다.

누구보다도 지도교수이셨던 이병근 선생님께 감사의 마음과 송구한 마음을 전해 올린다. 학부 4학년 때부터 박사학위논문을 낼 때까지 한없이 부족한 나를 언제나 변함없이 지도편달해 주셨다. 그래서 적어도 나에게는 선생님의 존함 앞에 어떤 미사여구를 나열하는 것도 구차하다. 심지어 애프터서비스라고 해야 할까, 지금도 나를 지도해 주시니 선생님의 은혜는 하늘 같아서 우러러볼 수조차 없을 때가 대부분이다. 다만 선생님께서 늘 강조하시는 인간을 이해하기 위한 공부를 하도록, 또 교수와 연구가 봉사가 되도록 최선을 다할 것을 다짐해 본다.

이현희 선생님께도 이 자리를 빌어 감사의 마음을 전한다. 사실 선생님과의 인연은 어떤 다른 선생님들보다도 깊다. 학부 저학년때부터 동아리 지도교수로서 나를 가르쳐주시더니 그런 인연때문인지 이 날 이 때까지 조언을 아끼지 않으신다. 선생님의 50% 학업 지도와 나머지 50% 酒道 지도는 지금도 내 생활의 지침이다. 학업과 생활이 조화로운 학자의 길을 제시해 주신 선생님께 다시 한번 감사드리며, 나 또한 그러한 길을 가리라 다짐해 본다.

늘 내 마음의 성지와 같으신 이기문, 김완진, 故 안병희, 고영근, 이익섭, 심재기, 임홍빈, 최명옥 선생님의 가르침은 지금도 그리고 앞으로도 내 공부의 밑거름이다. 이 졸저의 곳곳에 이 분들의 업적과 정신이 어설프게나마 베여 있다. 특히 故 안병희 선생님의 가르침은 나에게 특별하다. 국어학에 관심을 갖게 된 이후 처음으로 발표한 「율사본『佛說大報父母恩重經』의 국어학적 고찰」은 나의 처녀작인 셈인데 지금도 이 글을 쓸 때의 감흥을 잊지 못한다. 이 글을 통해 안병희 선생님의 연구태도를 최대한 본받으려 했던 기억이 뚜렷하다. 그때의 노력과 정성으로 국어학에 매진하리라 마음 먹었던 기억도 있다.

대학원 과정에서 뵙게 된 송철의 선생님과 김창섭 선생님께서도 나의 사소한 질문과 생활의 애로사항을 일일이 들어주시고 또 말씀을 아끼지 않으셨다. 이 자리를 통해 감사를 드린다. 나는 두 분이 지니신 인자함의 반의반이라도 두고두고 따라해 볼 심산이다.

다음은 이 졸저가 이나마라도 모습을 갖추도록 이끌어주신 송민 선생님과 한영균 선생님께 감사의 마음을 전해 올린다. 내가 국어학회 총무간사로 일할 때, 학회장님이셨던 인연도 있었던 송민 선생님께서는 적어도 나에게는 '개화기인'으로 보였다. 선생님의 말씀 한마디한마디를 빠뜨리지 않고 졸저에 반영하고 싶었으나 결과적으로 그러지 못해

내 자신에게는 아쉽고, 선생님께는 송구하다. 또 한영균 선생님께서는 연구 프로젝트를 통해 사실상 나에게 개화기 연구자료를 직접적으로 제공해 주셨다. 이 졸저의 산파와 같은 분이시다. 늘 날카로운 안목으로 말이 되든 안 되든 나의 연구물들을 읽고 조언해 주신다. 두 분께는 언젠가 제대로 된 연구물을 보여드리는 것이 내 꿈이다.

　끝으로 학부때부터 나를 지켜봐주시고, 함께 공부와 생활을 해 주셨던 여러 선배님들께 고마움을 전해 올린다. 뵐 때마다 따뜻하게 감싸주신 고성환 선생님, 학부 때의 작은(?) 술자리가 영원히 큰 인연이 되어버린 김성규 선생님, 여러 귀한 일에 나를 써주신 이호권 선생님, 같은 지도교수의 막내라는 이유때문인지 살뜰히 챙겨주시는 정승철 선생님, 좋은 글이 무엇인지 일깨워 주신 배주채 선생님, 멋모르는 나에게 원서의 맛을 처음 전해준 김경아 선생님, 국어학 논문은 이렇게 쓰는 것임을 보여주신 구본관 선생님, 당신 옥고의 교정을 부탁할 정도로 믿어주신 장윤희 선생님, 두말 필요없이 친형 이상인 양정호 선생님, 바른 생활의 모범을 보여주신 이정복 선생님, 열심히 하면 끝이 있다는 것을 보여주신 이호승 선생님, 나의 속사정 모두를 알고 계신 정인호 선생님, 못난 내 모습을 늘 인자하게 받아주신 이혁화 선생님, 국어학의 깊이가 끝이 없다는 것을 일깨워주신 박진호 선생님, 어려움은 항상 나누는 것임을 보여주신 임석규 선생님, 서울대 기초교육원에서 동고동락했던 김봉국 선생님, 이제는 울산대학교에서 함께 근무하면서 나의 허물을 감싸주시는 유필재 선생님, 사탄(?)의 죄를 항상 사하여주신 박기영 선생님, 늘 바른 모습과 바른 말로 감동시키는 한성우 선생님, 국립국어원에서 함께 일과 공부를 나누었던 이선웅 선생님, 나의 처음과 끝을 다 알면서도 아는 체하지 않는 황선엽 선생님, 나의 짓궂은 행동들을 싫다 하지 않고 받아주신 김현 선생님, 함께 있으면 모든 악당을 물리쳐 줄 것 같은 송원용 선생님, 큰 내공이 느껴지는 문숙영 선생님, 옆에 있으면 늘 질문하고픈 이승희 선생님, 이제는 울산대학교에서 함께 근무하면서 동고동락하는 이은섭 선생님, 나나 이상신 선생이 옆에 없으면 무슨 재미로 살까 싶은 이진호 선생님 등께 모두 고맙고 또 감사드린다. 이분들과 이분들의 업적에 다시 한번 고마움을 표한다.

과묵하면서도 진실된 동기 이상신 선생, 국어학에 대해 날카로운 안목을 지닌 박재연 선생, 꾸준한 모습으로 일가견을 이루어가고 있는 임근석 선생께도 감사한다. 그리고 후배인 남수경, 안희제, 이지영, 송정근, 신서인, 이광호 선생 등은 내 학문적 동지들이다. 앞으로도 304 식구들과 함께 서로 격려하면서 국어학의 길을 걸어가고 싶다.

이제 가족들의 인내에 대해서도 고마움을 표해야겠다. 여러모로 어려운 사정속에서도 아들의 학업을 묵묵히 바라봐주신 부모님께 우선 머리 숙여 감사드린다. 누구나처럼 나도 이 책을 우선 부모님께 바친다. 그리고 더더욱 학업증진할 것을 다짐한다. 장인어른과 장모님께도 감사의 말씀을 드린다. 짧지 않은 세월을 아들처럼 바라봐 주셔서 감사하다. 그리고 늘 한두 끗이 부족한 남편을 사랑으로 감싸주는 아내 신진아에게도 고맙고, 남은 생을 끝까지 함께 할 것을 이 자리를 빌어 맹세한다. 끝으로 내 인생에 무엇보다도 소중한 아들 윤규에게도 고맙다. 윤규가 주는 기쁨과 행복이 나에게는 너무 크다. 지금처럼 건강하게, 욕심을 부린다면, 착하게 자라주길 빌고 또 빈다.

마지막으로 졸저를 국어학총서로 선정해 주신 국어학회의 여러 선생님들께도 감사를 드린다. 태학사의 지현구 사장님과 바쁜 와중에도 책을 말끔히 편집해주신 직원 여러분께 감시를 드린다. 끝으로 감사의 인사를 올려야 할 많은 분들이 계신다. 특히 70년대 학번 선배 선생님들께도 감사의 인사를 꼭 드리고 싶다. 여러 선생님들과 지인들의 은혜는 두고두고 보답하리라.

2007년 7월
새마음 새뜻을 품고서 저자 씀.

차례

제4장 주요 명사 어휘의 다의 분석 • 243

제5장 결론 • 275

제1장 서론

1.1. 연구 목적

미개국에서 문명국으로 발전하는 과정에 근대화 시기가 있다. 우리는 초기 근대화 시기를 '개화기'라고 부른다.[1] 어느 나라든지 개화기라는 과도기적 시기를 지날 때, 국내적으로는 시민의식을 바탕으로 한 도시화를 추진하고, 국외적으로는 자의든 타의든 선진 문명국으로부터 정신문화와 물질문화를 받아들인다. 이때 어휘의 근대화가 수반되기 마련이다. 즉 정치, 경제, 사회, 문화, 교육 등과 관련된 새로운 어휘가 생기고, 기존의 어휘들은 어의변화를 겪기도 하고 새로운 어휘들과 경쟁하기도 한다.[2] 이것은 어휘체계의 큰 변화를 의미한다. 특히 개화기에는 상당히 많은 어휘의 신생 및 차용이 동반되는데, 이것은 어휘체계의 직접적인 변화를 의미한다.

우리나라도 예외 없이 개화기를 거쳐 현대에 이르렀다. 일반적으로는 강화도조약(1876)부터 경술국치(1910)까지를 개화기라고 일컫고 좁게는 대한제국 시기나 통감부 시기 이전까지를 개화기라고 일컫기도 한다.[3]

---

1) 또는 뉘앙스를 달리하여 '개항기' 혹은 '근대 초기'라고도 한다.

2) 개화기국어에서 어의변화를 겪은 대표적인 어휘로 프랑스어 'civilisation'의 번역어로 채택된 '文明, 開化'를 들 수가 있다(이병근 2001: 10).

3) 본고에서는 강화도조약부터 경술국치까지를 개화기로 보았다. 한편 1898년(광무 2)

역사적으로 이 시기는 엄청난 격동기로 이해되고 있다. 이 시기에 우리 민족은 전통사회의 고수 이외에 '자주적 근대화냐 식민지화냐' 하는 갈림길에 놓여 있었다. 우리 민족은 시민지회의 길을 지지하고 자주독립과 근대적 개혁을 실현하기 위해 때로는 무장봉기로, 때로는 애국계몽 운동 등으로 험난한 투쟁의 길을 걸었다.

이러한 개화의 물결 속에서 새로운 근대국가 사회와 문화의 형성과 관련하여 개화기국어, 특히 어휘체계에도 큰 변화가 있었다. 그런데 개화기국어가 현대국어, 중세국어 그리고 근대국어 심지어 고대국어보다도 국어학자들에게 관심의 대상이 되지 못했다. 이것은 다른 시기의 국어에 대한 연구가 급선무였기 때문이었을 것이다. 그러나 개화기국어가 현대국어와 유사하다고 봄으로써, 그 시기의 국어연구가 다른 시기의 국어연구보다 가치가 떨어진다고 하는 편견을 가지게 된 데에도 그 이유가 있다. 그러나 국어의 어느 시기도 현대국어나 앞으로의 국어를 관찰·예측하는 데에 덜 중요하다고 말할 수는 없다. 이와 같은 가치중립적인 입장에서 본다면 개화기국어를 연구하는 것은 국어사적으로 중요한 의미를 가진다. 개화기국어가 근대화 이후 현대국어의 직접적인 뿌리를 이룬다는 점에서도 이 시기의 국어 연구는 시급하다.

물론 개화기국어에 대한 연구가 미진했던 것만은 아니다. 실제로 개화기국어에 대한 연구가 꾸준히 있었다. 그러나 개화기국어 연구가 몇몇 자료를 통한 미시적인 기술에 그치거나 단편적인 언어사실의 나열에

에 창간된 『황성신문』의 논설을 보면, "開物成務ᄒ며, 化民成俗을 開化라 爲ᄒᄂ니라(사람이 아직 알지 못하는 것을 개발하고 이루고자 하는 것을 이루게 하며, 백성을 교화하여 훌륭한 풍속을 만든다. 물론 "開物成務……"는 『주역』에 나오는 말이다(이성구 1985: 215).)"는 기사를 통해 당시 근대화된 개념으로서 '開化'라는 단어의 형성 경위와 의미를 정확히 이해할 수 있다. 개화에 대한 이런 의미는 유길준의 『서유견문』, 독립협회의 『독립신문』에서 소개하고 있는 개화의 의미와 크게 다르지 않다. 개화의 개념 형성에 대한 어휘사적 논의는 이병근(2001)에서 찾을 수 있다.

머문 것도 사실이다. 이런 이유로 개화기국어 어휘에 대한 연구는 어휘 정리 내지 어휘자료집의 성격을 벗어나지 못한 경우가 많았음은 주지의 사실이다. 개화기 어휘에 대한 연구를 한 단계 높이기 위해 필자는 본고에서 신문·잡지를 중심으로 개화기의 명사 어휘에 대해 술어와의 통합관계를 실증적으로 검토함으로써 개화기의 시사적인 주요 화제영역(topic domains)을 설정하고, 그 대상이 된 개화기국어 명사의 공시적인 어휘관계를 기술하고자 한다.

이런 연구 목적 아래에 현대국어로 인해 생길 수 있는 편견을 배제한 시각에서 종합적으로 국어의 근대화 및 개화기국어와 현대국어의 관계를 보여주는 한편, 신생어 및 차용어를 살펴보고, 숨겨져 있는 개화기국어 어휘를 발굴하여 그 용법을 파악해 보려 한다. 한편으로는 국어사 연구의 한 공백기인 개화기의 어휘를 구명함으로써, 그 전후의 국어를 체계적으로 연계시킬 수 있는 기반을 제공하는 데에 이바지할 수 있기를 기대한다. 또 한편으로는 현재 우리들이 의사소통을 위해 쓰고 있는 어휘들 중에 적지 않은 어휘가 격동기인 개화기를 기점으로 활성화되었다는 사실을 상기시켜 줄 수도 있을 것이다.

본고는 약 240만 어절에 달하는 개화기 신문·잡지 말모음(corpus)을 토대로 하고, 100만 어절에 달하는 참고자료 말모음을 사용하여 이루어진다.[4] 데이터베이스화된 340만 어절은 그 자체로도 활용가치가 높다. 개화기국어 어휘에 대한 빠른 검색은 물론이고, 어휘들의 빈도, 누계 및 자료나 레지스터(register)별 어휘 사용량,[5] 그 편차, 어휘들 간의 통합관계 등을 손쉽게 확인할 수 있으며 특히 본고에서 개괄적으로 드러내려

---

4) 비록 어절수가 본고의 문장 단위 서술을 직접 보여주는 것은 아니나 데이터베이스화된 340만 어절은 명사 어휘, 고빈도 술어뿐만 아니라 저빈도 술어 및 기타 품사 어휘를 모두 포함한다. 또 개별 어절을 핵심어로 하는 문맥색인을 통해 어휘·문법적 단위까지 쉽게 검토할 수 있다. 분명히 어절은 어휘적인 단위는 아니지만, 이런 점으로 본고에서 어절은 의미 있는 단위이다.

5) 레지스터란 언어학적 특성에서 차이를 보이는 텍스트 유형(text type)을 말한다.

하는 어휘·문법적 특성까지 살펴보는 데에 활용할 수 있다.

무엇보다도 본고의 목적 중의 하나는 이런 연구 기반 아래에서 문헌 자료에 나타난 어휘에 대해 관찰, 기술, 설명을 위한 새로운 연구 방법을 모색해 보는 것이다. 국어학의 다른 연구 분야에 비해 어휘론 연구가 힘들고 어려운 까닭은 연구 방법이 제대로 확립되지 못했기 때문이기도 하다. 이런 점도 기존의 개화기 어휘에 대한 연구물들이 사실상 체계적인 성격이 되지 못했던 한 이유이다. 필자는 본고에서 국어 어휘 연구의 새로운 연구 방법을 모색하고, 한계는 있겠으나 그 틀 안에서 개화기 명사 어휘에 대한 논의를 전개할 것이다.

1.2. 연구 대상 및 자료

문헌자료를 대상으로 삼는 연구는 자연히 자료의 제약 속에서 이루어진다. 그러나 자료의 제약이 연구를 등한시하는 데에 대한 변명이 될 수는 없다. 한정된 자료 속에도 국어학의 가치 있는 연구를 행할 수 있기 때문이다. 가령 고대국어, 중세국어, 근대국어 자료를 토대로 한 연구물들은 엄밀한 의미에서 이러한 제약에 도전해서 이루어진 업적들이다.

본고의 주요 연구 대상은 개화기 신문·잡지에 쓰인 명사 어휘이다. 본고에서는 개화기 신문·잡지에 나타난 고빈도 술어에 의해 결정된 주요 화제영역에 따라 명사 어휘의 어휘관계를 살핀다. 즉 비록 한정된 자료를 바탕으로 하기는 하나 필자가 모색한 어휘 연구 방법으로 추출한 개화기 명사 어휘에 대해 술어와의 통합관계 및 명사 어휘들의 계열관계와 특성을 기술하려 한다.

여기서 좀더 언급해야 할 점은 자료 자체에 내재된 한계성에 관한 것이다. 첫째, 본고의 연구 대상이 갖는 한계를 좀더 구체적으로 말하면, 주로 국문 신문·잡지를 대상으로 삼았다는 점이다. 1894년 11월 21일칙령 제1호 14조문 "法律勅總以國文爲本漢文附譯或混用國漢文"에 의하면 이미 개화기의 정점에는 국문 위주의 언어생활이 정부로부터 추진되었다. 그러나 실제 문자생활은 국한문혼용이 통례였다는 것은 그 당시의 자료를 통해서 알 수 있다(이병근 2000). 그럼에도 불구하고 본고에서는 국문 신문·잡지를 주요 연구 자료로 삼았다. 왜냐하면 국한문혼용 자료도 한계가 있기 때문이다. 구체적으로 말하면 漢主國從 자료는 사실 한문에 한글 토를 단 정도이다. 國主漢從 자료의 경우는 언문일치가 많이 실현되어 있어서 국문 자료와 적어도 명사 어휘에 있어서는 큰 차이가 없다. 즉 실제로 필자가 수집한 개화기국어 명사 어휘의 경우, 대부분의 한자어는 국문 자료나 국한문혼용 자료에서, 표기수단이 대체로 한글이냐 한자냐의 차이만 있을 뿐이며, 더군다나 어차피 고유어는 차자표기 또는 轉寫·轉字 자료를 제외하면 국문 자료에서만 실증할 수 있다. 한편 개화기국어 어휘의 특성을 개괄적으로 포착할 목적 아래, 자료의 효율적인 계량 처리를 위해서 국문 자료를 중심 대상으로 삼는 연구는 큰 무리가 없다고 본다.[6)]

둘째, 표기의 한계를 언급하지 않을 수 없다. 개화기국어의 표기 실상은 어절 내부에서 사뭇 통일 속의 혼란 그 자체이다. 개화기에는 비록 당시 교과서의 철자법이나 총독부의 '언문철자법' 및『국어철자첩경』(1908) 등이 있었지만, 표기에 통일을 기하기는 사실상 어려웠다. 그래서 이전 시기의 문헌자료와 마찬가지로 자연히 표기에 혼란이 보인다. 가령 현대국어의 '가르치다'는 개화기국어에 '가르치다, 가라치다, 가르치다, 갈아치다, 갈오치다, 갈으치다, 갈ᄋᆞ치다, ᄀᆞ라치다, ᄀᆞ르치다, ᄀᆞᄅᆞ치다, ᄀᆞᆯ으치다, ᄀᆞᆯᄋᆞᆺ치다, ᄀᆞᆯ아치다, ᄀᆞᆯ앗치다, ᄀᆞᆯᄋᆞ치다'와 같이 무

---

6) 한편 말모음을 기반으로 한 연구에서 국한문혼용 자료와 한글자료를 아울러 연구 자료로 삼으면 한글과 한자라는 이중문자의 처리 문제가 발생한다. 방대한 말모음에서 계량언어학적으로 한글과 한자의 이중문자를 처리하기에는 상당한 어려움이 존재한다.

려 15가지의 표기형이 나타난다. 자연히 본고에서도 개화기 자료에 보이는 표기법의 혼란을 반영하는데, 경우에 따라서는 이표기를 드러내기도 했지만, 편의상 가급적 대표형을 자의적으로 내세웠다.

본고의 개화기 신문·잡지는 국문을 위주로 한 것에 한정하되, 1896년부터 1910년까지 간행된 총 240만 어절에 달하는 7편의 자료이다. 당시 개화와 계몽이라는 시대정신이 인쇄술의 발달과 맞물리면서 신문과 잡지의 발행이 활발해졌고, 또한 독자층도 점점 확대되었다. 비록 독자층이 지식인층 중심이었지만, 시대정신의 요구를 반영한 매체의 발달은 자연히 근대화 및 신문명 관련 어휘들의 확산을 가져왔다. 이 점이 본고에서 개화기 신문·잡지를 연구 자료로 삼은 이유이다. 신문으로는 『독립신문』(이하 (독립)), 『협성회회보/민일신문』(이하 (민일)), 『대한민일신보』(이하 (대한)), 『경향신문』(이하 (경향))이 있고, 잡지로는 『(경향)보감』(이하 (경보)), 『대죠션독립협회회보』(이하 (대죠션)), 『신학월보』(이하 (신학))가 있다(졸고 2003: 149-54).7)

한편 10편의 신소설, 13편의 천주교/기독교 관련 서적, 3편의 교과서 및 도가서, 윤음, 학습서, 기술서, 사전 자료 등 총 48편의 대략 100만 어절도 참고자료로서 활용한다(졸고 2003: 154-76). 더 많은 개화기 문헌자료들이 존재하지만 필자의 능력 부족과 작업·시간상의 제약으로 모두 일괄 정리하지는 못했다. 아울러 불과 100여 년 전 자료임에도 개화기 자료를 접하는 것이 생각보다 쉽지만은 않았다. 실제로 개화기에 많은 서책이 간행되었지만, 그 가치를 미처 깨닫지 못해서인지 지금은 오래된 고문헌만큼이나 희귀해져 버린 경우가 많았다. 아울러 기타 한문 잡지 예컨대 『대한민보』 등에도 순국문의 기사들이 다량 포함되어

---

7) 앞으로 이 글에서 제공할 용례의 출전에 대한 더 상세한 정보들, 예컨대 '간행 연도, 날짜, 권수, 쪽수' 등까지는 면밀히 제공하지 못할 것이다. 필자의 능력 부족 탓이 커거니와 프로그램에서 제공하는 출전을 일일이 확인할 수가 없었기 때문이다. 부족한 대로 총 4권의 (경보)나 총 5권의 (신학)의 예문에는 권수를 제외한 쪽수의 정보를 제공할 것이다.

있다. 이들 자료까지 포함시켜 작업하는 것은 앞으로의 과제로 미룰 수밖에 없다. 부족한 대로 위에서 소개한 대략 240만 어절의 신문·잡지와 대략 100만 어절의 참고자료를 토대로 개화기의 명사 어휘에 대한 검토를 시도한다.

1.3. 논의의 구성

개화기 신문·잡지의 명사 어휘를 기술하기 위해, 본고에서는 다음과 같은 순서로 논의를 전개한다. 제1장 서론은 연구 목적, 연구 대상 및 자료, 논의의 구성으로 이루어진다.

제2장에서는 개화기 신문·잡지에 나타난 명사 어휘를 체계화하기 위한 연구 방법을 모색한다. 이를 위해 우선 개화기 신문·잡지에 나타난 대략 240만 어절의 말모음을 어절별로 소팅(sorting)하고, 어절 분석 프로그램인 SynKDP, CWORD로 어휘의 구현형(tokens)과 유형(types)을 확인하여 개화기 어휘를 조사했다. 그리고 어절 분석 프로그램을 통해서 얻은 구현형을 중심으로 우선 고빈도 술어(동사, 형용사)를 추출했다.[8] 이것은 고빈도 술어의 통사구조와 명사와의 통합관계를 파악함으로써 개화기 신문·잡지에 나타난 명사 어휘의 화제영역(topic domains)을 결정하기 위한 우선적인 작업이었다. 이를 토대로 개화기 신문·잡

---

[8] 여기서 유념해야 할 점은 개화기국어의 고빈도 술어를 추출한 것이 아니라 정확히는 본고에 다루는 개화기 신문·잡지만을 대상으로 고빈도 술어를 추출했다는 점이다. 즉 이상적인 개화기국어 고빈도 술어를 목록화했다기보다는 신문·잡지에서 확인되는 술어를 대상으로 고빈도 술어를 목록화했다는 것이다. 따라서 꼭 확인해야 하는 술어들 중에서 더러 빠진 것도 있고, 그다지 주요 술어도 아닌데, 간혹 신문·잡지에 10회 이상 출현했다고 해서 화제영역의 대상 술어로 목록화된 경우도 있다. 이 점은 본고가 문헌자료를 대상으로 삼았기 때문에 부득이하게 생긴 한계이다.

지에 나타난 주요 화제영역(hot topic domains)을 결정하는 '영역결정술어'의 개념을 소개한다. 이것을 바탕으로 개화기국어 명사 어휘 연구를 위한 연구 방법을 설계하고, 그에 따라 적용 과정을 소개한다.

제3장에서는 모색된 연구 방법을 토대로 인물 관련 명사 어휘, 개인 생활 관련 명사 어휘, 사회생활 관련 명사 어휘(정치, 경제, 산업, 사회, 문화, 교육)를 기술한다. 그리고 제4장에서는 명사 어휘의 빈도를 파악함으로써 개화기 주요 명사 어휘를 확인하고, 연구 방법의 한계로 제3장에서 기술하기 어려웠던 다의관계를 분석하고 기술한다.

끝으로 제5장에서 본 연구에서 얻은 결과를 정리한다. 그리고 미진했던 점을 반성하고, 앞으로의 과제를 제시함으로써 결론을 삼을 것이다.

제2장 개화기국어의 명사 어휘 연구 방법

여기서는 개화기 신문·잡지에 쓰인 명사 어휘를 연구하기 위한 방법론을 모색해 보려 한다. 특히 국어에 대한 확고한 어휘 연구 방법이 존재하지 않는 어휘 연구 실상을 고려해 볼 때, 데이터베이스화된 문헌 자료에 나타난 명사 어휘를 분석하는 데 유리하도록 연구 방법을 모색해 보는 것은 어휘 연구 방법의 개발 측면에서도 의의가 있다. 현존하는 명사 어휘체계 수립을 위한 연구 방법들 예컨대, Roget의 Thesaurus, 프린스턴 대학 인지과학 연구실(Princeton University Cognitive Science Laboratory)에서 George Miller를 중심으로 개발된 WordNet, 프랑스 파리 13대학의 Gross를 중심으로 개발된 Classes d'Objets, 미국 뉴멕시코(New Mexico) 주립대학의 MikroKosmos, Paul Buitelaar의 CoreLex, 일본 전자사전 연구소(Japan Electronic Dictionary Research Institute, 지금은 通信總合研究所에서 개발되고 있다.)의 EDR, 미국 버클리 대학의 Fillmore를 중심으로 개발된 FrameNet 등은 화자들의 직관이 미치는 현대어를 대상으로 하는 연구 방법들이기 때문에 어느 것도 문헌자료에 나타난 명사 어휘를 연구하는 데에 직접 적용하기는 쉽지 않다.

그러나 앞의 연구 방법들을 적절히 참조하면 개화기 신문·잡지에 쓰인 명사 어휘 연구가 아주 불가능한 것은 아니다. 즉 기존의 연구 방법들 중에서 Thesaurus나 WordNet은 어휘의 갈래와 어휘들의 계열관계를 정리하는 데에 도움이 될 수 있고, Classes d'Objets와 FrameNet은 어휘의 통합관계를 정리하는 데에 시사하는 바가 크다. 본고는 특히 개화기의 실상과 함께 언어생활까지 암시하려는 취지에서 명사와 술어의 통합관계를 바탕으로 하는바, Classes d'Objets의 Prédicats Appropriés와 FrameNet의 Frame Elements(FEs)은 본고의 연구 방법 모색에 도움이 된다. 즉 이들 개념은 본고의 '영역결정술어'와 '화제영역'에 대한 개념을 규정하는 데에 도움을 주었다. 본고의 다음 절에서는 이들 용어에 대해 개념을 규정해 보고, 이를 바탕으로 연구 방법 설계 및 적용 과정을 기술해 보겠다.

2.1. 연구의 기본 개념

앞에서 필자는 두 가지 중요한 개념을 언급하였다. 그 중의 하나가 '영역결정술어'이다. 우선 본고에서 말하는 영역(domains)은 부류(classes)와 엄밀한 의미에서 차이나는 용어이다. 예컨대 '레슬러(wrestler)'는 일반적으로 '야구선수, 축구선수, 농구선수' 등과 함께 "운동선수"의 부류에 속하기도 하지만, '신문기자, 운전기사, 교수, 학생' 등과 함께 "인물"의 영역에도 속하게 된다. 이런 전제 하에 본고의 영역결정술어란 "일정한 양의 말모음(corpus)에서 고유한 화제영역으로 묶일 수 있는 명사 어휘들을 논항으로 취하되, 명사 어휘들의 어휘관계를 구명할 수 있을 정도로 실증적 용례가 충분히 추출되는 용언 술어"를 말한다. 영역결정술어는 고빈도 술어 중에서 선정하되, 논항이 분명하게 드러나는 용례가 충분해야 한다. 한편 본고의 영역결정술어는 Gross(1992)가 Classes d'Objets에서 제안한 'Prédicats Appropriés'에서 암시를 얻은 것이지만, 이것과는 다르다. Prédicats Appropriés는 일정한 명사부류가 정해지면 그 명사부류를 규정하는 술어인 반면, 본고에서 제안한 영역결정술어는 화제영역들(topic domains)을 나누는 술어이다. 이런 이유로 명사어휘목록의 구성요소가 되는 명사들이 다소 이질적인 부류에 속하더라도 영역결정술어에 의해서 한 영역에 속하기도 한다. 즉 비유적인 표현 때문에 이질적인 명사가 한 영역에 속한 경우도 있고, 영역결정술어의 다의성 때문에 이질적인 명사가 한 영역에 속한 경우도 있다.

　이와 같은 영역결정술어는 본고에서 개화기 신문·잡지에 나타난 주요 화제영역을 드러낸다. 예컨대 개화기 신문·잡지에 쓰인 '문명(文明)ᄒ다'와 '자유(自由)ᄒ다'는 똑같이 이 시기의 시대상을 반영하는 대표적인 술어이다. 그러나 '문명ᄒ다'는 고빈도 술어로서 화제영역 <문명대상>을 논항으로 취하고, 그 해당 명사 어휘가

> (1) 경축회(慶祝會), 교ᄉ(敎師), 국가(國家), 규칙, 긔계(器械/機械), 기예(技藝), 강국(强國), 기화국(開化國), 나라, 대한(大韓), 명예(名譽), 민족(民族), 법률(法律), 부인, 빅셩, 사룸, 샤회(社會), 셰계, 셰샹, 싀골, 신학문(新學問), 싱각, 인민, 정치, 졔도(制度), 풍긔(風紀), 풍속(風俗), 학도(學徒), 학문, 학식

과 같이 30개가 추출되어 다양한 어휘관계를 살펴볼 수 있다.[1] 따라서 본고에서 '문명ᄒ다'는 영역결정술어로 선정된다. 그러나 '자유ᄒ다'는 비록 화제영역 <자유대상>은 설정할 수 있겠지만, 본고의 대상 자료에 용례가 여섯 개밖에 없어서 논의 대상이 되지 못하고,[2] 결국 영역결정술어로 설정되지 못한다. 결과로 <문명대상>은 개화기 신문·잡지에 나타난 주요 화제영역으로 볼 수 있지만, <자유대상>은 개화기 신문·

---

[1] 어휘관계(lexical relations)의 개념은 2.3에서 이루어질 것이다.

[2] 그 여섯 개의 용례를 보이면 다음과 같다. "그 로인을 보니 이러훈 풍셜 말고라도 힝동을 <u>자유키</u> 어려울 모양인듸 (미일), 눈먼 자의게 다시 봄을 전파하고 <u>패한 자를 자유케</u> 하고 (신학 155), 그 실과를 먹고 죽는 것과 먹지 아니ᄒ고 사는 것이 <u>우리 조상 아당의 자유함</u>의 잇는지라 (신학 204), 그 나라가 능히 자주치 못하고 <u>그 인민이 능히 자유치</u> 못하고 (신학 210), 우리 인민 복락이 이갓치 멸망하야 혹독한 압제 정치는 <u>사람을 자유치</u> 못하게 하고 (신학 256), 대개 예수교는 이 세상을 화하야 천국 갓치 깃부고 사랑하고 <u>자유하는 한 복지를</u> 만들어 (신학 393)"

잡지에 나타난 주요 화제영역으로 볼 수 없다. 또 개화기의 가장 높은 빈도를 보이는 술어 중에 가령 '잇다[有, 在]'의 경우, 대상 내지 주체의 논항에서 묶이는 명사 어휘의 집합이 지나치게 개방적인바, 그에 적절한 고유 화제영역을 설정하기 어렵고, '잇다'의 어휘론적 특성뿐만 아니라 명사와 '잇다'의 통합관계가 학위논문의 일부분으로서 처리되기에는 방대하고 복잡다단한 관계로 부득이하게 논의에서 제외한다.

본고의 연구 방법 설계는 데이터베이스화된 개화기 신문·잡지 자료를 전제로 한다. 즉 연구 방법의 설계는 대량의 말모음을 충분하게 효율적으로 활용하는 것을 지향한다. 한편 화제영역의 대부류를 설정하는 작업은 전통적인 어휘집들, 즉『역어유해』,『동문유해』,『몽어유해』,『왜어유해』및『방언유석』의 어휘분류 체계와 현대국어 갈래사전류(남영신 1994, 임홍빈·한재영 1993, 박용수 1994, 野間秀樹 1998)를 참조하여 설정한다. 본고의 화제영역 대부류를 보면 다음과 같다.3)

(2) 어휘 부류

　ㄱ. 인물

　ㄴ. 개인생활

　ㄷ. 사회생활-정치, 경제, 산업, 사회, 문화, 교육

자연 관련 부류는 본고의 논의에서 제외한다. 이상적인 어휘체계화를 위해서는 이 부류도 포함시켜야 마땅하나 본고의 핵심 논의는 개화기 실상을 더 잘 보여주는 명사 어휘의 추출에 있는바, 전통적으로 큰 변

---

3) 본고의 대부류와 중부류는 화제영역 설정 기준이 있어서 그에 따라 나눈 것이 아니라 세계에 대한 지식과 언어 직관을 토대로 나눈 것이다. 일정한 기준에 따라 어휘를 분류하지 않은 것이 꼭 약점을 지니는 것은 아니다. 어휘론은 언어학의 여타 분야 즉 음운론이나 형태론, 통사론에서처럼 규칙을 상정할 수 있는 분야가 아니기 때문이다. 이는 우리의 심리 어휘부가 항상 경제성에 따라 운용되는 것이 아니라는 점에서 뒷받침된다(Aitchison 1988/1994).

화가 없는 어휘 항목에 대해 설명을 가하는 것은 부가적인 작업이라고
판단하기 때문이다.

2.2. 연구 방법의 설계

본고의 연구 방법 설계에 앞서 필자는 우선 말모음을 구축했다. 개화
기 말모음의 구축 절차와 문제점 해결 등에 대해서는 졸고(2004ㄴ)에서
시도된 바 있다. 개화기 말모음의 구축 이후에는 다음의 순서로 연구
방법을 설계한다.

① 고빈도 술어 추출
② 영역결정술어 선정
③ 명사어휘목록 작성 및 화제영역 결정
④ 어휘관계 정리
⑤ 개화기국어 어휘 특성 기술

앞에서 소개한 대부류를 염두에 두고 신문·잡지 말모음에서 고빈도
술어를 주출한다. 어휘분석 프로그램인 SynKDP를 통해 고빈도 술어를
검색어로 삼으면서, 영역결정술어를 선정한다. 다음으로 이 술어에 의
해 작성된 명사어휘목록에 대해 화제영역을 命名한다. 그리고 명사어휘
목록을 이루는 해당 어휘들의 어휘관계를 정리한다. 여기서 특히 한자
어 어휘들의 한자 정보는 예문의 문맥의미를 검토하고, 이를 토대로
1920년에 조선총독부에서 간행한 『조선어사전』에서 가급적 뽑는다.4)
이미 1911년 4월부터 총독부 취조국에서 편찬 사업이 시작되었고(이병

---

4) 『조선어사전』은 표제항에 대해 대체로 기본 뜻풀이만 제공하고 있다. 간혹 다의
를 제공하기도 하나 현대사전의 그것에 비교하면 미미하게 반영되어 있다.

근 2000: 193), 1920년 3월에 간행한 『조선어사전』은 사전의 보수성을 고려하면, 개화기의 어휘와 그 의미를 그대로 담고 있을 가능성이 높기 때문에 본고의 한자어에 대한 정보는 『조선어사전』에서 얻고, 가급적 국립국어원의 『표준국어대사전』도 함께 참조한다.[5]

본고에서 설계된 연구 방법을 구체적으로 설계하는 모습은 다음과 같다. 우선 영역결정술어를 결정하기 위해 개화기 신문·잡지의 고빈도 술어를 말모음으로부터 추출한다.[6] 본고의 고빈도 술어란 신문·잡지 기사에서 출현빈도가 10회 이상인 용언을 말한다. 어휘관계는 둘 이상의 어휘를 전제로 하는데, 필자는 다양한 어휘관계를 포착하기 위해 수집된 개화기 신문·잡지에서 10회 이상의 출현빈도를 보이는 용언을 고빈도 술어로 삼는다.

다음으로 고빈도 술어를 검색어로 정하고, SynKDP를 통해 문맥색인(KWIC) 방식으로 검색을 한다. 이를 통해 고빈도 술어의 통합관계를 확인함으로써 개화기 언어실상을 잘 반영하는 주요 화제영역을 결정하는 영역결정술어를 선정할 수 있다. 이로써 화제영역을 확정할 수 있으며, 아울러 어휘집합을 묶을 수 있다. 심지어 자료의 출처까지 제공받을 수 있다. 그 결과는 다음과 같은 기본 예시틀을 통해 화제영역과 명사어휘 목록으로 정리한다.

(3) 기본 예시틀

　〈화제영역〉

　영역결정술어 :

---

5) 『조선어사전』의 편찬목적과 그 경위에 대해서는 이병근(2000: 192-225)을 참조할 수 있다.

6) 개화기국어 어휘를 체계적으로 정리하는 데에 있어서 개화기국어에 대한 직관이 부족하기 때문에 심리 어휘부(mental lexicon)를 직접 활용하기는 어렵다. 그래서 필자는 말모음으로 구축한 개화기 신문·잡지 240만 어절과 SynKDP의 어휘분석 결과로 심리 어휘부를 대신한다.

명사어휘목록 :

대표용례 :

영역결정술어 항목에는 하나 이상의 고빈도 술어가 선택될 수 있다. 이는 동일 화제영역을 결정하는 고빈도 술어가 하나 이상일 수도 있기 때문이다. 가령, 개화기 신문·잡지에서 '슈봉(收捧)ᄒ다'와 '슈쇄(收刷)ᄒ다'는 다 같이 본고의 고빈도 술어로서 화제영역 <세금>을 결정하는 영역결정술어이다. 한편 영역결정술어 항목에 영역결정술어만 제시하는 것이 아니라 'N₁-이 공평ᄒ다, N₂-를 매미ᄒ다, N₃-에 보고ᄒ다' 등과 같이 해당 명사 어휘들이 묶이는 논항 구조까지 함께 제시한다. 이것은 해당 영역의 명사 어휘들과 술어의 통합관계에 대해 더 명시적인 정보를 제공하기 위해서이다. 그리고 **명사어휘목록** 항목에는 신문·잡지에서 추출한 명사 어휘를 제시한다. 끝으로 영역결정술어에 의해 검색된 결과를 **대표용례**로 보여준다. 이것은 영역결정술어의 구문적 특성과 화제영역의 의미적 특성을 직접 확인시켜 주고, 다시 명사어휘목록의 어휘관계를 설명하는 데에 직접적인 자료가 될 것이다. 한편 화제영역은 경우에 따라 다시 어휘장(lexical fields)을 구별하여 어휘관계를 밝힌다. 예컨대, <관람대상>으로 추출된 명사 어휘는 다시 [觀覽地]와 [觀覽物]의 어휘장으로 구별하여 어휘관계를 밝힌다.

2.3. 연구 방법의 적용

연구 방법의 적용에 앞서 본고에서 파악하고자 하는 개화기국어 명사 어휘의 어휘관계는 다음을 중심으로 이루어진다.

① 유의관계

② 반의관계

③ 상위-하위관계

④ 부분-전체관계

⑤ 은유, 환유

⑥ 존대어화, 비속어화

⑦ 단어족

먼저 계열적 의미관계(paradigmatic sense relation)에서 파악할 수 있는 대표적인 어휘관계에는 어휘간의 의미가 유사한 유의관계(synonymy)를 들 수 있다.7) 본고에서는 어휘관계 중에 가장 기본이 되는 관계를 유의관계로 보고 우선적으로 기술한다. 어휘간의 의미가 서로 상반된 반의관계(antonymy)도 파악한다. 그리고 동일 화제영역에 속하는 어휘들 간의 관계 중에서 어휘계층(lexical hierachies)을 파악할 수 있는 상위-하위관계(hyponymy) 기술은 결과적으로 다양한 어휘관계를 동시에 보여주는 셈이 된다.

(4ㄱ)은 비분지적(non-branching) 어휘계층 구조를 보여주는 것이고, (4ㄴ)은 분지적(branching) 어휘계층 구조를 보여주는 것이다. 개화기국어 명사어휘목록에서 볼 수 있는 대부분의 상위-하위관계는 분지적 어휘계층 구조를 이룬다. 1층위 쪽으로 올라갈수록 상위어(hyperonym; the more general superordinate)이고 3층위 쪽으로 내려갈수록 하위어(hyponym; the

---

7) 모든 문맥에서 대치가능한 어휘쌍은 있을 수 없다는 이유로 본고에서는 '동의어' 혹은 '동의관계'라는 용어보다는 '유의어' 혹은 '유의관계'라는 용어를 취하여 기술한다.

more specific superordinate)가 된다. 여기서 한가지 지적할 점은 모든 어휘계층을 3층위로만 파악해야 한다는 것은 아니다. 미국 프린스턴 대학의 WordNet은 최고 7층위까지 어휘계층을 두고 있다. 본고의 (4)도 어느 한 층위 특히 기본 층위(basic level)를 중심으로 2개의 층위를 더했을 뿐, 꼭 3개의 층위가 정해져 있다는 뜻은 아니다. 한편 같은 층위에 놓이는 어휘들은 유의관계, 반의관계 및 등위관계 등을 이루게 된다.

부분-전체관계(meronymy : the part-whole relation)는 용어 그대로 어떤 어휘의 어의가 또 다른 어휘가 갖는 어의의 일부분일 때, 성립하는 어휘관계인데, 역시 본고의 기술대상이다. 가령, 현대국어의 '눈, 코, 입, 이마, 뺨' 등은 전체어(holonym)인 '얼굴'의 부분어(meronym)이다. 다시 '얼굴'은 '팔, 다리 몸통'과 함께 '몸'의 부분어가 된다. 특히 이때 '몸'을 최종적인 전체어(global holonym)라고 할 수 있다. 어의확대와 변화(meaning extension and change)의 속성을 포착하는 은유(metaphor)와 환유(metonymy) 또한 어휘관계로 파악하고 명사어휘목록에서도 따로 구별하여 기술한다. 다음으로 어휘의 존대어화(amelioration)와 비속어화(pejoration)를 파악한다. 대체로 어휘의 비속어화가 일반적인 경향이지만, 존대어화의 예들도 더러 존재한다. 마지막으로 '동일어근에 의해 묶을 수 있는 어휘집합'을 단어족(word family)으로 보고 이들 어휘도 어휘관계의 하나로 보고 기술한다.

더 나아가 개화기 신생어, 차용어, 전문어(terminology)는 개화기 실상을 더 잘 드러내는 어휘들로서 추출되는 대로 가급적 세세히 언급한다. 우선 개화기를 기점으로 새로이 쓰이게 된 어휘를 '개화기 신생어'로 본다. 이것은 『표준국어대사전』를 기준으로 현대국어에서는 쓰이지 않지만, 전통적으로 존재해 왔던 어휘, 즉 개화기까지의 어휘를 '개화기 어휘'로 보는 것과 구별된다.8) 그리고 『표준국어대사전』에 등재되어 있

---

8) 개화기 신생어는 대부분이 일본이나 중국에서 차용된 것이 특징이다. 가령 '工事, 公債, 教師' 등과 같이 語形과 語義를 동시에 차용한 경우와 '文明, 開化, 經營'과

지 않은 개화기 신생어는 새로 발굴한 개화기 신생어로 판단한다. 외래어는 '음역, 음차'를 구별하여 원언어(source language)의 정보를 제공한다. 또 어떤 특정한 전문분야에서만 쓰이는 것으로 판단되는 어휘를 전문어로 파악하고 고찰한다.

끝으로 본고의 원활한 기술을 위해 사용한 기호는 다음과 같다.

(5)　　ㄱ. <　　> → 화제영역

　　　　ㄴ. {　　} → 상위-하위관계 및 부분-전체관계의 어휘집합

　　　　ㄷ. (　　) → 해당 어휘의 의미정보

　　　　ㄹ. [　　] → 화제영역의 하위 어휘장

　　　　ㅁ. ⊃ → 상위어와 하위어 및 전체어와 부분어의 포함관계

　　　　ㅂ. / → 동의이철어

　　　　ㅅ. ; → 동일 화제영역을 상정할 수 있는 술어의 구별 및 속성이
　　　　　　　다른 등위관계의 구별

　　　　ㅇ. ㉮, ㉯, ㉰ → 술어의 다의성 혹은 비유적 표현으로 함께 묶이게
　　　　　　　된 명사 어휘의 구별

　　　　ㅈ. → → 화제영역간의 위계

특히 (5ㅈ)에서 화살표의 왼쪽에 오는 화제영역이 상위 영역이고 오른쪽에 오는 화제영역이 그 하위 영역이다. 화제영역간의 계층은 추출된 문맥을 통해 확인한 영역결정술어의 의미와 추출된 명사 어휘의 집합 크기를 참조해서 결정한다. 한편 영역결정술어 항목에 제시한 'N_1, N_2, N_3'는 영역결정술어에 의해 화제영역을 이루는 명사 어휘집합의 논항 위치를 표시한다. 'N_1'은 주체 'N_2'는 대상 'N_3'는 수혜자 등의 논항위치를 나타낸다.

같이 전통적으로 존재했던 語形에 어의만 차용하여 새로운 어의가 추가되거나 어의변화를 일으킨 경우도 신생어로 본다.

제3장 개화기국어의 명사 어휘

개화기 신문·잡지의 명사 어휘에 대한 기술을 위해 필자는 개화기 신문·잡지에서 고빈도 술어에 대해 문맥색인을 검토하고서 개화기 주요 화제영역을 결정하는 영역결정술어를 설정했다. 그에 따라 본고에서는 화제영역 160개가 구축되었다. 그러나 본고는 직관을 확신할 수 없는 문헌자료를 토대로 진행된 연구이기 때문에 귀납적인 방식(bottom-up)에 따라 자료 실증에 치우칠 수밖에 없었다. 또 화제영역 간에 유의미한 관계망을 전면적으로 조직화하는 데까지는 이르지 못했다.9) 왜냐하면 본고의 의도가 개화기 명사 어휘의 어휘체계 전모를 필요충분하게 낱낱이 밝히는 데 있다기보다는 어떤 자료보다 개화기의 실상을 가장 잘 드러낼 것으로 기대되는 신문·잡지 자료에서 화제영역을 확인해 보고 어휘관계를 기술하는 방법을 모색해 보는 데에 있었던 셈이기 때문이다.

전술했듯이, 본고에서는 우선 '인물', '개인생활', '사회생활'의 영역을 구축하고, 사회생활의 경우, 다시 '정치, 경제, 산업, 사회, 문화, 교육'의 중부류를 하위범주망으로 설정한다. 화제영역은 이들 주제 영역을 고려하여 구분한 것이다. 화제영역간에 위계가 명확히 파악될 때에는 상위 화제영역과 하위 화제영역을 결정해서 층위화하고, 상위-하위

---

9) 즉 입체적인 계층구조를 제시하지 못하고 평면적인 계층구조에 머무를 수밖에 없었다.

화제영역 관계에 있지 않은 화제영역들은 유관한 영역을 중심으로 배열하되, 전체적으로는 가나다순(alphabet ordering)으로 배열한다.

끝으로 화제영역의 명명은 다음과 같은 원칙으로 정하였다. 먼저 영역결정술어에 의해 묶인 명사어휘목록을 가장 잘 아우를 수 있는 명명이 있으면 그것을 택한다. <신발>, <의복>, <질병>, <빛>, <모임>, <무기>, <조명> 등이 예이다. 다음은 명사어휘목록을 가장 잘 아우를 수 있는 명명이 마땅치 않을 때, 영역결정술어의 어근을 유지하면서 명사화하고 그것의 '-物, -品, -地' 등이 기존 어휘로 존재하면 그것을 택한다. <음식물>, <투척물>, <반포물>, <교역품>, <귀중품>, <거주지> 등이 예이다. '-物, -品, -地' 등의 기존어도 마땅치 않으면, 역시 영역결정술어의 어근을 유지하면서 명사화하고 '-對象, -主體' 등을 붙인다.

3.1. 인물 관련 화제영역과 명사 어휘

개화기 신문·잡지에서 추출된 고빈도 술어 중에서 인물 관련 주요 화제영역을 결정하는 영역결정술어에는 '권면(勸勉)ᄒ다, 단속(團束)ᄒ다, 결박(結縛)ᄒ다; 구속(拘束)ᄒ다, 다리다, 봉양(奉養)ᄒ다; 공양(供養)ᄒ다, 과거(寡居)ᄒ다, 위로(慰勞)ᄒ다, 유인(誘引)ᄒ다, 삼다, 거느리다, 고용(雇用)ᄒ다, 고빙(雇聘)ᄒ다, 구타(毆打)ᄒ다, 호위(護衛)ᄒ다'가 선정되었다. 이어서 개화기 신문·잡지에서 영역결정술어에 따라 통합관계를 보이는 명사 어휘를 화제영역별로 제시하고, 특징적인 언어 사실과 어휘론적 특징, 특히 영역 내에서 관계지을 수 있는 어휘관계를 정리한다.

3.1.1. 〈권면대상(勸勉對象)〉

영역결정술어 : N₂-를/의게 권면ᄒ다

명사어휘목록 : 가장(家長), 교민(敎民), 교우(敎友), 그리스도인(kristos人), 동포(同胞), 링담쟈(冷淡者), 뭇사람, 빅셩, 사나희, 사름, 샹션회사(商船會社), 셔반아(西班牙), 션비, 싀모(媤母), 신쟈(信者), 쏠, 아오, 외인(外人),[10] 인민(人民), 쟝부(丈夫), 죄슈(罪囚), 쳐즈(妻子), 친척(親戚), 학도(學徒), 형(兄), 형뎨/형제(兄弟)

대표용례 :

ㄱ. 밤이나 낫이나 흉샹 ᄃ니며 <u>링담쟈를 권면ᄒ고</u> 유약훈 쟈를 위로ᄒ며 (경보 103)

ㄴ. 구라파 각국들이 <u>셔반아를 권면ᄒ야</u> 미국이 ᄒ라는 디로 (독립)

ㄷ. 훈 번은 고린도 <u>빅셩의게 권면훈</u> 후에 그 셩에 가보고 (신학 170)

'권면(勸勉)ᄒ다'는 'N₁-이 N₂-를 권면ᄒ다'를 기본구문구조로 갖는다. 드물게 (ㄷ)처럼 'N₁-이 N₂-의게 권면ᄒ다'의 구문도 나타난다. 하지만 'N₁-이 N₂-의게 N₃-를 권면ᄒ다'는 문증되지 않는다.[11] 〈권면대상〉의 명사어휘목록에서 특징적인 것은 '샹션회사'처럼 인물이 몸담고 있는 집합명사뿐만 아니라 '셔반아'처럼 국명도 포함되어 있다는 점이다. 이 것은 현대국어에서의 '권면하다'가 갖는 논항의 의미적 속성과는 차이 나는 부분이다.

한편 (ㄱ)의 '링담쟈'는 신문・잡지에서 여러 번 추출되는데, 『표준국

---

10) 『조선어사전』에는 '外人(외인)'이 세 가지 다의를 갖는 것으로 기술되어 있다. "外國의 人, 家人以外의 人, 團體以外의 人"이 그것이다. 〈권면대상〉에 속한 '외인'은 "家人以外의 人"의 의미이다.

11) 현대국어에서 '권면하다'의 기본구문구조는 "교장이 학생들에게 독서를 권면하다."처럼 'N₁-이 N₂-에게 N₃-을 권면하다'이다.

어대사전』에 등재되어 있지 않다. 현대국어에 와서 일반어로서 세력은 잃었지만, 천주교 전문어로서는 아직까지도 쓰이고 있다. (ㄴ)에서 보이는 '셔반아(西班牙)'는 '에스파니아'의 음차 외래어이고, '그리스도인'은 '외래어+한자어 접미사'의 내적 구조를 갖는데, 이런 구조는 현대국어에서는 쉽게 볼 수 있지만, 개화기국어에서는 드문 경우이다. 그러나 '외래어 지명+-인(人), -국(國)'의 경우는 '아랍인, 희랍국, 포와국, 파샤국, 의태리국'처럼 생산적으로 나타나기 시작한다. 한편 현대국어에서는 한자어 '기독교인' 혹은 아예 외국어 '크리스찬'이 '그리스도인'을 대신해서 더 널리 쓰인다. 신문·잡지에서 문증되는 '교민(敎民)'은 오늘날 널리 쓰이는 '해외교포'를 뜻하는 '교민(僑民)'이 아니라 '종교인'의 의미이다.[12] '인민'은 신문·잡지에서 4000여 회 이상 추출되는 초고빈도어로서 이미 개화기에 '국민'과 함께 널리 일반인들에게 인식된 명사 어휘였다.

　　<권면상대>의 어휘관계를 정리하면, 우선 유의관계로 '인민-빅셩', '사나희-쟝부', '교우-신쟈'를 들 수 있는데, 반의관계로 '아오↔형'이 있다. <권면대상>에는 특히 친족명이 많다. 친족명의 상위-하위관계로는 {친척⊇가장, 싀모, 쏠, 아오, 쳐즈, 형, 형뎨/형제}의 어휘집합을 들 수 있다.

3.1.2. 〈단속대상(團束對象)〉

영역결정술어 : N₂-를 단속ᄒ다

---

12) 예문은 다음과 같다. "텬쥬교에셔는 교왕이 잇서 세계 각국에 잇는 <u>교민</u>을 교중 일에 당ᄒ여셔는 다스리는 권리가 잇게 ᄒ엿고 (독립)". 물론 '교포(僑胞)'도 문증되지 않는다. 다만 신문 기사에 의하면, 개화기에 '이민법'이 만들어져 '이민회샤'가 생겼고 이에 따라 오늘날의 '해외교포'에 대해 '이쥬민'이라는 명사 어휘가 형성되었다. 따라서 '교민(僑民)'이나 '교포'는 개화기를 지나 현대국어 시기에 형성된 명사 어휘로 파악할 수 있다.

명사어휘목록 : ㉮관리(官吏), 관속(官屬), 대신(大臣), 리왕인(來往人), 병뎡(兵丁), 병졸(兵卒), 부하위관(府下尉官), 사롬, 슌검(巡檢), 아젼(衙前), 오히, 측량업쟈(測量業者), 피고(被告), 회원(會員)

㉯공부(公府), 몸, 어션(漁船), 힝실(行實), 힝쟝(行裝)

대표용례 :

ㄱ. 젼츠에 군부대신 민영긔가 <u>피고를 단속ᄒ되</u> (미일)

ㄴ. 군인이 힝위가 단졍ᄒ야 스스로 그 <u>몸을 단속ᄒ고</u> 죠심ᄒ야 (미일)

ㄷ. 죠션과 쳥국에 왕리ᄒᄂᆫ <u>힝쟝을 단속ᄒ기</u> 극난흠과 (경보 246)

‘단속(團束)ᄒ다’는 ‘N$_1$-이 N$_2$-를 단속ᄒ다’를 기본구문구조로 가진다. “한셩여는 남셔 츔슌으로 슌검을 단속흠이 (독립)”처럼 ‘N$_1$-이 N$_2$-로 N$_3$-을 단속ᄒ다’와 같은 구문도 문증된다. 이때 N$_1$에 인물, N$_2$에 인물의 자격, 그리고 N$_3$에 단속의 대상이 온다.

‘단속ᄒ다’에 의해 결정된 화제영역 <단속대상>에서 특징적인 것은 인물 특히 관직명을 뜻하는 보통명사뿐만 아니라 ‘몸’처럼 인물의 신체를 뜻하는 명사도 포함되어 있다는 점이다. 아울러 ‘공부(公府)’와 같은 관청명이나 ‘어션’과 같은 구체물뿐만 아니라, ㉯의 ‘힝실’과 같은 추상물 등도 ‘단속ᄒ다’와 통합관계를 이루고 있는데, 현대국어에서 ‘단속하다’가 갖는 다의적 속성이 이미 개화기에도 드러남을 알 수 있다.[13] 한편 오늘날에는 쓰이지 않는 ‘리왕인’은 현대국어의 ‘왕래인(往來人), 왕래자(往來者)’에 대한 개화기 어휘이다. ‘리왕인’과 관련하여 신문·잡지에 ‘-인(人)’ 관련 명사가 아주 생산적으로 나타난다.

(1) ㄱ. 간증인, 거간인, 거류인, 고발인, 고별인, 고빙인, 고쇼인, 공쇼인, 공회인, 관광인, 관리인, 관속인, 교회인, 구걸인, 귀국인, 그리스도인, 금광

---

13) 해당 명사 어휘와 ‘단속ᄒ다’의 통합관계를 통해 개화기에도 현대국어처럼 ‘단속ᄒ다’가 다의어로서 “보살피다”와 “통제하다”의 어의를 가졌음을 알 수 있다.

인, 긔독교인, 대셩인, 동양인, 동지인, 렬교인, 령슈인, 만국인, 망명인, 매셔인, 무죄인, 미뎐인, 발긔인, 발의인, 발힝인, 방조인, 방쳥인, 보증인, 보힝인, 본교인, 본국인, 본방인, 본토인, 봉교인, 분매인, 분견인, 불교인, 사쥬인, 사회인, 상업인, 샹등인, 샹법인, 샹속인, 셔양인, 셩교인, 셰례인, 쇼개인, 쇼관인, 슈공인, 신도인, 외교인, 외국인, 외방인, 외부인, 우등인, 원고인, 원매인, 원죡인, 위명인, 유교인, 이방인, 일긔인, 입교인, 입회인, 제쟉인, 젼교인, 젼도인, 젼어인, 졔쟉인, 즁죄인, 증거인, 지ᄉ인, 쳡쟝인, 쳥구인, 쳥원인, 츄거인, 츌셕인, 타국인, 편집인, 피고인, 하등인, 학습인, 호샹인, 황싴인, 회싴인, 뎌리인, 뎌슈인, 뎌언인, 뎌표인, 리왕인, 링담인, 비교인, 븬싴인, 희관인, 희교인, 희동인 ; 간연인間然人, 간ᄉ인幹事人, 개톄인個體人, 계승인繼承人, 미토인米土人, 지로인指路人, 탐보인探報人, 톄대인體大人, 톄쇼인體小人

ㄴ. 그리스인, 대한인, 덕국인, 로국인, 로마인, 미국인, 법국인, 비국인, 셔반아인, 아국인, 아랍인, 영국인, 유대인, 죠션인, 쳥국인, 한국인, 한일인, 화란국인

(1)은 개화기 신문·잡지에 나타난 '-인(人)' 관련 명사의 대부분이다. 이들은 오늘날에도 쓰이지만, 사어가 된 경우나 북한어로만 쓰이는 경우도 있다.[14] 가령, '비교인(背敎人)'은 오늘날 '배교자(背敎者)'로 대체되었다. 또 (1ㄱ)의 '미뎐인, 미토인米土人' 등도 오늘날 쓰이지 않는다. 또 이들은 신문·잡지의 문맥으로도 그 의미가 불분명하다. 다만 '미토인'은 "인디언"이 아닐까 추정할 수 있다.[15] '그리스도인'과 '긔독교인'은 유의어이고, '원고인'과 '피고인'은 반의어이다. (1ㄴ)은 '국명-인'의 내

---

14) 개화기의 '동지인(同志人)'은 오늘날 북한어로 규정되어 있다.

15) "남아메리가 베네쑤일나 오리노고에 흙 먹는 민족(土食民族)이 잇스니 히마다 몃 둘 동안에는 진흙만 먹고 연명ᄒ며 ᄯᅩ 오레곤 <u>미토인米土人</u> 비레와 풀쌀희만 먹고 연명ᄒ고 (경보2: 210)".

적 구조를 갖는다. 이 중 '비국인'은 "벨기에인"을 의미한다.[16]

한편 '부하위관'은 신식군대의 창설 이후, 하급장교에 대한 명칭이므로 개화기 신생어인 셈이다. 그리고 『경향보감』에서 추출된 '측량업쟈'는 건축 관련 전문어이고, 신문·잡지류에 골고루 고빈도로 추출된 '피고'는 법률 관련 전문어이다. '피고'와 함께, <단속대상>에 들어 있지 않지만, '피고인(被告人)'과 그 반의어 '원고(原告), 원고인(原告人)'도 문증된다. 한편 '몸을 단쇽ᄒ다'는 "위험에 처하지 않도록 조심하다"는 뜻의 관용 표현이 되었고 이어서 오늘날에 '몸단속'이라는 합성어로까지 발전하게 된다. <단속대상>에서 어휘관계를 정리하면, 우선 유의관계로 '병뎡-병졸'을 들 수 있고, 반의관계로 '관리↔관속', '대신↔아전' 등을 확인할 수 있다.

〈단속대상〉 → 〈구속대상(拘束對象)〉

영역결정술어 : N₂-를 결박ᄒ다; 구속ᄒ다

명사어휘목록 : ㉮관리(官吏), 관속(官屬), 관하인(官下人), 교ᄉ(敎師), 교쟝(校長), 군슈(郡守), 규슈(閨秀), 남녀, 동쟝(洞長), 박수,[17] 부ᄌ(夫子), 션긱(船客), 슌검(巡檢), ᄋ히, 적당(賊黨), 쥬인(主人), 학원(學員), 홍성갑이, 힝인(行人)

㉯목, 사지(四肢), 슈죡(手足), 팔, 학교, 허리

대표용례 :

ㄱ. 신됭균씨가 공동 소학교 <u>학원을 결박ᄒ고</u> 짜린 일노 말미옴아 (민일)

ㄴ. 비교ᄒᆫ 두 ᄉ공과 ᄒᆞᆫ 옥에 가도고 <u>슈죡과 허리와 목을 엄히 결박ᄒ고로</u> (경보 336)

---

16) "이 대ᄉ가 십년 전의 북경 쥬임 공ᄉ로 잇다가 대ᄉ로 <u>비국에(벨지아)</u> 잇섯다더라 (경향)".

17) 남자무당. "새벽에 제사제쟝이 쟝로와 서사관과 온 공회로 더브러 의론하고 <u>박수를 결박하야 (신학 354)</u>".

ㄷ. 동포들도 놀나고 괴이히 녁여 골ㅇ더 <u>학교를 더러케 구속ᄒᆞ니</u> (대한)

'결박(結縛)ᄒᆞ다; 구속(拘束)하다'는 'N₁-이 N₂-를 결박ᄒᆞ다; 구속ᄒᆞ다'를 기본구문구조로 가진다. "포교들이 즉시 오라로 결박ᄒᆞ야 포텽에로 가더니 (경보 14)"처럼 'N₁-이 (N₂-를) N₃-로 결박ᄒᆞ다' 구문이 자주 문증된다. 한편 드물게 "나무가지에 고두름이 밋치고 다니는 <u>사롬이 치위에 구속ᄒᆞ야</u> 허리를 펴지 못ᄒᆞᄂᆞᆫ지라 (민일)"처럼 'N₁-이 N₂-에 구속ᄒᆞ다' 구문도 나타나는데, 현대국어에서는 'N₁-이 N₂-에 구속되다'로 실현되는 구문이어서 특이하다.

'결박ᄒᆞ다; 구속ᄒᆞ다'에 의해 결정된 신문·잡지의 화제영역 <구속대상>에서 특징적인 것은 '인물'을 뜻하는 보통명사뿐만 아니라 ㉯처럼 인물의 신체 일부를 뜻하는 명사와 '학교'와 같은 단체명사도 포함되어 있다는 점이다. 이것은 상위 영역결정술어인 '단속ᄒᆞ다'에 의해 묶이는 <단속대상>에서도 확인한 것처럼 '결박ᄒᆞ다; 구속ᄒᆞ다'가 갖는 다의성 때문이다. 한편 현대국어에서는 '{활동, 생활}을 구속하다'와 같이 추상명사도 <구속대상>이 되는 것에 비해 이에 준하는 용례가 개화기 신문·잡지에서는 추출되지 않는다. 이러한 사실들과 추출된 용례들의 문맥의미를 고려하면 개화기에는 <구속대상>을 <단속대상>의 하위 화제영역으로 조직할 수 있겠다.

개화기 신생어 '교ᄉᆞ, 교쟝, 학교, 학원' 등은 근대적 신식교육의 시작과 함께 형성된 명사 어휘이다. 이 중에 '학원'을 『조선어사전』에는 '學徒'와 유의어로 처리하고 있다. 물론 '학싱'도 '學徒'와 유의어로 처리하고 있다. '學徒'가 이들 유의어의 뜻풀이 용어로 쓰인 것으로 보아 개화기에는 '學徒'가 '학원, 학싱'보다 더 일반적인 어휘였던 것 같다. 이 점은 현대국어에서 '학생'이 이들 유의어에서 더 일반적인 것과 대조된다. 한편 '학교'와 같은 집합명사도 대표용례 (ㄷ)에서 보듯이 <구속대상> 어휘인 점이 현대국어와 차이난다. 추출된 <구속대상>에서 눈에 띄는 어휘관계를 정리하면 우선 유의관계로, '관속-관하인', '사지-슈족'이 눈에 띈다. 신체어로서 등위관계를 이루는 {목, 사지-슈족, 팔, 허리}가 '결박ᄒ다; 구속ᄒ다'와 통합관계에 있다.

3.1.3. 〈동행대상(同行對象)〉

영역결정술어 : N_2-를 다리다

명사어휘목록 : 가권(家眷),[18] 가속(家屬), 가족/가족,[19] 간ᄉ원(幹事員), 간호부(看護婦), 계집, 관원, 교우, 군사/군ᄉ, 권솔/권솔(眷率), 기싱/긔싱(妓生), 남편, 녀식(女息), 녀인, 니힝(內行), 류학싱(遊學生), 무녀, 무뢰지비(無賴之輩), 병뎡(兵丁), 병인(病人), 부인, 사롬, 쇼실(小室), 순검/ 순검(巡檢), 순사(巡使), 슌포(巡捕), 식구(食口), 신부(神父), 쫄, 아달/아돌, 안히, 어린ᄋ히, 역군, 영관(領官), 올압이, 우양, 위관(尉官), 의원(醫員), 인민(人民), 자식, 자질(子姪), 잡류(雜類), 쟝공(匠工), 족하쫄, 죄인, 죵인(從人), 죵인비(從人輩), 쥬ᄉ(主事), 짐군, 창녀(娼女), 쳐ᄌ/쳐자(妻子), 쳡(妾), 총슌(總巡), 친모, 하인, 학도, 학ᄉ(學士), 형슈(兄嫂)

대표용례 :

ㄱ. 슌검과 궁 하인이라 칭ᄒ고 여러 <u>하인을 다리고</u> 단니며 (미일)

ㄴ. <u>가권을 다리고</u> 타국에 와서 살겟다고 (독립)

---

18) '가권(家眷)'은 『조선어사전』에 '家率, 家屬'의 유의어로 등재되어 있고 "一家의 眷屬"으로 뜻풀이되어 있는 인성명사이다. 등음이의어 '가권(家券)'도 『조선어사전』에 "家屋의 賣渡證書"의 뜻으로 등재되어 있어서 비인성명사임을 알 수 있다. '가권(家眷)'과 '가권(家券)'은 오늘날뿐만 아니라 『조선어사전』에도 분할배열되어 있는 동음이의어이다.

19) '가족(家族)'은 일본에서 차용된 대표적인 어휘임은 주지의 사실이다. 『조선어사전』에 '一族' 혹은 '一家內의 者'로 등재되어 있는 인성 집합명사이다. 개화기 신문·잡지 자료에는 『조선어사전』에 '動物의 皮革'의 뜻으로 등재되어 있는 '가족'도 나타난다. 개화기의 동철이의어인 셈이다. 현대국어에서 후자의 '가족'이 '가죽'으로 표기가 정착되었기 때문에 더 이상 이들은 동철이의관계에 있지 않다.

ㄷ. 모든 <u>간수원과 쟝공들을 다리고</u> 새문 밧 모화관에 나가셔 (독립)

ㄹ. 어늬 딕신틱에셔 <u>기성을 다리러</u> 왓노라 (믹일)

'다리다'는 현대국어의 '데리다'의 古語形으로서 'N₁-이 N₂-를 다리다'를 기본구문구조로 갖는다. 현대국어와 마찬가지로 '다리고, 다리러, 다려/다려다가'의 활용형만 쓰이는 불완전동사이다. '다리다'에 의해 결정된 화제영역 <동행대상>에서 '간수원'은 『표준국어대사전』에서는 '간사'에 대한 북한어로 규정하고 있다. 그러나 개화기 신문·잡지에서 추출한 대표용례 (ㄷ)을 보면, 이미 개화기 때부터 '간수원'이라는 어휘가 『독립신문』에 나타난다. 개화기에는 '간수원'에 대해 유의어로 '간수, 간수인'도 함께 쓰였는데, 관련 어휘 '간수원회, 간수회'도 신문·잡지에서 확인된다. '간호부(看護婦)'는 개화기에 이미 함께 쓰이던 '간호원(看護員)'의 유의어인데 현대국어 '간호사(看護師)'에 대한 개화기 신생어이다. 한편 신문·잡지에 '-원(員)' 관련 명사가 많이 나타난다.

(2) 간수원, 간호원, 검수원, 견습원, 경리원, 고문원, 공무원, 관방원, 교무원, 교섭원, 교회원, 긔수원, 긔지원, 됴사원, 령파원, 명예원, 번력원, 별파원, 보고원, 보조원, 보좌원, 심판원, 은힝원, 의무원, 전투원, 졉디원, 조합원, 지샤원, 지회원, 찬무원, 찬셩원, 쵹탁원, 츌셕원, 측량원, 탐보원, 통신원, 특파원, 파견원, 편즙원, 회계원, 회샤원, 수무원 ; 공수원(公事員), 령슈원(領收員), 로쇠원(老衰員), 명수원(明事員), 쟝무원(掌務員), 즁의원(衆議員), 집무원(執務員)

    <동행대상>의 어휘관계를 정리해 보면, 우선 유의관계로 '가권-가속-가족/가죡-권솔/권쇽-식구', '부인-안히',[20] '순검/슌검-슌사-슌포', '쏠-녀

---

20) 참고자료에서 '마누라, 녀편네' 등도 유의어를 이룬다.

식', '죵인-하인', '기싱/긔싱-창녀', '녀인-니힝', '쇼실-첩' 등을 확인할
수 있으며, 반의관계로 '아달/아둘↔쌀/뚤-녀식', '남편↔부인-안히', '병
인↔의원'을 들 수 있다. 상위-하위관계를 보면 다음과 같다.

(3) ㄱ. {가권-가속-가족/가족-권솔/권솔-식구⊐부인-안히, 뚤-녀식, 쇼실-첩, 남
　　　편, 아달/아둘, 올압이, 자식, 자질, 족하뚤, 쳐주/쳐자, 형슈}
　　ㄴ. {군사/군스⊐병뎡, 영관, 위관}
　　ㄷ. {잡류⊐기싱/긔싱, 무녀, 무뢰지비, 죵인-하인, 죵인비, 짐군, 죄인, 창
　　　녀}

(3ㄱ)에서 개화기의 친족관계 어휘의 일면을 엿볼 수 있다. (3ㄴ)에서는
무관들의 상위-하위어를 보여준다. 이 중 '영관, 위관'은 개화기 신식군
대 창설 이후에 생긴 신생어들이다. (3ㄷ)에서는 개화기 사회의 낮은 신
분계급 어휘들인데, {죵인, 죵인비}는 파생에 의해 단어족을 이룬다. 한
편 신문 · 잡지에서 '-비(輩)' 관련 명사가 현대국어에 비하면 훨씬 더 생
산적으로 나타난다.

(4) 간셰비, 간활비, 간휼지비, 간흉비, 거류비, 걸인비, 관리비, 관속비, 관예
　　비, 관졸비, 광동비, 녀쇼비, 노령비, 란류비, 란민비, 로복비, 말음비, 모리
　　비, 무녀비, 무당비, 무례비, 무뢰비, 부상비, 사령비, 셔긔비, 소쇼비, 쇼인
　　비, 순교비, 슌검비, 슌교비, 슌사비, 시졍비, 아동비, 아젼비, 텰도역부비,
　　역신비, 영록비, 옥졸비, 완고비, 원역비, 잡류비, 쟝스비, 졉쟝비, 죵인비,
　　직인비, 포교비, 포졸비, 하리비, 하쇽비, 하예비, 하인비, 협잡비, 흉역비,
　　디류비, 스령비, 픠류비

(4)의 예 중에 '모리비(謀利輩), 무뢰비(無賴輩), 쇼인비(小人輩), 시졍비(市
井輩), 쟝스비(--輩), 하인비(下人輩)' 정도만 오늘날에도 쓰이나, 나머지는

오늘날에는 쓰이지 않는다. 현대국어에서는 접미사 '-비(輩)' 자체가 생산성이 없는 것으로 파악된다.

3.1.4. 〈봉양대상(奉養對象)〉

영역결정술어 : N₂-를 봉양ᄒ다; 공양ᄒ다

명사어휘목록 : ㉮관리(官吏), 로모(老母), 로친(老親), 몸, 부모, 부친, 삼촌, 숙부, 싀아비니, 싀어마님, 아비, 아자씨, 육신, 젹모(嫡母), 즈친님(慈親-)

㉯ 무음, 뜻

대표용례 :

ㄱ. 너희 등은 <u>즈친님이나 잘 봉양ᄒ라</u> (대한)

ㄴ. 부모의 <u>육신을 봉양ᄒᄂ</u> 거시 됴ᄒ더 그 <u>무음을 봉양ᄒᄂ</u> 거시 더옥 됴ᄒ니 (경보 53)

ㄷ. 직물은 본디 만치 아니ᄒ오디 <u>부모롤 공양ᄒ옵고</u> 쳐즈롤 보호ᄒ옵고 (경보 220)

ㄹ. 어미 셤기믈 지극혼 효도로 ᄒ되 그 <u>뜻을 봉양ᄒ고</u> 그 <u>무음을 봉양ᄒ야</u> (관성제군오륜경 4a)

'봉양(奉養)ᄒ다; 공양ᄒ다'는 'N₁-이 N₂-를 봉양ᄒ다; 공양ᄒ다'를 기본구문구조로 가진다. 참고자료 중에『긔희일기』에는 "약간 푼전을 엇어 <u>부모 동성을 봉양ᄒ더라</u> (긔희일기 50a)"처럼 아랫사람인 '동성'도 〈봉양대상〉에 포함되어 있어서 특이하다. 또 현대국어에서는 구체명사만 봉양의 대상인데, 개화기국어에서는 ㉯의 '뜻, 무음'과 같은 추상명사도 봉양의 대상이 됨을 대표용례 (ㄹ)을 통해 알 수 있다. 한편 '젹모'는 전통사회에서 '서자가 아버지의 정실부인을 부르거나 가리키는 말'인데, 일부일처제가 정착되어 있는 현대사회에서는 쓰일 기회가 없는 어휘이다.

<봉양대상>의 어휘관계를 정리하면, '량친-로친-부모', '숙부-삼촌-아자씨', '아비-부친'이 유의관계를 이루고 있다. '량친-로친-부모'는 연령에 따른 유의어이며, '숙부-삼촌-아자씨'는 친밀감에 따른 유의어이고, '아비-부친', '로모-ᄌ친님'은 존대어화에 따른 유의어이다. '싀아비니↔싀어마님', '아비-부친↔로모-ᄌ친님'이 반의관계를 이룬다. 상위-하위 관계를 보면, 친족명으로서 {량친-로친-부모⊒아비-부친, 로모-ᄌ친님}을 확인할 수 있다.

3.1.5. 〈사별주체(死別主體)〉

영역결정술어 : N_1-이 과거ᄒ다
명사어휘목록 : 녀식(女息), 년쇼부인(年少夫人), 누이, 리막다리나, 모친, ᄌ부(子婦), 형슈(兄嫂)
대표용례 :

오계신의 <u>누이가 과거ᄒ엿스민</u> 그곳에 말ᄒ여 결혼ᄒ여 쥬마고 (미일)

'과거(寡居)ᄒ다'는 『조선어사전』에서 "夫를 잃은 婦女의 境遇가 되다."로 뜻풀이히고 있다. 'N_1-이 과거ᄒ다'의 자동사 구문을 기본구문구조를 갖는다. 엄밀한 의미에서 '과거ᄒ다'가 요구하는 N_1은 여성 명사이다. 실제로 개화기 신문·잡지 속에서 <사별주체>를 이루는 어휘들은 모두 여성 명사 혹은 여성 고유명사이다. 즉 '녀식, 년쇼부인, 누이, 모친, ᄌ부, 형슈'는 여성 명사이며, '리막다리나'는 세례명을 받은 여성 고유명사이다.

3.1.6. 〈위로대상(慰勞對象)〉

영역결정술어 : N₂-를 위로ᄒ다

명사어휘목록 : ㉮경셩일보샤원(京城日報社員), 교우, 녀교(女敎), 녀인, 동교우(同敎友), 동모, 모친, 백셩, 병뎡(兵丁), 병인(病人), 사룸, 싀어마니, 아둘, 안해, 예수, 제자, 학도

㉯근심, 단츙고혼(丹忠孤魂), 영혼, 마암/ᄆ옴, 민졍(民情), 인심, 쳥국졍부

대표용례 :

ㄱ. 이 용밍혼 녀교룰 <u>위로ᄒ시며</u> 그 강용혼 덕을 보우ᄒ시니라 (경보 24)

ㄴ. 하ᄂ님끠셔 무한ᄒ신 ᄉ랑으로 이 쟝로의 <u>ᄆ옴을 위로ᄒ여</u> (신학 340)

'위로(慰勞)ᄒ다'는 'N₁-이 N₂-를 위로ᄒ다'를 기본구문구조로 가진다. '경셩일보샤원'에서 보듯이, 현대국어에서 널리 쓰이는 '샤원(社員)'은 개화기의 신생어임이 분명하다. '샤(社)'라는 개념 자체가 일본의 명치유신 초기에 유행했는데, 1873년에 지식인 중심으로 결셩되어 서구사상의 계몽에 앞장섰던 '明六社', 문학인의 모임인 '文學社', 구호단체인 '博愛社', 그리고 '新聞社' 등을 통해 그 사실을 알 수 있다(柳父章 1982), 일본에서 유행하던 이 개념이 개화기에 한반도로 넘어왔다. 신문·잡지에서 확인되는 '샤원' 관련 복합어로는 '신문샤원, 회샤원, 쳑식샤원' 등이 더 있다. 한편 상위-하위관계를 정리하면 다음과 같다.

(5) ㄱ. {교우⊇녀교, 동교우}

ㄴ. {녀인⊇녀교, 모친, 싀어마니, 안해}

ㄷ. {마암/ᄆ옴⊇근심, 인심}

(5ㄱ)은 파생에 의해 단어족을 이루는 상위-하위관계이며, (5ㄴ)은 여성

명사의 상위-하위관계의 일면을 보여준다. (5ㄷ)에 제시된 예들은 인물과 관련된 추상명사들인데, 다시 '인물'과 부분-전체관계를 이룬다. 따라서 비록 {마암/ᄆᆞᆷ∋근심, 인심}은 추상명사이지만, [+인성]의 의미자질이 승계되어서 <위로대상> 영역에 포함된 것이다.

3.1.7. 〈유인대상(誘引對象)〉

영역결정술어 : N₂-를 유인ᄒᆞ다
명사어휘목록 : 계슈(季嫂), 과부(寡婦), 남녀, 녀인(女人), 란민(難民), 무리, 부녀, 빅셩, 사나희, 새, 셰인(世人), 소년, 슈녀(修女), 시골사롬, 안희, 에와(Hawwah), 여당(餘黨), 우밍(愚氓), 우부(愚婦), 유부녀(有夫女), ᄋᆞ희, 죄인, ᄌᆞ데(子弟), 처(妻), 첩(妾), 탕ᄌᆞ음부(蕩子淫婦), 하와(Hawwah)
대표용례 :

　ㄱ. <u>유부녀를 유인혼</u> 죄인 리진홍과 지아비를 비반ᄒᆞ고 (미일)
　ㄴ. 어긔어츠 비져어라 ᄉᆞ대강령 빙쟈ᄒᆞ고 <u>우밍을 유인ᄒᆞ야</u> (대한)
　ㄷ. 뎡가의 <u>처와 계슈를 유인ᄒᆞ야</u> 파라 먹엇기로 (미일)

'유인(誘引)ᄒᆞ다'는 'N₁-이 N₂-를 유인ᄒᆞ다'를 기본구문구조로 갖는다. '유인ᄒᆞ다'에 의해 결정된 화제영역 <유인대상>에는 여성명사 어휘가 많은 편이다. 개화기의 '유인ᄒᆞ다'는 여성 혹은 약자 지향적인 어휘이며, 부정적인 어감의 어휘인데, 이것은 현대국어의 용법과도 큰 차이가 없다. '탕ᄌᆞ음부'는 『표준국어대사전』에는 등재되어 있지 않으며, 다만, '음부탕자'와 같이 어순이 도치된 어휘가 『표준국어대사전』에 보인다. 이것은 마치 '년놈'처럼, 비속어의 경우, 여성 관련 어휘를 합성어에서 앞세우는 경향을 따른 것으로 파악할 수 있다.

　어휘관계를 정리하면, 우선 유의관계로서, '안희-처'는 '유부녀'에 대한 하위어로서 유의어이다. '에와-하와'는 히브리어 'Hawwah'에서 온

외래어로서 유의관계를 이룬다. 반의관계로서 '쳐↔쳡'이 확인된다. 한
편 '슈녀'는 천주교 전문어인데, 관련어 '슈녀원, 신부, 쥬교, 교황' 등도
개화기 신문·잡지 자료에서 확인된다.

3.1.8. 〈자격대상(資格對象)〉

영역결정술어 : N₃-을 삼다

명사어휘목록 : 감독,[21] 경무스(警務使), 경효뎐제죠(景孝殿提調),[22] 고문
관(顧問官), 공스, 관찰스, 교우회장(敎友會長), 국왕, 군부대신, 군부협
판, 규쟝각학스(奎章閣學士), 노복(奴僕), 님군, 니부대신(內部大臣), 대통
령(大統領), 뎨자/뎨즈, 도감뎨죠, 동모, 두목, 롱샹공부대신, 명예교스,
모친, 법부대신, 법부협판, 벗, 봉샹샤제죠(奉常司提調),[23] 부부, 부인,
부쟝, 사위, 선지자, 션싱, 스승, 시죵원경(侍從院卿),[24] 아오, 안해/안희,
양아돌, 양즈(養子), 왕, 왕비, 의원, 의정(議政),[25] 입교인(入敎人), 쟝례
원경(掌禮院卿),[26] 종/죵, 쥬, 쥬인, 즁츄원의관, 즁츄원의쟝, 찬졍(贊政
),[27] 참졍(參政),[28] 천부쟝(千夫長), 쳡, 총리대신, 탁지부대신, 태의원경

---

21) '감독'은 대한제국 때에 궁내부에 속한 칙임 벼슬이다. 수륜원, 철도원, 내장원,
   비원, 광학국 따위에 두어 각 책임자의 업무를 돕게 하였다.
22) '경효뎐'은 명성황후의 신위를 모시던 魂殿인데, 덕수궁 안에 있었다.
23) '봉샹샤'는 조선후기 제사와 諡號에 관한 일을 맡아보던 관청인데, 고종 32년
   (1895)에 봉상시를 고친 것으로 융희 원년(1907)에 없앴다.
24) '시죵원'은 조선후기 궁내부에서 임금의 祕書, 御服, 御物, 診候, 의약, 위생 따위
   에 대한 일을 맡아보던 관아이며, 고종 33년(1896)에 둔 것으로 융희 4년(1910)에
   폐하였다.
25) '의정'은 대한제국 때에 둔 의정부 으뜸 벼슬이다. 광무 6년(1902)에 둔 것으로
   광무 9년(1905)에 의정대신으로 고쳤다.
26) '쟝례원'은 조선후기 궁중 의식, 조회, 의례, 제사와 모든 陵, 宗室 귀족에 관한
   일을 맡아보던 관아이다.
27) '찬정'은 대한제국 때 의정부에 속한 칙임 벼슬이다.
28) '참정'은 대한제국 때 의정부에 속한 벼슬이며 내부대신이 겸하였다.

(太醫院卿), 태의원도제죠, 통령, 특진관(特進官),[29] 하라비, 학부대신, 학
원장, 한성부판윤, 협판(協辦),[30] 형, 홍릉제죠, 홍문관학ᄉ, 황뎨, 황후

대표용례 :

ㄱ. 규쟝각 학ᄉ 죠동면으로 궁닉부 <u>특진관을 삼고</u> (독립)

ㄴ. 成都太守로 <u>學院長을 삼고</u> 學生이 百餘名에 죠ᄒ야 (대죠선)

ㄷ. 일본 후쟉 이등박문씨를 고빙ᄒ야 <u>고문관을 삼으라</u> ᄒ나 (미일)

'삼다'는 'N₁-이 N₂-로 N₃-을 삼다'를 기본구문구조로 가진다. 이와
같은 '삼다'의 구문은 현대국어에서는 잘 나타나지 않는다. 현대국어에
서 자주 보이는 '삼다'의 구문으로, 드물게 "나ᄂ 근본 하향에서 싱각ᄒ
야 들에 나아가 밧갈기와 산에 올나가 나무ᄒ기를 싱이로 삼고 (독립),
하ᄂ님끠셔 그 령혼을 당신의 뎐으로 삼고 (신학 28)"처럼 'N₁-이 N₂-를
N₃-으로 삼다' 구문이 문증된다. 그러나 이 때의 N₂나 N₃은 <자격대
상>이 아니라는 점이 특기할 만하다. 한편 <자격대상>에는 '관직명'
이 제일 많고, '친족명'이 그 다음이다. 그리고 '교우회장, 선지자, 스승'
등의 기타 어휘가 <자격대상>의 일부 어휘집합을 이룬다. <자격대
상> 어휘는 [관직명], [친족명], 기타의 어휘장(lexical fields)으로 구분해
서 고찰할 수 있다.

a. [관직명]

감독, 경무ᄉ, 경효뎐제죠(景孝殿提調), 고문관(顧問官), 공ᄉ, 관찰ᄉ, 국
왕, 군부대신, 군부협판, 규쟝각학ᄉ, 님군, 닉부대신, 대통령/통령, 도감
뎨죠, 롱샹공부대신, 법부대신, 법부협판, 봉샹샤제죠(奉常司提調), 부쟝,
시죵원경(侍從院卿), 왕, 왕비, 의원, 의정, 쟝례원경(掌禮院卿), 즁츄원의

---

29) '특진관'은 대한제국 때, 궁내부에 속하여 왕실에 관한 일을 보좌하던 칙임 벼슬
   이며, 고종 32년(1895)에 설치하였다.
30) '협판'은 대한제국 때 궁내부와 각 부에 둔 차관 혹은 칙임관이다.

관, 즁츄원의쟝, 찬졍(贊政), 참졍(參政), 춍리대신, 탁지부대신, 태의원경
(太醫院卿), 태의원도졔죠, 특진관(特進官), 학부대신, 학원쟝, 한셩부판윤,
협판(協辦), 홍릉졔죠, 홍문관학ㅅ, 황뎨, 황후

　　유의관계를 보면, '님군-왕-황뎨-국왕', '왕비-황후'가 확인된다. '황뎨,
황후'는 대한제국기 때에 '왕, 왕비'에 대한 극존칭 관직명인데, 이런 어
휘관계는 드물게 나타나는 존대어화(amelioration)에 속한다. 서구의 국가
수반으로서 '대통령, 통령'이 나타난다. 신문·잡지에서 관련 복합어로
'부통령, 쇼통령'도 문증된다. 이 중 '쇼통령'은 "전국 인민이 투표ᄒ야
새 대통령을 쏍앗ᄂ디 오하요에 <u>쇼통령 믹킨늬 씨가</u> 쏍혀다더라 (독립)"
에서 보듯이, 오늘날의 '주지사'에 해당하는 개화기 신생어이다. '경무
ㅅ, 고문관, 특진관' 등의 경우는 전래의 관직을 계승한 관직명이 아니
라, 개화기의 특수한 정치상황 때문에 새로 생긴 신생어 관직명이다.

b. [친족명]
모친, 부부, 부인, 사위, 아오, 안해/안히, 양아돌, 양ᄌ, 첩, 하라비, 형

　　앞에서 기술한 인물 관련 화제영역에서는 추출되지 않았던 친족명
어휘들로 '부부, 사위, 양아돌, 양ᄌ, 하라비'가 있다. 어휘관계를 정리하
면, 유의관계로서, '양아돌-양ᄌ'가 확인되고, 반의관계로서 '아오↔형',
'안해/안히↔첩'이 보인다.
　　기타 <자격대상>으로는 '교우회쟝, 노복, 뎨자/뎨ᄌ, 동모, 두목, 명
예교ㅅ, 벗, 선지자, 션싱, 스승, 입교인, 종/죵, 쥬, 쥬인, 천부장' 등이
추출되었다. '교우회쟝, 명예교ㅅ, 입교인'은 개화기의 신생어에 해당되
며, '천부장'은 '성서에 나오는 재판관, 또는 1천 명을 거느리는 군대의
지휘관'에 해당하는 개화기 천주교/기독교 전문어이다. 유의관계를 정리
하면 '노복-종/죵', '션싱-스승', '동모-벗'을 확인할 수 있고, 반의관계로

'노복-종/죵↔쥬인', '뎨자/뎨즈↔션싱-스승'이 확인된다.

3.1.9. 〈종속대상(從屬對象)〉

영역결정술어 : N₂-를 거느리다

명사어휘목록 : 가쇽(家屬), 계집, 관하인, 군대, 군병, 군ᄉ/군사, 군함, 권
쇼(勸土), 대디(大隊), 대병/디병, 둔영(屯營), 디방관(地方官), 란류(亂類),
륙군(陸軍), 륙해군(陸海軍), 무리, 문무군신, 민병, 병인(兵人), 병정(兵
丁), 병졸, 부녀, 부인, 비도(匪徒), 빅관(百官), 빅셩, 산포슈(山砲手), 삼
군, 샹디관(相地官),[31] 쇼디(小隊), 순검, 순사, 안히, 역군, 영쟝(領將),[32]
외교관(外交官), 위관(尉官), 유대(Judea), 의관, 의병, 인민, 일도, ᄋ히,
쟝군, 쟝례원경, 전도인(傳道人), 죡당(族黨), 진위디(鎭衛隊), 즈제, 찬정,
쳐ᄌ, 쳥병, 총리대신, 츄쟝(酋長), 텬ᄉ, 포교(捕校), 포슈, 하인, 학도,
함디, 해군, 화원(畫員), 흉도
대표용례 :
ㄱ. 강계례가 통쥬에 <u>둔영을 거느리고</u> 북경을 에워싸 (대한)
ㄴ. 그 고올 군슈 정훈모씨가 <u>순검을 거느리고</u> 쏘차쳐 (경향)

'거느리다'는 'N₁-이 N₂-를 거느리다'를 기본구문구조로 가진다. '거
느리다'에 의해 결정된 화제영역 <종속대상>에는 특히 군사 용어가
많이 나타나는 것이 특징이다.[33] 우선 유의관계를 정리하면, '군병-군ᄉ/
군사-병인-병정-병졸', '군함-함디', '순검-순사-포교', '란류-비도-흉도-족

---

31) '샹디관'은 조선 시대 관상감에서 대궐이나 능 따위의 地相을 보는 일을 맡아 하
던 벼슬이다.

32) '영쟝'은 조선 시대 지방 관아에 속한 하급 장교를 이른다.

33) "군, 군대, 군병, 군ᄉ/군사, 군함, 대디, 둔영, 디방관, 디병/대병, 륙군, 륙해군, 민
병, 병인(兵人), 병정, 병졸, 삼군, 쇼디, 영쟝, 위관, 의병, 쟝군, 진위디(鎭衛隊), 쳥
병, 츄쟝, 함디, 해군".

당' 등이 확인된다. 반의관계로 '대터↔쇼터', '쟝군↔군병-군슈/군사-병인-병정-병졸', '민병↔군병' 등을 확인할 수 있다.

한편, 상위-하위관계를 정리해 보면 다음과 같다.

(6) ㄱ. {군대⊒대터, 쇼터, 진위터, 둔영}

　　ㄴ. {륙해군⊒륙군, 해군}

　　ㄷ. {무리⊒란류-비도-흉도-죡당}

　　ㄹ. {포슈⊒산포슈}

　　ㅁ. {가쇽⊒쳐ᄌ⊒부인, 안히, ᄌ제}

(6ㄱ)에서 '진위터'는 대한제국 때 지방의 각 진에 둔 군대이다. 고종 32년(1895)에 지방대를 고친 것으로 융희 원년(1907) 군대 해산 때에 폐하였다. (6ㄴ)에서 알 수 있듯이, 개화기에는 아직 '공군'에 대한 개념이 확립되지 않았다.[34] 그래서 오늘날의 '육해공군'에 대한 어휘가 개화기에는 '륙해군'에 준한다. (6ㄹ)의 상위-하위어는 파생에 따른 단어족을 이루고 있다. (6ㅁ)은 가족관계의 일부로서, 상위어-중위어(neutralism)-하위어 관계를 포착한 것이다.[35]

〈종속대상〉 → 〈고용대상(雇傭對象)〉

영역결정술어 : N_2-를 고용ᄒ다

명사어휘목록 : 공관(公官), 교관(敎官), 교ᄉ(敎師), 관인(官人), 기슐쟈(技術者), 로동쟈(勞動者), 비부(婢夫), 샹노(床奴), 영공관(領公官), 탁지고문관

---

34) '비힝기'에 대한 개념은 있었으나 '전투기'에 대한 개념은 없었다. "그것 ᄒ나 못 노면셔 <u>비힝기</u>가 무엇인가 (대한)".

35) 중위어(neutralism)란 형성된 어휘계층에서 기본 층위(basic level)에 자리잡은 어휘를 말한다. 참고로 중위어는 경우에 따라 쳐상위어일 수도 있지만, 중간 층위의 어휘일 수도 있다.

(度支顧問官)

대표용례 :

　ㄱ. 슈군 변참에서 일인 <u>로동쟈를 고용ᄒ야</u> 포더를 건축ᄒ더니 (대한)

　ㄴ. 혹쟈는 총관회 ᄉ무소에 <u>기슐쟈를 고용ᄒ야</u> (대한)

　'고용(雇用)ᄒ다'는 'N₁-이 N₂-를 고용ᄒ다'를 기본구문구조로 가진다. '고용ᄒ다'가 개화기의 고빈도 술어이자 영역결정술어로 추출되었는데, 이것은 개화기 사회가 봉건적 경제에서 다분히 자본주의 경제로 移行했음을 직접 암시한다. 한편 '고용ᄒ다'에 의해 결정된 화제영역 <고용대상>에서 특징적인 것은 '탁지고문관, 영공관, 공관, 교관, 고문관' 등처럼 관직의 신분임에도 고용의 대상으로 표현되고 있다는 점이다. 이점은 개화기 <고용대상>의 명사어휘목록의 패러다임과 현대국어 <고용대상>의 명사어휘목록의 패러다임에 차이가 있다는 것을 일러준다. 즉 개화기에는 '관인'들도 <고용대상>인 것으로 보아 '로동쟈'의 하위 개념이었다. 한편 '샹노, 비부'도 전통사회에서는 지배계급에 대한 예속의 대상이었는데, 개화기에는 신분과는 달리 고용의 대상인 점도 특이하다. 개화기에는 노비들이 적어도 경제적으로는 양인으로 취급되었음을 이들 어휘의 통합관계로 짐작할 수 있다.

　<고용대상>은 참고자료에서는 전혀 추출되지 않았다. 따라서 이들은 시사성이 강한 인물 관련 명사 어휘인 셈이다. <고용대상>으로 추출된 명사들의 어휘관계를 보면, 상위-하위관계를 파악할 수 있는데, 모두가 고용의 대상인 임노동자들이므로 '로동쟈'가 최상위어가 되고, 나머지 '탁지고문관, 영공관, 공관, 기슐쟈, 교관, 교ᄉ, 관인, 샹노, 비부'는 하위어가 된다. 이 하위어에서도 어휘계층을 확인할 수 있는데, '탁지고문관, 영공관, 공관, 교관'은 '관인'의 하위어로서 등위관계를 이루고 있다. '샹노, 비부'는 '노비'의 하위어인데, 마찬가지로 이들은 등위관계에 있다. 끝으로 '기슐쟈, 로동쟈'처럼 '-쟈(者)' 관련 명사는 다음과

같다.

(7) 간선쟈, 간음쟈, 간턱쟈, 개인측량쟈, 거슈쟈, 검슐쟈, 격물학쟈, 결투쟈,
경계쟈, 경쟁쟈, 고희쟈/교희쟈, 관광쟈, 관람쟈, 관리쟈, 구람쟈, 구셰쟈,
긔복쟈, 긔소쟈, 긔쵸쟈, 기슐쟈, 낙송쟈, 노동쟈, 농공샹업쟈, 농업쟈, 능
통쟈, 다복쟈, 당국쟈, 대표쟈, 동모쟈, 동정쟈, 동지쟈, 두령쟈, 라병쟈, 랍
뢰쟈, 려힝쟈, 련루쟈, 령셰쟈, 로동쟈, 류리걸식쟈, 망명쟈, 문학쟈, 박해
쟈, 방관쟈, 방텽쟈, 방해쟈, 범법쟈, 범죄쟈, 법학쟈, 보국쟈, 보험쟈, 부상
쟈, 불령쟈, 불신쟈, 불의쟈, 살인쟈, 션지쟈, 셜립쟈, 셜명쟈, 셩톄쟈, 소숑
쟈, 소유쟈, 쇼임쟈, 슈거쟈, 슈샹쟈, 슈입쟈, 슈챵쟈, 슈픔쟈, 시험쟈, 신고
쟈, 신교쟈, 신위쟈, 연구쟈, 연셜쟈, 열심쟈, 예비쟈, 예언쟈, 우등쟈, 위뎡
쟈, 위명쟈, 위션쟈, 위죠쟈, 유공쟈, 유권쟈, 유셰쟈, 유지쟈, 음모쟈, 응시
쟈, 의뢰쟈, 인도쟈, 일등쟈, 젼도쟈, 젼무쟈, 젼셜쟈, 젼습쟈, 정탐쟈, 조물
쟈, 쥬리쟈, 즁샹쟈, 지도쟈, 지명쟈, 지원쟈, 진복쟈, 쳘학쟈, 쳥원쟈, 측량
기슐쟈, 측량업쟈, 측량쟈, 치명쟈, 텬문학쟈, 통치쟈, 파락쟈, 피란쟈, 합
격쟈, 혐의쟈, 호교쟈, 호탕쟈, 혼비쟈, 환슐쟈, 후각쟈, 후보쟈, 긔혁쟈, 디
세쟈, 디표쟈, 링담쟈, 스교쟈, 스병쟈, 스샹쟈, 스졔쟈, 스쥬쟈, 즈유쟈 ;
명증쟈(明證者), 훼도쟈(毁道者)

이 중에 '열심쟈(熱心者)'는 "이는 춤 밋는 쟈 안히면 흑지 못홀 일이요
쏘 밋고도 <u>열심쟈</u> 안히면 능치 못홀 일이라 (신학4: 396)"에서 유일하게
문증된다. 관련 명사 '열심'은 현대국어에서 와는 달리 개화기국어에서
는 자립 명사였다. 이런 사실은 "한씨의 권학흑눈 <u>열심</u>을 대단히 칭찬
흑다더라 (대한), 이 세 사룸이 <u>열심</u>과 굿셈으로 죽기롤 두리지 아니흑
고 (경보1: 160)" 등의 예에서 확인할 수 있다. '열심'이 '-하다' 파생동
사의 어간 일부로 참여하는 경우도 흔했음이 흥미롭다.[36] 한편 (7)의 예
들과 '-인(人)' 관련 명사를 비교해 보면 다음과 같은 유의어 집합을 확

인할 수 있다. '관광인-관광쟈, 관리인-관리쟈, 동지인-동지쟈, 망명인-망명쟈, 방청인-방텽쟈, 우등인-우등쟈, 위명인-위명쟈, 전도인-전도쟈, 디표인-디표쟈, 렁담인-렁담쟈'. 이들은 개화기에 서로 경쟁관계에 있었던 셈이다. 이들 중 어떤 파생어가 신어이고 구어인지는 현재로서는 파악하기 어렵다. 어쩌면 두쪽 다 진원지가 다른 명사 어휘일지도 모른다. 어쨌든 오늘날에도 여전히 경쟁관계에 있는 경우도 있고, 둘 중에 한쪽만 쓰이는 경우도 있고, 둘 다 대체어휘로 바뀐 경우도 있다. 예컨대 『표준국어대사전』에 따르면 오늘날 '관광인(觀光人)'은 사어이며 '관광객'이 그 대체어휘이다. '관광자(觀光者)'는 현재 북한어이다. 그러나 『표준국어대사전』에 '방청객, 방청인, 방청자'는 모두 유의어로 처리하고 있다.

〈종속대상〉 → 〈고용대상〉 → 〈초빙대상(招聘對象)〉

영역결정술어 : N₂-를 고빙ᄒ다

명사어휘목록 : 강슈, 경관(警官), 고문, 고문관, 교샤/교슈, 군쥬슈(軍主事), 기슈(技手),37) 기슷(技士),38) 농무고문, 방조인(傍助人), 변호슷, 보호군(保護軍), 부인, 사름, 셔양의원(西洋醫員), 슷관(士官), 외국인, 의원, 죠각기샤

대표용례 :

ㄱ. 쟝봉환 씨가 구례 씨와 흠끠 상해가셔 <u>외국인을 고빙ᄒ여</u> 왓다니 (독립)

ㄴ. 한인 민단에셔는 … <u>변호슷를 고빙ᄒ다는</u> 말이 잇다더라 (대한)

---

36) "여러 학싱들이 공부에 더욱 쥬의ᄒ야 <u>열심ᄒ기로</u> 동밍ᄒ엿다 ᄒ니 (대한), 강쳔명씨는 본대 쥬의 일에 <u>열심홈의</u> 다른 사름에셔 월등ᄒ야 (신학4: 395), 발셔브터 십삼도 인민이 국채 보상에 <u>열심ᄒ야</u> 일변 돈을 내며 (경향)" 개화기에 '열심ᄒ다' 구문은 'NP₁-이 NP₂-에 열심ᄒ다'와 같이 자동사구문으로만 쓰였다.

37) '기슈'는 현대국어의 '技員'에 해당하는 개화기 어휘이다. 개화기의 기술직 8급 공무원의 직급이며, 지금의 서기에 해당한다.

38) '기슷'는 개화기의 기술직 6급 공무원의 직급이며, 지금의 주사에 해당한다.

ㄷ. 교수는 본국 녀인으로 미국에 졸업혼 <u>하 부인을 고빙호고</u> (대한)

'고빙(雇聘)호다'는 "학식이나 기술이 뛰어난 사람에게 어떤 일을 맡기려고 예의를 갖추어 모셔 오다."라는 뜻의 영역결정술어이다. 참고자료에서는 전혀 나타나지 않고, 신문·잡지에서만 확인된다. 그리고 'N$_1$-이 (N$_3$-으로) N$_2$-를 고빙호다'를 기본구문구조로 가진다. '고빙호다'의 뜻풀이에서 알 수 있듯이, <초빙대상>은 대체로 고급 직업과 관련된 인물명사 전문어들이다. '기슈, 방조인'은 개화기 신생어이며, 현대국어에서는 쓰이지 않는 어휘이다. '강스'는 다의관계를 띠는데,[39] "강연회에서 강연을 하는 사람"으로서 '강스'와 "학교나 학원 등에서 위촉을 받아 강의를 하는 사람"으로서의 '강스'가 모두 확인된다. 한편 '고빙호다'는 현대국어의 '초빙하다'와 어휘·문법적 쓰임이 같다. 이러한 사실은 개화기 한글자료에서 추출된 '초빙호다'의 용례를 통해서 확인할 수 있다.[40] 그러나 개화기 한글자료에서 '초빙호다'는 2번만 추출되는 저빈도 술어이기 때문에 <초빙대상>의 영역결정술어로 선정되지 못했다. 결과적으로 '고빙호다'는 '초빙호다'와 유의관계에 있었지만, 출현빈도로 보아 개화기에는 '고빙호다'가 더 널리 쓰이던 유의어였음을 알 수 있다.

3.1.10. 〈구타대상(毆打對象)〉

영역결정술어 : N$_2$-를 구타호다

---

39) "셔원보씨가 <u>강스</u>가 되어 전도호시는디 (신학 98)", "졸업싱 심샹쥰 씨 등 스인을 <u>강스</u>로 고빙호고 (대한)". 『조선어사전』에서도 이들을 분할배열하지 않고 다의어로 처리하고서 "講義를 하는 敎師, 佛法講演을 하는 僧侶"의 의미정보를 주고 있다.

40) "이졔 또 면관뎡 학스를 <u>초빙호야</u> 위싱호기로 히디방에 하슈공스下水工事를 베플기로 쾨혼다더라 (독립), 보통신학교에 일인 학교 교스롤 <u>초빙호</u> 디방은 여좌호니 (경향)".

명사어휘목록 : ㉮거민(居民), 관민, 교亽, 교우, 긱쥬(客主), 동리사룸, 로동쟈(勞動者), 로인(老人), 샹민(商民), 슉모(叔母), 슌검, 亽환(使喚), 어미, 인민(人民), 일인, 일헌병(日憲兵), 쥬인, 즈위단(自衛團),[41] 촌민, 평민, 학도, 한인

㉯김덕슌이, 김모, 김셩여, 뎡태슌, 리모(李某), 문씨, 박모, 안씨, 젼등테, 채씨, 최씨, 황씨

대표용례 :

ㄱ. 미국 슌사가 <u>일헌병을 구타ᄒ여</u> 류혈이 랑쟈ᄒ엿다더라 (대한)

ㄴ. 우리 <u>교우들을 구타하며</u> 돈을 쌔시니 자연 인심이 흉흉하고 (신학 190)

ㄷ. 김쪽지게가 대로ᄒ야 량반다려 무례히 욕ᄒ다고 <u>젼등테를 구타ᄒ미</u> (미일)

'구타(毆打)ᄒ다'는 'N$_1$-이 N$_2$-를 구타ᄒ다'를 기본구문구조로 가진다. 드물게 대표용례 (ㄷ)처럼 '구타ᄒ다' 구문 속에 이유의 절이 안긴 'N$_1$-이 S-ㄴ다고 N$_2$-를 구타ᄒ다'도 확인된다. <구타대상>에 포함된 어휘들은 대체로 {거민(居民), 동리사룸, 로동쟈(勞動者), 로인, 샹민, 亽환(使喚), 인민, 촌민, 평민, 학도}처럼 사회적 약자이거나 특히 {관민, 슌검, 일헌병(日憲兵), 즈위단(自衛團)}처럼 하급 직책과 관련된 어휘들로 <유인대상>처럼 약자 지향적 어휘집합으로 볼 수 있다. <구타대상> 어휘집합의 특징은 ㉯에서 보듯이, 고유명사 어휘가 다른 영역에 비해 많이 추출되었다는 것이다. 익명을 요구하는 고유명사 어휘는 오늘날의 신문에서처럼 '姓'에 '씨'(氏)만 결합시키거나(문씨, 안씨, 채씨, 최씨, 황씨), '姓'에 '모'(某)를 결합시키는 방법(리모, 박모, 김모 등)으로 표기했다. 고유인명으로 신문·잡지에 나타나는 姓名에는 품사나 의미를 바꾸지 않는 '-이'가 결합한 '김덕슌이, 홍셩갑이'와 같은 예가 많이 보인다. 이

---

41) '즈위단'은 한일합방 이전에 의병을 진압하고 그 지역의 치안을 유지할 구실로 일진회에서 조직한 무장 단체이다. 1907년 기사인 "일진회에셔 의병을 진압ᄒ기로 <u>즈위단이라고</u> 셜시ᄒ여 (대한)"를 통해 당시 '즈위단'의 정체를 알 수 있다.

것은 대체로 기사화된 인물의 신분이 낮은 경우이다. 이것은 더 나아가 오늘날 신문·잡지에서는 성명에 '-이'를 붙이는 경우가 없다는 점에서 개화기 신문·잡지에 나타난 성명 어휘의 특징을 보여 준다. 한편 신분이 높은 사람의 성명에는 '씨(氏)'를 붙였다. 개화기에는 '-씨'가 오늘날보다 존칭의 기능이 강했는데, 오늘날에는 '-씨'의 높임이 낮아져서 '-님'이 그 기능을 대신하고 있는 실정이다.

3.1.11. 〈호위대상(護衛對象)〉

영역결정술어 : N_2-를 호위ᄒ다

명사어휘목록 : ㉮대ᄉ관(大使館), 뎐하(殿下), 왕, 예수, 쥬인

　㉯군량(軍糧), 나라, 룡상(龍床), 몸, 신도교(新道敎), 어가(御駕), 좌(座), 즈국, 쳘도(鐵道)

대표용례 :

　ㄱ. 시위운동이 대단홈으로 군뎌로써 오국 <u>대ᄉ관을 호위ᄒ눈</u> 즁이라더라 (대한)

　ㄴ. <u>신도교를 호위ᄒ매</u> 왕왕히 붓그러온 빗치 잇눈 듯ᄒ지라 (신학 163)

'호위(護衛)ᄒ다'는 'N_1-이 N_2-를 호위ᄒ다'를 기본구문구조로 갖는다.[42] 아주 드물게 "아라샤 <u>하ᄉ관에 호위ᄒ던</u> 병뎡들이 다 쪄나 갓단 말은 임의 본보의 긔지ᄒ엿거니와 (민일)"처럼 'N_1-이 N_2-에(셔) 호위ᄒ다'의 자동사 구문도 문증된다. '호위ᄒ다'의 이런 구문 유형은 현대국어에서는 허용되지 않는다. 〈호위대상〉은 인성명사 목록 ㉮와 [+존칭]의 의미자질을 부여받은 비인성명사 목록 ㉯을 포함하고 있다. 이들

---

42) 개화기 신문·잡지에서 동철이의어인 '호위(扈衛)ᄒ다'도 추출되었다. '호위(扈衛)ᄒ다'는 "궁궐을 지키다"는 뜻인데, 실제로 '궁셩(宮城), 대궐(大闕)' 등과 통합관계를 이룬다.

의 어휘관계를 정리하면, 유의관계로 '뎐하-왕'을 확인할 수 있다. <호위대상>에는 '뎐하-왕'의 관련어 '룡상, 어가' 등도 포함하고 있다. <호위대상>은 강자 지향적 어휘이다.

3.2. 개인생활 관련 화제영역과 명사 어휘

개화기 신문·잡지에서 추출된 고빈도 술어 중에서 개인생활 관련 주요 화제영역을 결정하는 영역결정술어에는 '거절(拒絶)ᄒ다, 거싱(居生)ᄒ다; 거쳐(居處)ᄒ다; 거(居)ᄒ다, 류슉(留宿)ᄒ다, 눕다, 드러가다, 겪다, 궁구(窮究)ᄒ다, 단장(丹粧)ᄒ다, 밋다, 누다, 분간(分揀)ᄒ다, 다ᄒ다, 닦다, 겸비(兼備)ᄒ다, 과인(過人)ᄒ다, 신다, 앓ᄒ다, 강건(剛健)ᄒ다, 동ᄒ다, 먹다, 마시다, 닙다; 닙히다; 벗다, 견디다, 걸니다; 낫다, 류힝(流行)ᄒ다, 찬숑(讚頌)ᄒ다, 들니다; 듯다, 더럽다, 던지다, 누리다'가 선정되었다. 이어서 개화기 신문·잡지에서 영역결정술어에 따라 통합관계를 보이는 명사 어휘를 화제영역별로 제시하고, 특징적인 언어 사실과 어휘론적 특징, 특히 영역 내에서 관계지을 수 있는 어휘관계를 정리한다.

3.2.1. 〈거설대상(拒絶對象)〉

영역결정술어 : N₂-를 거절ᄒ다

영역결정술어 : N_2-를 거절ᄒ다

명사어휘목록 : 권고, 담빅/담배, 람용람비(濫用濫費), 마귀, 매미(賣買), 바나질, 샤욕(私慾), 손(客), 일, 사룸, 슐, 슐쟝ᄉ, 셩경(聖經), 신문긔쟈(新聞記者), 쌀내질, 아편매미(阿偏賣買), 악습, 욕심, 우상, 음식, 의복, 죄, 주색잡기(酒色雜技), 차관/챠관(借款), 파견원(派遣員), 후쳐(後妻)

대표용례 :

ㄱ. ᄉ실을 셰셰히 셜명ᄒ고 영국 <u>차관을 거절ᄒ라</u> ᄒ매 (대한)

ㄴ. 산뎡문을 굿이 닷고 오는 <u>손을 거절ᄒ며</u> 슈심으로 지내다가 (대한)

ㄷ. 예수교를 밋은 후에 <u>주색잡기를 거절하고</u> 장사를 시작하난대 (신학 472)

'거절(拒絶)ᄒ다'는 'N₁-이 N₂-를 거절ᄒ다'를 기본구문구조로 갖는다. "쳥국인 목원이가 … 김씨의 갈디 뷔는 거슬 거절ᄒᄂᆫ지라 (대한), 아라스국 이민 스빅명은 … 사탕밧혜 드러가셔 일ᄒ기를 거절ᄒ고 (대한)"의 예문에서 보듯이, 'N₁-이 S-(것+기)-를 거절ᄒ다'처럼 'S-(것+기)' 명사절을 안은 구문도 문증된다. 추출된 <거절대상>의 어휘관계를 정리하면, 유의관계로 '샤욕-욕심' 등을 들 수 있다. 상위-하위관계를 보면 {매미⊃아편매미}, {음식⊃슐}, {일⊃바나질, 빨내질}, {주색잡기⊃슐, 후쳐}, {사롬⊃손, 신문긔쟈, 파견원}, {악습⊃람용람비}를 확인할 수 있다.43) 이 중에 {일⊃바나질, 빨내질}처럼, 개화기 신문·잡지에서 고유어계 접미사인 '-질'에 의해 파생된 명사 어휘를 더 보이면 다음과 같다.

(8) 거름질, 노략질, 노름질, 다름이질, 다름질, 대포질, 대퍼질, 도망질, 도적질, 락시질, 량반질, 몽치질, 무당질, 바나질, 바ᄂ질, 방아질, 불항당질, 삭음질, 산양질, 손가락질, 솟굽질, 승강질, 쓰레질, 아당질, 양치질, 이간질/리간질, 잠슈질, 져울질, 쳥쵹질, 츙동질, 탐쟝질(貪贓-), 토악질, 토호질, 편지질, 협잡질, 호령질, 희롱질, 희학질, ᄉ환질, 쏠꼭질, 빨내질, 싸홈질, ᄌ위질, 치직질, 힝악질

현대국어 '-질' 파생 명사의 생산성을 그대로 보여준다. 예 중에 '져울질'의 경우, "ᄆᆞ음을 <u>져울질ᄒ야</u> 싱각이 너그럽고 의견이 넓어 싱각하ᄂᆫ 바가 더옥 먼지라 (신학4: 22)"에서 그 비유적인 쓰임도 찾을 수

---

43) '음식'의 상위-하위관계는 <음식물>에서 좀더 구체적으로 기술될 것이다.

있다. '주위질'은 "무자위(물을 높은 곳으로 펴 올리는 기계)를 이용하여
물을 긷는 일"을 의미한다.

3.2.2. 〈거주지(居住地)〉

영역결정술어 : N_2-(에)셔 거싱ᄒ다; 거쳐ᄒ다; 거ᄒ다

명사어휘목록 : ㉮결셩군, 경셩군(鏡城郡), 고을, 공덕리, 관방(官房), 관쳥
리, 구례군(求禮郡), 굴, 굴속, 굴포(屈浦), 궁, 궁궐, 김화군(金化郡), 긔셩
군(開城郡), 남면(南面), 니웃, 다방골, 데쳔군(堤川郡), 돌산군, 동헌, 디
구(地球), 량즁리, 례쳔군(醴泉郡), 룡동, 룡암리, 림실군(任實郡), 마션리,
마을, 면닉(面內), 명동, 문산포, 뭇셤, 방, 방옥(房屋), 복안현, 북간도,
빅운심쳐(白雲深處), 빅쳔군, 삭쥬군(朔州郡), 산, 산림, 산쳔읍, 삼화항,
샤직동(社稷洞), 샨즁, 샹마동, 샹쥬군(尙州郡), 셩젼, 셔산군(瑞山郡), 셔
울, 셩(城), 슈원군(水原郡), 시궁골, 신쳔군(信川郡), 쌍, 찟골, 아라비아
(Arabia), 아메리가(America), 아현(兒峴), 안악군(安岳郡), 어의동, 영등포,
예루살넘(Jerusalem), 오예쟝(汚穢場), 외쵼(外村), 용인군(龍仁郡), 운산군
(雲山郡), 원산항(元山港), 쟝셩군(長城郡), 졍동, 죵현, 집, 창동, 쳐소(處
所), 쳔양리, 쳥쥬군(淸州郡), 쵼례, 타국, 태졍동, 태쳔군(泰川郡), 텰산군
(鐵山郡), 토굴, 통진군, 평양, 필동, 협방(夾房), 홍쥬군, 회녕군(會寧郡),
회현방, 홍덕동, 희군(海軍), 희변(海邊), 힝랑(行廊)

㉯ᄆ옴/마암, 셰샹(世上), 심즁(心中), 인간

대표용례 :

ㄱ. <u>북간도에 거싱ᄒ는</u> 우리 나라 인민으로 ᄒ여곰 쳥인과 ᄀᆞ치 머리를 싹고
(경향)

ㄴ. 죠한지 집에 췌쳐ᄒ야 <u>외쵼셔 거싱홀지라도</u> 그 안해로 더브러 열심 슈계
ᄒ다가 (경보 310)

ㄷ. 구셰쥬ㅣ 승텬ᄒ여 가신 후에도 오래 <u>인간에 거쳐ᄒ엿고</u> (경보 226)

ㄹ. 데 七 일에눈 각각 그 <u>쳐소에 거ᄒ야</u> 혼 사롬도 쳐소를 쩌나지 말지어다
   (신학 17)

'거싱(居生)ᄒ다; 거쳐(居處)ᄒ다; 거(居)ᄒ다'는 'N₁-이 N₂-(에)셔 거싱
ᄒ다; 거쳐ᄒ다; 거ᄒ다'의 자동사 구문을 기본구문구조로 갖는다. <거
주지>에서 대부분의 장소명사와 함께 ㉯의 '모옴/마암, 심중(心中), 셰
샹(世上), 인간'과 같은 추상명사도 추출된 점이 특징이다. ㉯는 '거싱ᄒ
다; 거쳐ᄒ다; 거ᄒ다'와 통합하면서 관용 표현의 성격을 띠는데, 이들
관용 표현은 각각 "마음속에 간직하다; 인간 세상에 살다"의 의미로 오
늘날의 용법과 같다. <거주지>의 어휘관계를 정리해 보면, 유의관계로
'궁-궁궐', '방옥-협방', '모옴/마암-심중', '인간-세상'을 들 수 있다. 상
위-하위관계를 보면 {굴⊐토굴}, {방⊐관방, 방옥-협방, 힝랑}, {고을⊐
결셩군, 경셩군, 구례군, 김화군, 긔셩군, 뎨쳔군, 돌산군, 례쳔군, 임실
군, 빅쳔군, 삭쥬군, 샹쥬군, 셔산군, 슈원군, 신쳔군, 안악군, 용인군, 운
산군, 쟝셩군, 쳥쥬군, 태쳔군, 텰산군, 통진군, 홍쥬군, 회녕군; 셔울, 평
양}, {마을⊐공덕리, 관쳥리, 량즁리, 룡암리, 마션리, 쳔양리; 룡동, 명
동, 샤직동, 샹마동, 어의동, 정동, 창동, 태정동, 필동, 홍덕동; 굴포(屈
浦), 문산포, 영등포; 삼화항, 원산항; 다방골, 시궁골, 쩟골; 복안현, 아
현, 종현; 산쳔읍}, {쳐소⊐궁-궁궐, 굴-토굴, 관방, 방옥-협방, 힝랑, 동
헌, 성전, 셩, 오예쟝, 쟝막, 집, 회현방, 학궁}을 확인할 수 있다. 오늘날
널리 쓰이는 행정구역 명칭인 '군(郡), 읍(邑), 리(里), 동(洞)'은 보이나,
'시(市)'는 나타나지 않았다. 그러나 신문·잡지에 쓰인 외국지명 '가사
푸랑가시, 북미가쥬프레노시, 덕국부레멘시' 등을 통해서 '시(市)'의 개
념이 개화기에 존재했음을 알 수 있다. 부분-전체관계를 보면 {굴⊐굴
속}, {산⊐빅운심쳐, 산림, 샨중}, {면닉⊐남면}, {디구⊐쌍, 산, 바다,
뭇셤, 히변}, {산⊐산림, 산중}을 확인할 수 있다.

〈거주지〉→〈숙박처(宿泊處)〉

영역결정술어 : N₂-에셔 류슉ᄒ다

명사어휘목록 : 경셩려관(京城旅館), 관찰부(觀察府), 긱뎜(客店), 긱쥬(客主), 대동긔슉관(大東寄宿館), 대동리, 동챵리, 려관/여관(旅館), 려염집(閭閻-), 령ᄉ관(領事館), 방긱, 셕굴, 송틱려관, 숫막/슛막, 슈녀원(修女院), 읍닉(邑內), 쥬교ㅅ딕, 쥬막(酒幕), 집, 한셩려관(漢城旅館), 향단쥬뎜

대표용례 :

ㄱ. 대동긔슉관에셔 류슉ᄒᄂ 학원들이 방이 치워 (대한)

ㄴ. 리학션의 쥬막에 샹고 쳥인 일명이 일모홀 째를 당ᄒ야 방긱에셔 류슉ᄒ더니 (미일)

'류슉(留宿)ᄒ다'는 'N₁-이 N₂-에셔 류슉ᄒ다'의 자동사 구문을 기본구문구조로 갖는다. 〈숙박처〉의 어휘관계를 정리하면 유의관계로 '긱뎜-쥬막-숫막/슛막'을 들 수 있다. 상위-하위관계를 보면 {려관/여관⊐경셩려관(京城旅館), 송틱려관, 한셩려관(漢城旅館)}, {긱뎜-쥬막-숫막/슛막⊐향단쥬뎜}을 확인할 수 있고, 부분-전체관계를 보면 {교당⊐슈녀원, 쥬교ㅅ딕}, {읍닉⊐대동리, 동챵리}, {쥬막⊐방긱}을 확인할 수 있다.

〈셔주지〉→〈숙박치〉→〈침소(寢所)〉

영역결정술어 : N₂-에 눕다

명사어휘목록 : ㉮구유, 금침, 길가, 다락, 돗대우, 무덤, 방안, 방초동산(芳草東山), 병셕(病席), 본쳥(本廳), 부억, 북덕잇속, 비처(鄙處), 셥ᄒ, 여관, 요, 이불속, 쥬막(酒幕), 쳐소(處所), 침상(寢牀), 침셕(寢席), 평상(平牀/平床)

㉯강호(江湖)

대표용례 :

ㄱ. 명일에ᄂ 죽어도 오늘날 북덕이ㅅ 속에 편안히 누은 (대한)

ㄴ. 대부 죵 ᄀᆞ튼 지혜 잇는 사롬을 쓰며 <u>섭헤 누어</u> (독립)

ㄷ. 새옷슬 닙고 나와서 <u>부억에 누우며</u> 나롤 업고 (신학 492)

'눕다'는 'N₁-이 N₂-에 눕다'의 자동사 구문을 기본구문구조로 갖는다. <침소>의 어휘관계를 정리해 보면 상위-하위관계로 {쳐소⊒무덤, 본쳥, 비쳐, 여관, 쥬막}, {금침⊒요, 이불쇽}을 확인할 수 있고, 부분-전체관계를 보면 {집⊒다락, 부억, 아래목}을 확인할 수 있다. ㉯의 '강호에 눕다'는 "자연을 벗삼아 살다"는 뜻의 관용 표현이다. 한편 참고자료 중에 신소설의 "아버지는 눈을 아죠 감고 <u>북망순에 누엇스니</u> 네가 벙어리도 되지 (귀의성 116)"처럼 "죽다"는 뜻의 관용 표현인 '북망순에 눕다'도 나타난다.

〈거주지〉 → 〈출입처(出入處)〉

영역결정술어 : N₂-에/(으)로 드러가다

명사어휘목록 : 감리셔(監理署),[44] 강, 경무셔(警務署), 경무쳥(警務廳), 경운궁(慶運宮), 공당(公堂), 공텽(公廳), 관가(官家), 관텽(官廳), 관아(官衙), 교련장(敎鍊場), 교우촌, 군용디(軍用地), 군함, 굴, 굴혈(窟穴), 궁즁(宮中), 궐니(闕內), 긔계장(機械場), 기천(-川), 대궐, 대륙, 대셔양(大西洋), 대학교, 덕슈궁(德壽宮), 동니, 동헌, 뒤간, 디옥(地獄), 디즁히(地中海), 락원(樂園), 려관/여관(旅館), 레비당(禮拜堂), 목단산(牧丹山), 못, 몽고(蒙古), 무덤, 미국, 방, 별궁, 병원, 병참소, 보현당(普賢堂), 본국, 부억, 북빙양(北氷洋), 상가집(喪家-), 샤랑, 셔반아(西班牙), 셔젹실(書籍室), 션화당(宣化堂), 성뎐(聖殿), 성분도당, 수녀원, 슈도회(修道會), 슈풀, 술집, 싀가(媤家), 신당(神黨), 신방(新房), 심산궁곡(深山窮谷), ᄉᆞ무소(事務所),

---

44) 대한제국 때에 개항장과 개시장의 행정 및 통상 사무를 맡아보던 관아로서 고종 20년(1883)에 부산, 원산, 인천의 세 곳에 설치한 이후, 다른 개항장과 개시장에도 확대설치하여 운영하다가 폐지하였다.

아국(俄國), 아메리가(America), 약국(藥局), 여렴집(閭閻-), 영국, 오송항, 옥, 외양간, 운동쟝(運動場), 운현궁(雲峴宮), 유황불, 읍닉(邑內), 의슐검증원(醫術檢證院), 의회원(議會院), 인도국(印度國), 인도양(印度洋), 인찰쇼(印札所), 일본, 졀, 정거쟝(停車場), 제조소(製造所), 죠션, 쥬막(酒幕), 쥬졈(酒店), 즁국(中國), 즁츄원(中樞院), 즁학교(中學校), 지나(China), 집, 지판쇼(裁判所), 챵덕궁(昌德宮), 쳐가(妻家), 쳥국(淸國), 쳥야관(淸野館), 취급소(取扱所), 치촌졈, 침소, 태빅산(太白山), 태평양(太平洋), 텬당/천당, 텬도회(天道會), 텬쥬교(天主敎), 토이긔(土耳其), 포구, 포텽(捕廳), 하인텽(下人廳), 학교, 학당, 항구, 회당(會堂), 회막, 횡포(橫浦)

대표용례 :

ㄱ. 자조 모러에 굴아안기도 ᄒ엿고 ᄯᅩ <u>횡포(橫浦)에 드러갓다가</u> 길히 막혀 (경보 296)

ㄴ. 엇지 음식을 게검스럽게 먹엇던지 <u>신방에 드러가</u> 자다가 똥을 쌴지라 (대한)

ㄷ. 군난이 병진년에 나셔 잡혀 <u>쳥야관에 드러가니</u> 관가에셔 혹독히 형벌ᄒ미 (경보 184)

ㄹ. 도적 삼십여명이 각기 륙혈포와 양총과 환도롤 가지고 은진 <u>치촌졈에 들어가</u> (경향)

'드러가다'는 'N₁-이 N₂-에/로 드러가다'의 자동사 구문을 기본구문구조로 갖는다. <출입처>의 어휘관계를 정리하면 유의관계로 '궁즁-궐니', '궁-대궐', '경운궁-덕슈궁', '미국-아메리가', '즁국-지나', '학교-학당', '관가-관뎡-관아', '례비당-셩뎐-회당', '굴-굴혈', '포구-항구' 등을 들 수 있고, 반의관계로 '싀가↔쳐가', '디옥↔텬당/천당'을 들 수 있다. 상위-하위관계를 보면, {대궐⊒경운궁-덕슈궁, 운현궁, 챵덕궁; 별궁}, {방⊒건넌방, 골방, 사랑방, 셔젹실, 신방, 안방, 힝낭방}, {집⊒상가집, 슐집, 여렴집}, {나라⊒몽고, 미국-아메리가, 셔반아, 아국, 영국, 인도국, 일본, 죠션, 즁국-지나, 쳥국, 토이긔}, {학교-학당⊒대학교, 즁학교},

{관가-관뎡-관아ㅋ감리셔, 감영, 경무셔, 경무쳥, 공당, 공텽, 동헌, 션화
당, 즁츄원, 지판쇼, 쳥야관, 포텽}, {〻무소ㅋ병참소, 인찰쇼, 졔조소,
취급소}, {바다ㅋ대셔양, 디즁히, 북빙양, 인도양, 태평양}, {포구-항구
ㅋ오숑항, 횡포}를 확인할 수 있다. 위에서는 추출되지 않았지만, 신
문·잡지에는 '오대양'과 그 부분어인 '대셔양, 인도양, 태평양, 북빙양'
뿐만 아니라 '남빙양'도 나타난다.45) 부분-전체관계를 보면 {집ㅋ뒤간,
마당, 부엌, 별당, 외양간, 하인텽}을 확인할 수 있다. 한편 {교련장, 긔
계쟝, 운동쟝, 졍거쟝}은 등위관계를 이루는 개화기 신생어들이다. 이와
함께 개화기 신문·잡지에서 확인되는 '-쟝/장(場)' 관련 명사는 다음과
같다.

(9) 가무장, 고시장, 공샤쟝, 류치쟝, 모범쟝, 시험쟝, 어업쟝, 연극쟝, 연병쟝,
    연셜쟝, 연회쟝, 연희쟝, 영업쟝, 오예쟝, 졔죠쟝, 증역장(懲役場), 치명쟝,
    투전ㅅ쟝, 회의쟝, 긔항쟝

'모범쟝(模範場)'은 "농상공업 분야에서 시찰이 필요할 만큼 모범적인
장소"를 이르는 개화기 어휘이다. '오예쟝(汚穢場)'은 오늘날의 '쓰레기
장'에 대한 개화기 어휘이다. '치명쟝(致命場)'은 "천주교 신자들이 박해
끝에 순교한 곳"을 이른다.

3.2.3. 〈경험대상(經驗對象)〉

영역결정술어 : N_2-를 겪다
명사어휘목록 : 간고(艱苦), 간난(艱難), 간험(艱險), 고난(苦難), 고락(苦樂),

---

45) "륙디는 눈호여 만국이 되고 물은 눈호여 <u>오대양과</u> 수십 바다가 된지라 (대한)".
   '오대양(五大洋)'은 '대셔양(大西洋), 인도양(印度洋)/印度海, 태평양(太平洋), 북빙양
   (北氷洋)/北極海, 남빙양(南氷洋)/南極海'와 부분-전체 관계에 있다.

고로옴, 고싱(苦生), 고초/고쵸(苦楚), 곤궁홈, 곤난/곤란(困難), 괴질, 군난(軍亂), 궁고(窮苦), 근고(根痼), 란리(亂離), 로고(勞苦), 무한곤익(無限困厄), 상셜(霜雪), 순젼수젼(山戰水戰), 어려옴, 위험, 인죵(人種), 풍랑, 풍상/풍샹(風霜), 풍우(風雨), 풍파(風波), 환난/환란(患亂)

대표용례 :

  ㄱ. 이 여우가 셰월에 <u>상셜도 만이 격것고</u> 셰상에 <u>풍파도 만이 격것스미</u> (미일)

  ㄴ. 텬당이나 디옥에 가셔 <u>고락을 격고</u> 살지니라 (신학 93)

  ㄷ. 죠션 사룸들도 … 동양에셔 <u>아모 인죵흐고라도 능히 겻고</u> 살 터이라 (독립)

‘겪다’는 ‘N₁-이 N₂-를 겪다’를 기본구문구조로 갖는다. ‘겪다’의 고어형인 ‘겻다’가 대표용례 (ㄷ)에서 보듯이 개화기 자료에까지도 문증되는데, 이것은 문자의 보수성을 보여주는 것으로 이해할 수 있다. <경험대상>의 어휘관계를 정리하면, 유의관계로 ‘간고-간험-고난-고로옴-고싱-고초/고쵸-무한곤익’, ‘란리-환난/환란’, ‘곤궁홈-곤난/곤란-궁고-로고-어려옴’ 등을 들 수 있다. 상위-하위관계를 보면 {란리-환난/환란⊃군난}, {근고⊃괴질}을 확인할 수 있다. 한편 <경험대상>의 ‘상셜, 풍랑, 풍상/풍샹, 풍우, 풍파’는 ‘위험’에 대한 은유적인 표현인데, 현대국어의 용법과 같다. 끝으로 ‘겪다’에 의해 추출된 <경험대상>은 대체로 ‘부정 지향적 어휘’라고 할 수 있다.

3.2.4. 〈궁구대상(窮究對象)〉

영역결정술어 : N₂-를 궁구흐다

명사어휘목록 : 계칙(計策), 곡졀(曲折), 근긔(根氣), 근원, 근인(根因), 긔후(氣候), 도리, 락텬쥬의(樂天主義), 리유(理由), 리치(理致), 리히(利害), 리력(來歷), 만물, 말솜, 물리(物理), 방략(方略), 방법, 본셩(本性), 사회력(社會力), 셩경(聖經), 셩질(性質), 셩취(成就), 실디(實地), 실샹(實狀), 실학,

ᄉ정(事情), 연고(然故), 요지, 원소(原素), 원인, 정치(政治), 죄, ᄌ본(資本), ᄌ연력(自然力), 텬리(天理), 텽셩(淸省),46) 평일소위(平日所爲), 풍토, 효험, 힝세(行世)

대표용례 :

ㄱ. 만일 사롬이 뎐젹典籍을 샹고ᄒ며 <u>물리를 궁구ᄒ야</u> (신학 169)

ㄴ. 외양으로 긔화를 모본홀 것이 아니라 춤으로 <u>ᄌ연력과 샤회력을 궁구ᄒ</u><u>야</u> (독립)

'궁구(窮究)ᄒ다'는 'N₁-이 N₂-를 궁구ᄒ다'를 기본구문구조로 갖는다. <궁구대상>의 어휘관계를 정리하면, 유의관계로 '곡절-리유-리력-ᄉ정-연고', '근긔-근원-근인-본셩-원인', '계칙-방략-방법', '실디-실샹' 등을 들 수 있고, 반의관계로 '사회력↔ᄌ연력'을 들 수 있다. 이 중에 '사회력↔ᄌ연력'은 이전 시기에는 존재하지 않았던 개념으로 개화기에 일본에서 차용된 신생어이다. 상위-하위관계를 보면 {리치⊐물리, 텬리}, {풍토⊐긔후}, {셩질⊐락텬쥬의} 등을 확인할 수 있다. 이 중에 '락텬쥬의'는 개화기에 생긴 번역어로 반의어 '염셰쥬의'와 함께 『신학월보』에 나타난다.47) 한편 참고자료 신소설 중 "도학 군ᄉ라던지 <u>원소(原素)를</u> <u>궁구ᄒ야</u> 물질(物質)을 분셕ᄒᄂ 물리 박ᄉ 갓흐면 (구마검 22)"에서 '원소'라는 과학 전문어가 나타난다. <궁구대상>은 대체로 추상명사인 것이 특징이다.

3.2.5. 〈단장수단(丹粧手段)〉

영역결정술어 : N₂-로 단쟝ᄒ다

---

46) '텽셩(淸省)'의 어의는 "잘 조사하여 까다로운 것을 고치고 융통성 있게 함"이다.

47) "염셰쥬의(厭世主議 Pessimismus)나 락텬쥬의(樂天主議 Optimismus)는 물니쳐 ᄇ릴 것이오 (신학 282)".

명사어휘목록 : 각식물죵(各色物種), 국긔(國旗), 금, 보비, 비단, 비단죠각
　　(緋緞--), 삼식(三色), 꼿/꽃, 오색화초(五色花草)

대표용례 :

　　ㄱ. 각국 군함들이 <u>국긔로</u> 비들을 곱게 <u>단장ㅎ고</u> (독립)

　　ㄴ. 폐하의 직위례 경스로 큰 잔치를 ㅎ눈디 <u>각국긔로</u> 공스관을 <u>단쟝ㅎ고</u> (독립)

　　ㄷ. 공스관 속을 모도 <u>꼬츠로</u> 단쟝ㅎ여 (독립)

‘단쟝(丹粧)ㅎ다’는 ‘N₁-이 N₂-로 N₃-을 단쟝ㅎ다’를 기본구문구조로 갖는다. ‘N₁-이 N₃-을 N₂-로 단쟝ㅎ다’ 구문도 문증된다. <단장수단>은 본고의 참고자료에서는 전혀 보이지 않고, 단지 신문·잡지에서만 추출되었다. <단장수단>의 어휘관계를 정리하면 우선 최상위어로 ‘각식물죵’을 들 수 있다. 상위-하위관계로 {오색화초⊃꼿/꽃}, {보비⊃금}을 확인할 수 있고, 부분-전체관계를 보면 {비단⊃비단죠각}을 확인할 수 있다. 한편 ‘국긔’는 ‘국가, 국가스샹’의 개념을 전제로 하는 근대화된 개념이므로 개화기 신생어로 파악할 수 있다. 끝으로 <단장수단>은 대체로 ‘긍정 지향적 어휘’라고 할 수 있다.

3.2.6. 〈믿음대상〉

영역결정술어 : N₂-를 밋다

명사어휘목록 : ㉠계칙(計策), 공로, 관리, 교우, 권력, 길흉, 남편, 도리, 동포, 리치(理致), 명령, 민심, 법, 법령, 부모, 붕우은인(朋友恩人), 사롬, 성품, 셰력(勢力), 소문, 심/힘, 꿈, 쑥심, 아라사(俄羅斯), 어머니, 언론, 언약, 오히지교(誤解之巧), 완력, 왕, 요힝(僥倖), 용밍(勇猛), 웃사룸, 위력, 의원(醫院), 일본, 장모, 정부(政府), 증거, 지혜, 진리, 지물(財物), 지죠, 창, 쳑문(斥文), 총명(聰明), 타국, 팔심(팔힘), 학문, 형셰(形勢), 훈령 ㉡계명(誡命), 구셰자(救世者), 구셰쥬(救世主), 구쥬(救主), 그리스도/크

리스도/키리쓰토(Kristos), 그리스도교, 긔독교, 뎡명론(定命論), 디옥(地獄), 령셩셜(靈性說/Spiritualismus), 로즈(老子), 륜회(輪廻), 리단지교(異端之敎), 마귀, 말슘, 모셰(Moses), 무당, 무슐(巫術), 무신론(無神論), 미이미교(美以美敎), 복락, 복음, 부작(符籍), 부쳐, 불교, 불도, 선지자(先知者), 셔양교(西洋敎), 셔칙(書冊), 셕가(釋迦), 셩교(聖敎), 셩부(聖父), 셩즈(聖子), 슐법(術法), 악귀, 야쇼교(耶蘇敎), 여호와(Jehovah), 영싱(永生), 영험, 예수교, 예수, 예수씨, 우쥬즉신론(宇宙卽神論), 운명, 운슈(運數), 유물진화/유물진화지셜(唯物進化之說), 의식고슈쥬의(意識固守主義), 장로교, 전싱(前生), 졈쟝이, 종교, 주/쥬, 쥬리쥬의(主理主義), 진언(眞言), 즈싱지셜(自生之說), 침례교, 텬도교(天道敎), 텬쥬(天主), 텬쥬교(天主敎), 텬쥬교회(天主敎會), 하나님/하ᄂᆞ님, 할례(割禮), 허황지셜(虛荒之說), 희랍교(希臘敎)

대표용례 :

ㄱ. 이런 말을 ᄒᆞ난 쟈들노 ᄒᆞ여곰 <u>뎡명론을 밋어</u> (경보 394)

ㄴ. 녜젼에 작당ᄒᆞᄂᆞᆫ 션싱들이 <u>오희지교를 밋고</u> 젼ᄒᆞᄂᆞᆫ 폐단을 삼가고 (신학 48)

ㄷ. 어셔들 나셔소셔 <u>그리스도교를 미드면</u> (신학 530)

ㄹ. 님군의 사롬을 대신을 식히실 ᄤᅢ에ᄂᆞᆫ 그 <u>사람을 밋으시기에</u> 식히신 거신 즉 (독립)

'밋다'는 'N₁-이 N₂-를 밋다'를 기본구문구조로 갖는다. 이와 같은 '밋다' 구문은 한글 문헌자료가 존재하기 시작하는 중세국어 시기부터 보이던 것이다(이현희 1994a: 312). 그런데 개화기에는 중세국어에서 보이지 않던 '믿다' 구문이 보이는데, "우리가 죠션이 잘되고 안되기ᄂᆞᆫ 죠션 학도들 손에 달닌 줄노 밋고 (독립)"처럼 'N₁-이 S₁-ᄂᆞᆫ {S₂-에 달닌 줄}-노 밋다' 구문도 문증되며, "우리ᄂᆞᆫ 그 곳 교회와 학교가 날노 흥왕ᄒᆞᆯ 줄노 밋고 ᄇᆞ라노라 (신학 334)"처럼 'N₁-이 {S-ㄹ＋줄}-노 밋다' 구문도 문증된다. 드물게 "협회 졔 회원들이 … 아모죠록 몃번 득승ᄒᆞᆫ 것을 밋고 (독립)"처럼 'N₁-이 {S-것}-를 밋다' 구문과 "예수와 공자와 맹자와 성신이 강림할 째 되엿다 밋고 (신학 202)"처럼 'N₁-이 S-다 밋다' 구문도 보인다. 이것은 현대국어에서 'N₁-이 S-다고 믿다'처럼 내포문이 간접인용의 '-고'와 통합된 유형으로 실현되는 것과 비교된다.

<믿음대상>의 어휘관계를 정리하면 우선 명사어휘목록에서 보듯이, ㉮의 일반적인 믿음의 대상과 ㉯의 종교 및 철학적인 믿음의 대상으로 구별할 수 있다. 유의관계로 '완력-팔심', '운명-운슈', '구셰쟈-구셰쥬-구쥬-그리스도/크리스도/키리쓰토-셩ᄌ-예수-예수씨-주/쥬', '부쳐-셕가', '그리스도교-긔독교-야쇼교-예수교', '셩부-여호와-텬쥬-하나님/하ᄂ님', '마귀-악귀' 등을 들 수 있다. 상위-하위관계를 보면 {종교⊐그리스도교-긔독교-야쇼교-예수교, 불교, 텬도교, 텬쥬교, 희랍교}, {타국⊐일본, 아라샤}, {웃사롬⊐로즈, 부모, 선지자, 어머니, 왕, 장모}, {심/힘⊐쑥심; 완력-팔심; 권력, 셰력, 위력}, {무슐⊐무당, 부작, 슐법}, {그리스도교-긔독교-야쇼교-예수교⊐미이미교(감리교), 장로교, 침례교}, {복음⊐계명, 말슴}, {무신론⊐우쥬즉신론, 유물진화/유물진화지셜, ᄌ셩지셜} 등을 확인할 수 있다.

3.2.7. 〈배설물(排泄物)〉

영역결정술어 : N₂-를 누다
명사어휘목록 : 대변(大便), 대쇼변(大小便), 쏭, 쏭오즘, 오즘/오좀
대표용례 :

　ㄱ. 물을 버리거나 혹 <u>쏭이나 오즘 누는</u> 폐단도 금ᄒ며 (독립)

　ㄴ. 우리가 <u>오줌을 누고</u> 스퍼 눈 거시 아니라 (독립)

'누다'는 'N₁-이 N₂-를 누다'를 기본구문구조로 가진다. <배설물>에서 '쇼변'이 '누다'와 통합된 예가 포함되지 못한 것을 제외하면, 현대

국어와 차이가 없다. 물론 신문·잡지에서 '쇼변'이 "약간은 허리로브터 쇼변으로 나오며 슐이 피를 해롭게 ᄒᄂ 고로 (독립)"에서처럼 문증되므로 '쇼변을 누다'도 가능한 연어임을 추정할 수 있다. 어휘관계를 정리하면, 유의관계로 '대쇼변-똥오즘', '대변-똥'이 확인된다. 이들 어휘들은 모두 터부(taboo)에 따른 유의어들이다.

3.2.8. 〈분간대상(分揀對象)〉

영역결정술어 : N_2-를 분간ᄒᄃ

명사어휘목록 : ㉮대쇼(大小), 등급(等級), 디위(地位), 다쇼(多少), 오셔(五署),[48] 오음(五音) ᄌ모고져음(字母高低音)

　㉯경위(涇渭), 시비(是非), 시비곡직(是非曲直), 유무죄(有無罪), 허실(虛實), 흑빅(黑白)

대표용례 :

　ㄱ. 심령이 그 쇼리롤 밧아 <u>오음을 분간ᄒᄋᆑ</u> 그 뜻을 씨닷고 (신학 395)

　ㄴ. 종로에 모힌 공동회에서 각히 <u>오셔를 분간ᄒᄋᆑ</u> 지회가 다셧이 되엿ᄂᆫ더 (민일)

　ㄷ. 이 분별과 샹거ᄂᆫ <u>등급과 디위만 분간홀</u> 쑨 아니라 곳 (경보 3)

'분간(分揀)ᄒᄃ'는 'N_1-이 N_2-를 분간ᄒᄃ'를 기본구문구조로 갖는다. 대표용례 (ㄷ)처럼 'N_1-이 {N_2-와 N_3}-를 분간ᄒᄃ' 구문도 문증된다. 한편 "기름갑을 등지 대쇼와 밤이 길고 ᄌ은 것으로 분간ᄒᄋᆑ (민일)"처럼 'N_1-이 {S-것}-으로 분간ᄒᄃ' 구문과 "사롬마다 얼마큼 ᄌ긔의 싱각들이 잇서 올코 그른 거슬 분간ᄒᄃ (독립)"처럼 'N_1-이 {S-것}-을 분간ᄒᄃ' 구문도 문증된다. 아주 드물게 "ᄌ쥬 독립이 죠흔 거신지 언짠ᄒ

---

48) 내부의 경무청에 속하여 서울 안에 설치한 다섯 경무서인데, 동, 서, 남, 북, 중앙의 다섯 곳으로 고종 31년(1894)에 두었다가 융희 4년(1910)에 없앴다.

거신 줄을 분간ᄒ 사룸이 (독립)"처럼 'N₁-이 {S-줄}-을 분간ᄒ다' 구문도 확인되는데, 이것은 현대국어에서 허용되지 않는 것이어서 특이하다. <분간대상>에 속하는 대부분의 한자 어휘는 그 구성요소가 반의관계라는 점에서 흥미롭다. 즉 '대쇼, 다소, 유무죄, ᄌ모고져음, 허실, 시비, 흑빅' 등은 '대(大)↔쇼(小), 다(多)↔소(少), 유죄(有罪)↔무죄(無罪), ᄌ모고음(子母高音)↔ᄌ모져음(子母低音), 허(虛)↔실(實), 시(是)↔비(非), 흑(黑)↔빅(白)'처럼 그 구성요소들이 반의관계에 있다. 한편 '분간ᄒ다'는 다의성을 가지고 있다. "나누다"와 "가리다"가 그것이다. '분간ᄒ다'의 多義에 의해 명사어휘목록이 명확히 구별되지는 않지만, 적어도 ㉯의 '경위, 시비, 시비곡직, 유무죄, 허실, 흑빅'은 "가리다"로서의 '분간ᄒ다'와 통합한 경우이다. <분간대상>의 유의관계로 '시비-시비곡직-흑빅'을 들 수 있다.

3.2.9. 〈소진대상(消盡對象)〉

영역결정술어 : N₂-를 다ᄒ다

명사어휘목록 : ㉮검사(檢査), 고싱(苦生), 공부, 교셥(交涉), 농ᄉ(農事), 말, 말슴, 셩취(成就), 슈고, 슌명(殉名), 예언, 일, 츄셜(醜說), 톄죠(體操) ㉯게교(計巧), 권능, 긔력(氣力), 능력, 담칙(擔責), 마얌/ᄆ음, 명오(明悟), 밋음, 본분, 셩픔(性品), 신공, 심력, 쬐, 뜻, 열심, 욕심, 용밍(勇猛), 의무, 정(情), 정셩(精誠), 정신(情神), 지력, 지혜, 직분, 직임, 직칙(職責), 츙곡(衷曲), 츙셩(忠誠), 츙심(忠心), 회포, 효셩(孝誠), 힘

대표용례 :

ㄱ. 내외국 손님들의게 다과례를 힝ᄒ며 학원들 <u>톄죠를 다ᄒ</u> 후에 일기가 져므러지니 (독립)

ㄴ. 부모의게 <u>슌명을 다ᄒ지</u> 못ᄒ 거시 두렵고 (경보 133)

ㄷ. 덕을 닥가도 녀 즁대한 <u>담칙을 다ᄒ기가</u> 오히려 어려울 터이어늘 (대한)

ㄹ. 게르은 마암으로 긔도하지 말고 <u>열심을 다하여</u> 하나님끠 간절이 구하면
   (신학 309)

‘다ᄒ다’는 ‘N₁-이 N₂-를 다ᄒ다’를 기본구문구조로 갖는다. ‘다ᄒ다’
의 다의성에 따라 명사어휘목록이 구별된다. “끝나거나 끝내다”의 ‘다
ᄒ다’와 통합한 명사어휘목록은 ㉮이고, “모두 들이다”의 ‘다ᄒ다’와 통
합한 명사어휘목록은 ㉯이다. <소진대상>의 어휘관계를 정리하면, 유
의관계로 ‘고싱-슈고’, ‘담칙-직분-직임-직칙’, ‘쇠-지력-지혜’, ‘츙셩-츙
심’ 등을 들 수 있고, 상위-하위관계를 보면 {힘⊃긔력, 능력, 심력, 지
력}을 확인할 수 있다.

3.2.10. 〈수련대상(修練對象)〉

영역결정술어 : N₂-를 닦다

명사어휘목록 : 공덕, 국정(國政), 글월, 긔디(奇智), 덕, 덕힝(德行), 도덕,
   도리, 령혼(靈魂), 례졀(禮節), 몸, 문ᄌᆞ(文字), ᄆᆞ음, 업(業), 인ᄉᆞ(人事), 인
   ᄋᆡ지덕(仁愛知德), 졀힝(節行), 정ᄉᆞ(政事), 지덕, 지죠, 학문, 학업, 힝실
   (行實)

대표용례 :
   ㄱ. 녯 말에 굴ᄋᆞ디 <u>인ᄉᆞ를 닥근</u> 후에야 텬명을 기다린다 (독립)
   ㄴ. 슈나라 님군이 <u>정샤를 닥그니</u> 졔휘 두려워ᄒ고 (민일)
   ㄷ. 요조슉녀의 <u>졀힝을 닥고</u> 대쇼 인민의 질고를 알게 홈으로 교육ᄒ엿스니
      (신학 152)
   ㄹ. 어려셔붓터 졈쟌ᄒ도록 <u>힝실을 닷가</u> (민일)

‘닦다’는 ‘N₁-이 N₂-를 닦다’를 기본구문구조로 갖는다. ‘닦다’의 고어
형인 ‘닭다’가 대표용례 (ㄹ)에서 보듯이 개화기 자료에까지도 문증되는

데, 이것은 문자의 보수성을 보여주는 것으로 이해할 수 있다. <수련대상>의 어휘관계를 정리하면, 유의관계로 '모음-령혼', '도덕-도리', '글월-문ス' 등을 들 수 있고, 반의관계로 '몸↔모음-령혼'을 들 수 있다. 상위-하위관계를 보면 {힝실⊐덕힝, 절힝}, {덕⊐공덕, 도덕, 지덕}을 확인할 수 있다. 끝으로 <수련대상>은 대체로 '긍정 지향적 어휘'이다. 이 점은 하위 화제영역인 <개인덕목>, <과인대상>에서도 그대로 승계된다.

⟨수련대상⟩ → ⟨개인덕목(個人德目)⟩
영역결정술어 : {N₂-와 N₃}-가 겸비ᄒ다
명사어휘목록 : 덕, 문필, 부월지권(斧鉞之權), 신덕, 열정(熱情), 용낙(勇略), 인의, 지용, 지(才), 지덕(才德), 지조, 츙심(忠心), 츙의(忠義), 학문
대표용례 :
　ㄱ. 하놀과 짜 스이에 무슴 동물이던지 <u>지혜와 힘이 겸비ᄒ여야</u> (독립)
　ㄴ. 민베드루ㅣ라 ᄒ는 이는 … <u>신덕과 열정이 겸비ᄒ매</u> (경보 308)

　'겸비(兼備)ᄒ다'는 'N₁-이 {N₂-와 N₃}-가 겸비ᄒ다'를 기본구문구조로 갓는다. '겸비ᄒ다'의 이와 같은 통사구조는 현대국어에서 나타나지 않는다는 점에서 특이하다. 현대국어에서는 대체로 "그는 전문가로서의 재능에 탁월한 지도력을 겸비한 유능한 청년이었다."처럼 'N₁-이 (N₂-에) N₃-를 겸비하다'와 같은 구문구조를 갖는다. 물론 개화기 신문·잡지 자료에도 'N₁-이 N₂-를 겸비ᄒ다'와 같은 구문이 1번 검색되었는바,[49] 타동사로서 '겸비ᄒ다'가 현대국어의 그것과 차이가 없으나 그 외의 예에서 모두 개화기의 독특한 '겸비ᄒ다' 구문을 따르고 있다. <개인덕목>의 어휘관계를 정리하면, 유의관계로 '용낙-지용', '지-지조',

---

[49] "사름의 힘으로는 비록 <u>부월지권을 겸비ᄒ여도</u> 홀 수 업는지라 (신학 123)".

'츙심-츙의'를 들 수 있고, 반의관계로 '문필↔부월지권'을 들 수 있다. 반의어인 '문필'과 '부월지권'은 환유로서 각각 "文"과 "武"를 의미한다.[50] 상위-하위관계를 보면 {덕⊒신덕, 지덕}을 확인할 수 있다.

〈수련대상〉→〈개인덕목〉→〈과인대상(過人對象)〉

영역결정술어 : N₂-이 과인ᄒ다

명사어휘목록 : 담력(膽力), 려력/여력(膂力), 용밍(勇猛), 지모담약(智謀膽略), 지긔(才氣), 지능(才能), 지죠, 춍명/춍밍(聰明)

대표용례 :

　ㄱ. 뎡약용(丁若鏞)은 <u>지능이 과인ᄒ야</u> (경보 254)

　ㄴ. 인슬리는 유명ᄒ 션비라 <u>춍명이 과인ᄒ야</u> (신학 525)

'과인(過人)ᄒ다'는 "능력, 재주, 지식, 덕망 등이 보통 사람보다 뛰어나다."는 뜻의 영역결정술어이다. 대표용례에서 보듯이 'N₁-이 N₂-가 과인ᄒ다'를 기본구문구조로 가진다. 어휘관계를 정리하면, 우선 '지죠-지능-지긔', '담력-용밍'은 유의관계를 이룬다. 상위-하위관계를 보면, '지모담약'이 상위어를 이루고,[51] '춍명/춍밍, 담력, 지죠, 지능, 지긔, 용밍'이 하위어를 이룬다. 그리고 여기서의 '려력/여력'은 '완력(腕力)'의 뜻이다. 이것은 현대국어에서 흔히 쓰이는 '여력(餘力)'과 구별된다.

3.2.11. 〈신발〉

영역결정술어 : N₂-를 신다

명사어휘목록 : 가죽신/가쥭신, 구두, 나막신/ᄂ막신/남악신, 나무신, 당

---

50) '부월(斧鉞)'은 출정하는 장수에게 통솔권의 상징으로 임금이 손수 주던 작은 "도끼와 큰 도끼"라는 의미이다.

51) '지모담약'은 『표준국어대사전』에 등재되어 있지 않다. 다만 '지모, 담략'이 등재되어 있는데, '지모'는 "슬기로운 꾀", '담략'은 "담력과 꾀"를 뜻한다.

혜(唐鞋), 당혜신, 멧투리/멧토리/메토리,[52] 목혜(木鞋), 보션,[53] 삼신,[54] 새신, 신, 양혜(洋鞋), 양화, 집석이/집셕이, 집신, 청국신(淸國-), 헌신, 홍목당혜(紅目唐鞋)

대표용례 :

ㄱ. 사롬들이 가죡으로 모든 양혜를 신게 되니 (독립)

ㄴ. 소례복에 고모 쓰며 통량갓에 구두 신고 혼들혼들 가는 모양 (대한)

'신다'는 'N₁-이 N₂-를 신다'를 기본구문구조로 갖는다. <신발>의 어휘관계를 정리하면, 유의관계로 '당혜-당혜신', '나막신/ㄴ막신/남악신-나무신-목혜', '구두-양혜-양화', '집석이/집셕이-집신'을 들 수 있고, 반의관계로 '새신↔헌신'을 들 수 있다. 상위-하위관계를 보면 {가죽신/가죽신∋당혜-당혜신, 홍목당혜}, {멧투리/멧토리/메토리∋삼신}을 확인할 수 있다. 한편 참고자료 신소설의 "머리에 운동모자를 쓰고 몸에 회식 목쥬의를 입엇스며 혼구쓰를 신엇스니 (셜중미 9)"에 나타난 '혼구쓰'는 일본 차용어이다.

3.2.12. 〈신체부위(身體部位)〉

영억걸징술어 : N₁-이 앎흐다

명사어휘목록 : 가슴/가삼/가슴, 골절(骨節), 귀, 눈, 니몸, 다리/더리, 등, 만신(滿身), 머리, 목굼, 몸, 발, 비/배, 살, 샹쳐(傷處), 손, 손가락, 수족/슈족(手足), 스지(四肢), 쏘리, 쎠, 어금니, 얼골, 엽구리, 온몸, 육신, 입, 젼신(全身), 졋통이, 죵긔(腫氣), 코, 톄지(體肢), 혀

---

52) '멧투리/멧토리/메토리'의 어의는 "삼이나 노 등으로 짚신처럼 삼은 신"이다.

53) 현대국어의 '버션'은 '보션'이 비원순모음화를 겪어 생긴 것이다. 아직도 강원, 경기, 경상, 제주, 충정, 함경 방언으로 '보션' 유형이 널리 나타난다.

54) '삼신'의 어의는 "생삼으로 거칠게 삼은 신"이다.

대표용례 :

　　ㄱ. 다른 ᄋ힉 말ᄒ기룰 왜 <u>배가 앏흐냐</u> (경향)
　　ㄴ. 싱각을 ᄒ면 <u>골절이 압푸고</u> 얼골이 더온 일이라 (독립)

　‘앏흐다’는 ‘N₁-이 앏흐다’의 형용사 구문을 기본구문구조로 갖는다. <신체부위>의 어휘관계를 정리하면, 유의관계로 ‘만신-온몸-젼신’, ‘스지-톄지’, ‘몸-육신’ 등을 들 수 있다. <신체부위>는 대부분이 부분-전체관계이다. {몸-육신⊐가슴/가삼/가슴, 톄지, 등, 비/배, 살, 꼬리, 쎠, 엽구리}, {톄지⊐수족/슈족⊐다리/더리, 발, 손}, {얼골⊐귀, 눈, 머리, 입, 코}, {손⊐손가락}, {가슴/가삼/가슴⊐졋통이}, {입⊐니몸, 목굼, 어금니, 혀}가 그것이다. 한편 “비참ᄒᆫ 디경에 니르러 동포의 ᄆᆞ음이 앏흐고 쎠가 져리게 되엿도다 (대한)”에 나타난 ‘<u>ᄆᆞ음이 앏흐다</u>’는 “속이 상하다”의 의미를 갖는 관용 표현이다.

3.2.13. 〈심신(心身)〉

영역결정술어 : N₁-이 강건ᄒ다
명사어휘목록 : 근골(筋骨), 근력(筋力), 긔력(氣力), 긔운, 긔졀(氣節), 령혼(靈魂), 몸, 비위(脾胃), 신체/신톄(身體), 안력(眼力), 정력(精力), 힘
대표용례 :

　　ㄱ. <u>긔운이 강건홀</u> 뿐더러 견고홈과 용밍홈이 더ᄒ며 (경보 238)
　　ㄴ. <u>근력이 강건ᄒ야</u> 위싱상에 큰 힝복을 누리며 (대한)

　‘강건(剛健)ᄒ다’는 ‘N₁-이 강건ᄒ다’의 형용사 구문을 기본구문구조로 갖는다. <심신>의 어휘관계를 정리하면, 유의관계로 ‘긔력-긔운’, ‘몸-신체/신톄’를 들 수 있고, 반의관계로 ‘령혼-ᄆᆞ음-정신↔몸-신체/신톄’를 들 수 있다. 상위-하위관계를 보면 {힘⊐근력, 긔력-긔운, 안력,

정력}을 확인할 수 있다.

3.2.14. 〈욕구(慾求)〉

영역결정술어 : N₁-이 동ᄒ다
명사어휘목록 : ㉮식심(色心), 욕심(慾心), 음심(淫心), 음욕(淫慾)
 ㉯ᄆ옴, 민심(民心)
대표용례 :
 ㄱ. 하인의 여간 ᄌᆞᆨ슥을 보고 <u>음심이 동ᄒ야</u> (민일)
 ㄴ. 희랍 전국이 모도 움쟉여 <u>민심이 대단히 동ᄒ엿더라</u> (독립)

'동(動)하다'는 'N₁-이 동ᄒ다'의 자동사 구문을 기본구문구조로 갖는다. '동ᄒ다'에서도 다의성이 확인된다 "(욕심 등이) 생기다"와 "(마음 등이) 움직이다"가 그것이다. 대표용례 (ㄴ)에서 확인되는 '민심'과 통합한 '동ᄒ다'는 다의 중에 "(마음 등이) 움직이다"라는 의미로 쓰였다. 한편 『표준국어대사전』에 따르면, 현대국어에서는 "생기다"가 '동하다'의 주의미로 쓰이지만, 개화기에는 한자 '동(動)'에서도 알 수 있듯이, 타동사로서 오히려 "움직이다"가 '동ᄒ다'의 주의미였다. 실제로 "쟝총독의 가권을 보호ᄒ다 칭ᄒ고 <u>군ᄉ를 동ᄒ라</u> 쳥구ᄒ며 (대한), 원죄로 말ᄒ건대 원죄란 말은 <u>의ᄉ(意思Voluntas)를 동ᄒ야</u> 각 사롬이 스ᄉ로 범ᄒ 죄라 (경보 458)"처럼 'N₁-이 N₂-를 동ᄒ다' 구문도 드물게 보이는데, 이때의 '동ᄒ다'는 "움직이다"의 의미이다. 이상은 '동ᄒ다'의 어의변화를 잘 보여준다.

 〈욕구〉의 어휘관계를 정리하면, 유의관계로 '식심-음심-음욕'을 들수 있다. 한편 참고자료 신소설의 "화슌집이 그 소문을 듯고 황가의 지물에 <u>회가 동ᄒ야</u> (빈상셜 56), 그 소리에 <u>비위가 엇지 동ᄒ얏던지</u> 불인지 물인지 모르고 (치악산 70)"에서 '蛔가 동ᄒ다(욕심이 생기다), 脾胃가

동호다(마음이 언짢다)'도 나타나는데, 현대국어에서도 쓰이는 관용 표현들이다. 끝으로 <욕구>는 대체로 '부정 지향적 어휘'라고 할 수 있다.

3.2.15. 〈음식물(飮食物)〉

영역결정술어 : N_2-를 먹다

명사어휘목록 : ㉮간, 감자밥, 강아지, 개야미/긔야미, 겨즈씨, 고기, 고리고기, 곡식, 국, 국밥, 국수/국슈, 군밤, 권연, 권연쵸(卷煙草), 금, 금계랍(金鷄蠟),[55] 기름/기롬, 긔장국, 나무겁질, 나무열미, 나물, 노로고기, 능금, 넝수/링슈(冷水), 단약(丹藥), 담비, 뎜심밥, 독약, 두부, 둘펑이, 둙, 둙의알, 량식(糧食), 마날/마눌, 멍셕쑬기,[56] 모쥬(母酒), 몬지, 물, 미음, 밀가루, 목걸리, 반찬, 밤참, 밥, 버레/비레, 버셧, 부스럭이, 불로초(不老草), 비러지/버러지, 비상(砒霜), 비얌, 쌀/쌀, 사탕/스탕(砂糖), 산치(山茉), 살, 생명수, 상실(桑實), 셔양요리(西洋料理), 셕반(夕飯), 선악과(善惡果), 셩만찬(聖晩餐), 소졋, 송쟝, 쇠고기/쇼고기, 쇼쥬(燒酒), 술/슐, 실과, 스약(死藥), 시벽밥, 싱션, 쑬, 찡, 쩍, 뽕닙, 아침밥, 아츰, 아편, 아편연, 안쥬(按酒), 알, 약, 약과, 약주, 양, 양재물/양지물,[57] 어육, 여송연/여숑현(呂宋煙),[58] 연포국(軟泡-),[59] 열미, 옥수슈, 요리, 우물, 우유(牛乳), 우육(牛肉), 원슝이, 육찬, 음식, 잔치, 쟝국밥, 졋, 져녁, 져녁

---

55) '염산키니네'를 이르는 어휘인데, 키니네를 염산에 화합시켜 만든 비늘 모양의 흰 가루이다. 맛이 쓰고 물과 알코올에 녹으며, 해열 진통제로 쓴다.

56) "리방을 불너셔 말호기를 내가 멍셕쑬기를 먹고져 호니 (대한)".

57) 김형철(1999: 134)에 따르면, 개화기에 나타나지 않는 어휘로 소개되어 있다. 그러나 실제로는 개화기에 다양한 표기로 쓰이고 있었다.

58) 특히 필리핀의 루손 섬에서 나는 엽궐련 즉, 담배의 일종이다. 향기가 좋으며 독하다.

59) '연포국'은 "얇게 썬 두부를 꼬치에 꽂아 기름에 지진 다음 닭국에 넣고 끓인 음식"을 말한다. "상여군들이 연포국과 목걸리를 실컷 먹고 술씸에 흥이 나는 거시 아니라 쳐량호 무음이 나셔 상여를 메고 가며 상두소리가 놉핫더라 (은세계 74)".

밥/저녁밥, 졈심/뎜심, 졋, 조개, 죠반(朝飯), 죠셕(朝夕), 쥬육(酒肉), 죽, 지계미/지게미, 지권연, 진익(津液), 진흙, 질렁이, 차, 찬치, 초례슐(醮禮-), 초목, 치소(菜蔬), 탁쥬(濁酒), 팟쥭, 푸셩귀, 풀, 풀쌀희, 피, 회츙산(蛔蟲散)[60]

㉯겁, 귀, 남져지, 돈, 록/녹(祿), 뢰물(賂物), 마음/ᄆᆞ음, 싱각, 쇠, 욕, 월급, 월봉, 월은, 제물, 핀잔

대표용례 :

ㄱ. 위션 님식가 다 사롬을 혹ᄒᆞ게 ᄒᆞ며 <u>우유와 사탕과 쩍만 먹고</u> (신학 100)

ㄴ. 일월산 깁흔 산협을 ᄎᆞ자 슈계ᄒᆞ며 <u>산치와 샹실을 먹고</u> (경보 248)

ㄷ. 회비에는 <u>회츙산을 먹은</u> 후에 <u>기름을 먹고</u> 학질에는 <u>기름을 먹은</u> 후에 <u>금계랍을 먹으더</u> (경향)

ㄹ. 션현네가 먹지 안턴 <u>권연쵸와 여송연도 먹으며</u> (독립)

ㅁ. 이놈아 사롬이 셰샹에 나셔 악흔 <u>ᄆᆞ음을 먹지</u> 말고 션흔 <u>ᄆᆞ음을 먹고</u> (미일)

ㅂ. 시비에는 <u>귀 먹고</u> 화친에논 입을 열어 화목을 도을지니라 (신학 145)

ㅅ. 비록 이 셰샹 사롬의게 <u>욕을 먹고</u> 군츅을 당ᄒᆞ여도 (신학 456)

ㅇ. 양쥬 군슈는 <u>월은만 먹고</u> 쟈논지 모로겟다고 편지가 신문사에 왓스니 (독립)

ㅈ. 신씨가 <u>겁을 먹고도</u> 이만 오쳔냥을 리용익씨를 주고 (독립)

'먹다'는 'N_1-이 N_2-를 먹다'를 기본구문구조로 갖는다. <음식>의 어휘관계를 정리하면, 유의관계로 '단약-불로초', '버레/비레-비러지/버러지', '독약-비상-스약', '뎜심밥-졈심/뎜심', '셕반-져녁-져녁밥/저녁밥', '아침밥-아춤-죠반', '아편-아편연', '월급-월봉-월은', '묵걸리-탁쥬', '소졋-우유', '싱션-어육', '우육-쇠고기/쇼고기', '음식-량식', '고기-살' 등을 들 수 있다. 상위-하위관계를 보면 {국∋기장국, 연포국, 쟝국밥}, {밥∋감자밥, 국밥; 시벽밥, 뎜심밥-졈심/뎜심, 셕반-져녁-져녁밥/저녁밥, 아

---

60) '회츙산'의 어의는 "배 속의 회충을 없애는 데 쓰는 가루약"이다.

침밥-아춤-죠반, 밤참, 죠셕}, {담비⊃권연-권연쵸, 여송연/여숑현, 지권연}, {술/슐⊃모쥬, 믁걸리-탁쥬, 쇼쥬; 약주; 초례슐}, {물⊃닝수/링슈, 생명수, 양재물/양지물, 우물, 진익}, {쥭⊃팟쥭, 미음}, {고기-살⊃고러고기, 노로고기, 우육-쇠고기/쇼고기}, {반찬⊃나물, 두부, 마날/마눌, 버셧, 산치, 싱션, 육찬, 젓/졋, 치소}, {알⊃닭의알}, {요리⊃셔양요리}, {치소⊃푸셩귀, 풀}; {곡식⊃겨즈씨, 밀가루, **빨/쌀**, 옥수슈, 지계미/지게미}, {열미⊃실과⊃능금, 샹실, 션악과}를 확인할 수 있고, 부분-전체 관계를 보면 {닭⊃닭의알}, {초목⊃ 나무겁질, 나무열미, 풀쌀희}를 확인할 수 있다.

한편 '먹다'와 연어관계를 이루면서 비유적인 의미를 갖는 어휘 중에서 관용 표현으로 쓰인 어휘로는 ㉯의 '겁, 귀, 돈, 록/녹, 뢰물, 마음/ㅁ음, 싱각, 욕, 핀잔'을 들 수 있는데, 현대국어에서의 쓰임과 같다. 특히 참고자료 신소설의 "옷과 세간에 며누리 귀신이 붓튼 드시 보기도 시른 마음이 잇셔셔 … 약은 <u>쐬를 먹고</u> (치악산 177), 아러 사롬된 법이 잇스잇가 <u>쑬 먹은 벙어리처럼</u> 지니지마는 (빈샹셜 2)"에 보이는 '쐬를 먹다, 쑬을 먹은 벙어리'는 오늘날에도 널리 쓰이는 관용 표현이다.

〈음식물〉→〈음료수(飲料水)〉

영역결정술어 : N_2-를 마시다

명사어휘목록 : ㉮국, 눈물, 독약, 링슈(冷水), 믈, 샹지슐, 술/슐, 시내, 약, 쟝국, 즙(汁), 즙물, 차, 초, 포도쥬(葡萄酒), 포도즙(葡萄汁), 피
　㉯공긔(空氣), 긔운(氣運), 문명공긔(文明空氣), 바롬, 새공긔, 신공긔(新空氣), 아편연(阿片煙), 악취(惡臭), 양긔(陽氣), 연긔(煙氣)
　㉰슐잔, 쓸기, 잔

대표용례 :

ㄱ. 옛날에 련쟉이 <u>샹지슐롤 마시고</u> 오쟝즁 고질에 병을 본다 함이 황당훈 듯ㅎ더니 (신학 484)

ㄴ. 데 구곡은 젼일구습 다 ᄇ리고 <u>신공긔를 마신</u> 후에 (대한)

ㄷ. 예수ᄭᅦ셔 십자가에 못 박히시기 젼에 마지막 <u>잔을 마시시고</u> (신학 328)

'마시다'는 'N₁-이 N₂-를 마시다'를 기본구문구조로 갖는다. <음료수>는 명사어휘목록에서 보듯이, 크게 ㉮의 [액체]와 ㉯의 [기체] 및 ㉰의 [고체] 어휘장으로 구별된다. ㉰의 '쓸긔'의 경우는 '쓸긔즙'에서 환유된 것으로 파악할 수 있다. ㉰의 '슐잔, 잔'도 마찬가지로 '酒'에서 환유된 표현이다.

그 어휘관계를 정리하면, 유의관계로 '즙-즙물', '공긔-바롬', '새공긔-신공긔'를 들 수 있고, 상위-하위관계를 보면 {즙-즙물⊐포도즙}, {술/슐⊐샹지슐, 포도쥬}, {믈⊐눈물, 링슈, 시내}, {약⊐독약}, {국⊐장국}, {연긔⊐아편연}, {공긔-바롬⊐문명공긔, 새공긔-신공긔}, {긔운⊐양긔}, {잔⊐슐잔}을 확인할 수 있다.

3.2.16. 〈의복〉

영역결정술어 : N₂-를 닙다; 닙히다; 벗다

명사어휘목록 : ㉮갑옷, 갑쥬, 갓옷, 것옷, 견무치마, 겹바지, 겹져고리, 고쟝이, 관복, 광슈의, 구름옷, 군복, 금의/금옷, 깃옷, 남챵의, 누비바지, 다홍치마, 당목격숨, 대례복, 덧져구리, 도랑치마, 도포, 두렁치마, 두루막이, 루덕이, 마고자, 마포옷, 먹바지, 명쥬져고리, 모시항라격삼, 목쥬의, 무명바지, 무명옷, 문포격삼, 바지져고리, 반물치마, 복식, 복쟝/복장, 봄옷, 뵈옷, 부병옷, 부인례복, 불치마, 비단옷, 빅의, 삼옷, 상복, 생쥬쥬의, 셔양목고의, 셔양옷, 속옷, 속격삼, 솜바지, 쇼례복, 싱베옷, 양목바지, 양목치무, 양복, 예복, 옷, 왕복, 왜목바지, 융복, 의관, 의복, 일본옷, 자알비즈, 져고리/젹오리, 격삼, 전복, 조복/죠복, 죠션옷, 즁복, 즁츄막, 챵옷, 쳥국옷, 쳥바지져고리, 추포쥬의, 치마/쳐마,

치식옷, 털옷, 평복, 풍츠바지, 핫옷, 항나치마, 호복, 홀티바지, 홋바지, 홍포, 힝쥬치마

㉯가족(가죽), 모직, 비단

대표용례 :

ㄱ. 그 빅셩들이 즘싱의 <u>가죡을 닙고</u> (신학 74)

ㄴ. 관보에 반포ᄒ기를 궁즁은 일년 <u>즁복을 닙고</u> (대한)

ㄷ. 아희가 불근 <u>모시항라젹삼과 셔양목고의를 닙고</u> 나막신을 신고 (믹일)

ㄹ. 빌나도 지판ᄒ 후에 <u>홍포롤 닙히고</u> (신학 205)

ㅁ. 당신도 징역ᄒ고 당신 ᄋ둘 손즈 다 <u>쳥바지져고리 입힐</u> 터이지오 (믹일)

ㅂ. 보좌원 류명즁에 두명은 잡히고 ᄉ명은 <u>복장을 벗고</u> 도망ᄒ엿스며 (대한)

'닙다; 벗다'는 'N₁-이 N₂-를 닙다; 벗다'를 기본구문구조로 갖고, '닙히다'는 'N₁-이 N₃-에게 N₂-를 닙히다'를 기본구문구조로 갖는다. 화제영역 <의복>에 속하는 유의관계(synonymy)를 정리해 보면, '복장-의복-옷-복식', '금의-금옷', '셔양옷-양복', '가죽옷-갓옷', '창옷-남챵의'가 유의어를 이루고 있다. 반의관계(antonymy)를 파악해 보면, '속옷↔것옷', '예복↔평복', '대례복↔소례복'을 들 수 있다. 상위-하위관계(hyponymy)를 정리하면, 어휘계층과 등위관계 및 단어족을 살펴볼 수 있다.

(10) ㄱ. {져고리/젹오리⊐명쥬져고리; 겹져고리, 덧저구리}

ㄴ. {젹삼⊐모시항라젹삼, 문포젹삼, 당목젹슘; 속젹삼}

ㄷ. {바지⊐누비바지, 양목바지, 왜목바지, 솜바지, 무명바지; 홋바지, 풍츠바지, 겹바지, 먹바지, 홀티바지}

ㄹ. {치마/쳐마⊐항나치마, 견ᄆ치마, 양목치ᄆ; 도랑치마, 반물치마, 힝쥬치마, 다홍치마, 두렁치마}

ㅁ. {예복⊐상복, 즁복, 대례복, 부병옷, 쇼례복, 관복, 호복, 왕복, 죠복, 양복, 부인례복, 광슈의}

ㅂ. {군복⊃젼복, 융복, 갑옷}

<의복>에 속하는 어휘들의 상위-하위관계에서 보이는 어휘계층 구조는 다분지적(多分枝的)인 구조이다. (10ㄱ, ㄴ)은 '上衣'의 하위어이고, (10ㄷ, ㄹ)은 '下衣'의 하위어이다. 한편 (10ㄱ)에서 '져고리/적오리'는 '명쥬져고리; 겹져고리, 덧저구리'의 상위어인데, '명쥬져고리'는 옷감에 따른 하위어이고, '겹져고리, 덧저구리'는 옷의 형태에 따른 하위어이다. (10ㄴ)에서 '젹삼'은 '모시항라젹삼, 흰문포젹삼, 당목젹슴; 속젹삼'의 상위어이며, '모시항라젹삼, 문포젹삼, 당목젹슴'은 옷감에 따른 하위어이고, '속젹삼'은 옷의 용도에 따른 하위어이다. (10ㄷ)에서 '바지'는 '누비바지, 양목바지, 왜목바지, 솜바지, 무명바지; 홋바지, 풍츠바지, 겹바지, 먹바지, 홀티바지'의 상위어인데, '누비바지, 양목바지, 왜목바지, 솜바지, 무명바지'는 옷감에 따른 하위어이고, '홋바지, 풍츠바지, 겹바지, 먹바지, 홀티바지'는 옷의 형태에 따른 하위어이다. (10ㄹ)에서 '치마/첨마'는 '항나치마, 견ㅁ치마, 양목치ㅁ; 도랑치마, 반물치마, 힝쥬치마, 다홍치마, 두렁치마'의 상위어인데, '항나치마, 견ㅁ치마, 양목치ㅁ'는 옷감에 따른 하위어이고, '도랑치마, 반물치마, 힝쥬치마, 두렁치마, 다홍치마'는 옷의 형태, 용도, 색깔에 따른 하위어이다. (10ㅁ)에서 '예복'은 '상복, 즁복, 대례복, 부병옷, 쇼례복, 관복, 호복, 왕복, 죠복, 양복, 부인례복, 광슈의'의 상위어인데, 이들은 모두 옷의 용도에 따른 하위어이다. (10ㅂ)에서 '군복'은 '젼복(戰服), 융복(戎服), 갑옷(甲-)'의 상위어임을 알 수 있다.

한편, 비유적인 표현으로 옷감이 직접 옷을 환유(metonymy)하는 예들이 보이는데, ⑭의 {가죽, 모직, 비단}이 그 집합이다. {가죽, 비단, 모직}은 다의성이 높은 어휘라고 할 수 있다. 원래는 이들은 '가죽옷, 모직옷, 비단옷'에서 '옷'이 생략되어 표면적으로 비유적인 의미를 갖게 된 것으로 판단된다. 또 '옷'의 단어족으로는 '갓옷, 비단옷, 무명옷, 뵈

옷, 싱베옷, 마포옷, 털옷, 삼옷’이 들어 있다. 모두 합성어들이다.

끝으로 <의복>에서 현대국어에서는 잘 쓰이지 않는 예들이 보이는데, ‘자알비즈[(잘배자)검은담비의 털가죽을 대어 지은 배자], 청바지져고리, 깃옷[졸곡(卒哭) 때까지 상제가 입는 생무명의 상복], 추포쥬의(麤布紬衣), 생쥬쥬의(生紬紬衣), 목쥬의(木紬衣), 갑쥬[(甲紬)갑옷과 투구를 아울러 이르는 말]’ 등이 그것이다. 신생어로서 우선 전통적인 의복 어휘 이외에 개화에 따른 서구의 의복 어휘 ‘양복, 양목바지, 양목치ᄆ’가 등장한다.

3.2.17. 〈인내대상(忍耐對象)〉

영역결정술어 : N₂-를 견디다

명사어휘목록 : 간난(艱難), 고란(苦難), 고로옴, 고싱(苦生), 고초(苦楚), 곤란(困難), 곤핍(困乏), 곤홈, 괴로옴, 내암새, 독, 독쵹홈, 로독(路毒), 모진바롬, 미, 밍독홈(猛毒-), 반역, 분홈, 붓그러옴, 비곱홈, 소요(騷擾), 송구홈/숑구홈(悚懼), 신고(辛苦), 악취(惡臭), 악형, 압뎨(壓制), 압흠/아품/앏흠, 원망, 위력, 위협, 주림/쥬림, 치쇼(嗤笑), 치위/치움, 침칙(侵責),[61] 춘눈, 칙망(責望), 탐관혹토, 탐학, 토식(討索), 통고(痛苦), 폐막(弊瘼), 핍박, 학딕(虐待), 학정(虐政), 한고(寒苦), 협박, 형벌, 혹독, 혹형, 환난, 회포

대표용례 :

ㄱ. 관예비의 <u>침칙을 견디지</u> 못ᄒ여 인민이 환산홀 디경인디 (독립)

ㄴ. 길에 다니는 사롬들이 <u>악취를 견디지</u> 못ᄒ야 코를 가리오고 (독립)

‘견디다’는 ‘N₁-이 N₂-를 견디다’를 기본구문구조로 갖는다. “넉넉지 못ᄒ 사롬은 도젹맛기젼에 이 부비에 견딜 슈 업고 (독립)”처럼 ‘N₁-이

---

61) ‘침칙’의 어의는 “간접적으로 관계되는 사람에게 책임을 추궁함”이다.

N_2-에 견디다' 구문도 문증된다. 드물게 "당나라와 신라의 군스는 더운 디방에셔 싱쟝ᄒ여 차운 거슬 견디지 (대한)"처럼 'N_1-이 {S-것}-을 견디다' 구문도 나타난다. <인내대상>의 어휘관계를 정리하면, 유의관계로 '고란-고싱-고초-곤핍' '비곱흠-주림/쥬림', '위협-협박', '탐관혹토-탐학-토싁', '치위/치움-한고', '핍박-학디', '신고-통고-모진바롬-츤눈', '악형-혹형', '밍독흠-혹독', '븟구러옴-송구홈/숑구홈', '고로옴-괴로옴', '환난-소요', '압데-위력' 등을 들 수 있다. 이 중에서 '신고, 통고'는 '모진바롬, 츤눈'과 은유에 의한 유의관계를 이룬다. 상위-하위관계를 보면 {내암새⊐악취}, {압데-위력⊐침칙, 학정}을 확인할 수 있다. <인내대상>도 <경험대상>처럼 대체로 '부정 지향적 어휘'라고 할 수 있다.

3.2.18. 〈질병(疾病)〉

영역결정술어 : N_2-에 걸니다; N_1-이 낫다

명사어휘목록 : ㉮괴질(怪疾), 괴질병, 라창(癩瘡), 류힝병(流行病), 문동병(--病), 병, 병환, 상쳐(傷處), 속병, 신경병, 악독온역(惡毒瘟疫), 안질(眼疾), 역질(疫疾), 온역병(瘟疫病), 전염병(傳染病), 증셰(症勢), 질병, 챵질(瘡疾), 탈(頉), 텬연두(天然痘), 학질(瘧疾),[62] 호렬ᄌ병(虎列刺病), 횡익(橫厄), 흑ᄉ병(黑死病)

㉯벙어리, 병신, 소경, 안즌방이

대표용례 :

ㄱ. 어언지 간에 <u>역질에 걸니여</u> 아히들이 손샹홈이 젹지 아니ᄒ니 (독립)

ㄴ. 다힝이 큰며느리는 <u>속병이 낫고</u> (경향)

ㄷ. ᄯᅩ 여러 풍증 들넌 사롬과 <u>안즌방이가 나흐니</u> (신학 237)

'걸니다'와 '낫다'는 각각 'N_1-이 N_2-에 걸리다, N_1-이 낫다'의 자동사

---

62) 오늘날 '학을 떼다'에서 '학'이 '학질'인데, '말라리아'를 말한다.

구문을 기본구문구조로 갖는다. 명사어휘목록을 보면 ㉮의 "病"과 ㉯의 "障礙"로 구별된다. <질병>의 어휘관계를 정리하면, 유의관계로 '류힝병-전염병', '라창-문둥병', '괴질-괴질병-호렬즈병', '역질-텬연두', '병-병환-질병-탈' 등을 들 수 있고,[63] 상위-하위관계를 보면 {병신⊇벙어리, 소경, 안즌방이}를 확인할 수 있다. 한편 <질병>과 관련된 생산적인 어휘 형성기제는 '-병, -질'에 의한 합성어들인데, 이는 현대국어에서 주로 '에이즈(AIDS), 콜레라(cholera), 디스토마(distoma), 사스(SARS)' 등처럼 외국어를 직접 음차하여 사용하는 경향과 차이난다. 한편 '-병(病)' 관련 등위어로는 '허파병, 피부병, 치질병, 뢰츙혈병, 챵즈병, 격리병, 인후병, 온역병, 염통병-심쟝병, 염질병, 신경병, 변비병, 미독병, 문둥병, 등챵병, 니죵병, 공슈병(恐水病), 감긔병, 간질병, 가슴병' 등이 더 문증되고, '-질(疾)' 관련 등위어로는 '학질, 치질, 이질, 염질, 간질' 등이 더 문증된다.

〈질병〉→〈유행병(流行病)〉

영역결정술어 : N₁-이 류힝ᄒ다

명사어휘목록 : 괴질, ᄆᆞ챵(馬瘡), 발진질(發疹疾), 우질(牛疾), 격리(赤痢), 격리병(赤痢病), 전염병(傳染病), 질병(疾病), 텬연두(天然痘), 호렬쟈/호렬즈(虎列刺),[64] 흑샤병(黑死病)

대표용례 :

ㄱ. 함경북도 외에는 각도에 <u>격리병이 류힝홀</u> 됴짐이 잇다 ᄒ야 (대한)

---

63) 개화기에 '괴질'은 흔히 '호렬쟈/호렬즈(콜레라)'의 의미로 쓰였다.

64) '콜레라'에 대한 音寫形으로 일본에서 '虎列刺' 또는 '虎列拉'으로 쓰고, 읽기는 어느 쪽이나 コレラ[korera]로 읽었다. 이를 받아들이면서 '刺(랄)'자를 '刺(쟈)'자로 착각하여 '호열자'로 읽은 것이 현대국어까지 이어진 것이다. 이들 두 글자는 자형이 거의 같아 착각을 일으킬 만하다. 실제로 각종 일본어 사전에서는 '콜레라'의 음사형에는 '-刺(랄)'로 표기되어 있다. 杉本つとむ(編)(1994)의 『あて字用例辭典』(東京 : 雄山閣)을 참고할 수 있다.

ㄴ. <u>호렬즈 젹리 발진질 부스 무챵이 류힝홀</u> 때에 디방 쟝관이 예방ㅎ기 위
   ㅎ야 (독립)

‘류힝(流行)ㅎ다’는 현대국어와 달리 “전염병이 널리 퍼져 돌아다니
다.”는 뜻으로 쓰인 영역결정술어이다.[65] ‘N_1-이 류힝ㅎ다’의 자동사 구
문을 기본구문구조로 갖는다. <유행병>의 어휘관계를 정리하면, 유의
관계로 ‘괴질-호렬쟈/호렬즈’, ‘젹리-젹리병’을 들 수 있다. 상위-하위관
계를 보면 {질병⊐전염병⊐젹리-젹리병, 텬연두, 괴질-호렬쟈/호렬즈,
흑샤병}을 확인할 수 있다.

3.2.19. 〈찬송대상(讚頌對象)〉

영역결정술어 : N_2-를 찬숑ㅎ다

명사어휘목록 : 덕, 마리아(Maria), 명예, 복, 션견안비(先見按排/先見按配),
   셩탕(成湯),[66] 신령, 열심(熱心), 영광, 예수, 은혜, 졍부, 쥬(主), 치젹(治
   績), 친구(親舊), 텬쥬(天主), 하느님, 후의

대표용례 :
   ㄱ. 임원과 셩도가 심씨의 교육샹 <u>열심을 찬숑ㅎ다더라</u> (대한)
   ㄴ. 그 때브터 빅셩이 <u>셩탕(成湯)을 찬숑ㅎ여</u> (경보 248)
   ㄷ. 빅셩들이 각기 직업에 편안ㅎ고 <u>치젹을 찬숑홀</u> 것이여눌 (독립)

‘찬숑(讚頌)ㅎ다’는 ‘N_1-이 N_2-를 찬숑ㅎ다’를 기본구문구조로 갖는다.
오늘날 ‘찬송하다’가 천주교/기독교 전문어로 주로 쓰이는 것에 비하면

---

65) 개화기에 ‘류힝ㅎ다’는 다의어로서 “소문이나 양식이 사회적으로 널리 퍼지다”는
   뜻으로도 나타난다. “일반 민간에 <u>풍셜이 류힝ㅎ기를</u> 이거슨 쳥일 젼징되는 때에
   인민을 모라다가 쓰려고도 ㅎ며 (대한)” 참조.
66) 중국 은나라의 초대 왕인 탕왕을 이른다.

개화기에는 대표용례에서 보듯이, 일반어로 널리 쓰였다. 이것은 '찬숑 한다'가 현대국어에서와는 달리 어의가 넓었음을 말해 주는 셈이다. 구체적으로 보면 <찬숑대상>은 [유정대상], [무정대상]의 어휘장으로 구별된다. 따라서 '찬숑한다'는 두 가지 다의 즉, "주님이나 하나님의 은혜를 찬양하다"와 "미덕을 기리고 칭찬하다"로 구별된다.

 <찬숑대상>의 어휘관계를 정리하면, 어휘장 [유정대상]에는 {마리아, 셩탕(成湯), 신령, 예수, 정부, 쥬(主), 친구, 텬쥬(天主), 하느님}이 속한다. 유의관계로 '아바지-여호와-텬쥬-하느님', '예수-쥬' 등을 들 수 있다. 이들은 천주교/기독교 전문어들이다. 이런 이유로 현대국어에서는 '찬숑하다'가 "주님이나 하나님의 은혜를 찬양하다"의 뜻풀이를 갖는 천주교/기독교 전문어로 주로 쓰이며, 이것은 개화기에도 마찬가지였다. 한편 어휘장 [무정대상]에는 {덕, 명예, 복, 션견안빈, 열심, 영광, 은혜, 치젹, 후의}가 등위관계를 이루고 있다. 이들과 통합한 '찬숑한다'는 "미덕을 기리고 칭찬하다"의 의미이다. '열심'은 현대국어에서는 어근의 성격이 강하지만, 개화기에는 자립 어휘소로 기능하였다.[67] 끝으로 <찬숑대상>은 대체로 '긍정 지향적 어휘'이다.

3.2.20. 〈청취대상(聽取對象)〉

영역결정술어 : N_1-이 들니다; N_2-를 듯다

명사어휘목록 : 감언리셜(甘言利說), 강론(講論), 걱정, 고발, 곡됴(曲調), 교훈, 글소리, 급보(急報), 긔도(祈禱), 긔별(奇別), 나팔소리, 노리, 대포소

---

[67] "지죠와 규모와 부지런흔 것과 신실흔 것을 <u>열심</u>으로 비화 (독립), 일신 일심을 지향 업시 덤벙이는 사람을 남은 말흐되 스업상에 <u>열심</u>이 잇다고 홀 듯흐나 (민일), 즁언부언으로 긔희와 합지 못흔 뜻슬 연셜흐느니 이 모든 거슨 형뎨의 <u>열심</u>을 식게 흐며 (신학 304), 션비들은 비호신 학문을 헛되이 쓰시지 마시고 <u>열심</u>을 품어 (신학 276), 즈민들이 일졔회 모혀 례식을 힝홀시 모든 교우들이 <u>열심</u>에 슴킨 바 되여 (신학 312), 셩교롤 도라봄에 <u>열심</u>과 지혜가 잇는 고로 (경보 150)".

래, 도리, 디답(對答), 말, 말소리, 말슴, 명, 명령, 명성(名聲), 목소리/목소리, 묘리, 무소(誣訴), 발자취, 복음, 부음(訃音), 부탁, 분부, 뜻, 샤송(詞訟), 션(善), 셜명(說明), 성명(姓名), 성젹(聖笛), 소리/쇼리/소리, 소문, 소셜(所說), 소식/쇼식, 시비(是非), 스졍(事情), 스촉(私囑), 시소리, 꾀, 꾸지람, 언론, 연고, 연설/연셜, 오륜지법(五倫之法), 우름소리, 우환, 유셩긔(留聲機), 음셩(音聲), 의, 의론, 이약이, 일홈, 익민가(愛民歌), 전령(傳令), 전보(電報), 젼셜(傳說), 정황(情況), 죵소리, 쥬촉, 쥬훈(主訓), 진리, 짓거림, 청촉(請囑), 총소리, 칭찬, 토론, 통부(通訃), 통신, 풍류, 풍셜(風說), 풍악, 편잔, 형편, 호령, 훈계, 헛소문, 힝젹(行跡/行績/行蹟)

대표용례 :

ㄱ. <u>쏘 쇼문이 들니눈더</u> 법부에셔 근일에 관원들이 모혀 (독립)

ㄴ. 의병 빅여 명이 중화군 고싱양면에 모힌다 ㅎ눈 <u>통신을 듯고</u> (대한)

ㄷ. 근일 남도빅셩의 <u>소셜을 드르니</u> 어스의 탐학ㅎ는 폐단으로 민원이 만타 ㅎ니 (미일)

'듯다'의 피동형인 '들니다'와 '듯다'는 각각 'N₁-이 들니다, N₁-이 N₂-를 듯다'를 기본구문구조로 갖는다. <청각내용>의 어휘관계를 정리하면, 유의관계로 '말-말슴', '명-명령-분부', '명성-성명-일홈', '부음-통부', '소문-풍셜', '부탁-청촉', '스졍-연고-정황-형편', '긔별-소식/쇼식', '풍류-풍악', '곡됴-노릭', '말소리-음셩' 등을 들 수 있고, 반의관계로 '꾸지람↔칭찬'을 들 수 있다. 상위-하위관계를 보면, {소리/쇼리/소리∋ 글소리, 나팔소리, 대포소래, 말소리, 목소리/목소리, 시소리, 우름소리, 죵소리, 총소리}, {곡됴-노릭∋익민가}, {셜명∋강론, 연설/연셜, 토론}, {통신∋전령, 젼보}, {고발∋무소, 샤송}을 확인할 수 있다. 한편 개화기 신문물 명칭으로 '유셩긔/류셩긔'가 눈에 띄는데, '유셩긔를 열다/듣다, 류셩긔가 돌다/사다'의 통합관계도 문증된다.

3.2.21. 〈추물(醜物)〉

영역결정술어 : N₁-이 더럽다

명사어휘목록 : ㉮개, 개고리, 거름, 거처(居處), 계집, 계집년, 굼벙이, 그
릇, 길, 기쳔(-川), 낯, 도로, 되아지, 머리, 몬지, 몸, 물, 물건, 발, 버레
(蟲), 뵈조각, 붓, 뺨, 살(肉), 손, 십, 써름, 얼골, 옷, 잡물, 죄인, 즘승/ 짐
승, 지렁이, 진흙, 집, 창자, 쳐쇼(處所), 쳔변(川邊), 칙(冊), 흙
㉯귀신, 긔운(氣運), 내암새/너음시/내옴시, 노래, 넘시/냄시, 돈, 량심
(良心), 마암, 말, 모습, 모양, 목슘, 버릇, 병, 샤귀(邪鬼), 세상/세샹, 소
리, 습관, 싱각, 쏭너음시, 악습, 욕, 욕심, 외양, 일, 인심, 일홈, 입, 재
미, 정욕(情欲), 챵질(瘡疾), 형샹(形象), 힝실(行實), 힝스(行使)

대표용례 :

ㄱ. <u>옷이 더럽고</u> 얼골이 몹시 파리흔 (경보 142)

ㄴ. 이왕 <u>더러운 버릇셰</u> 물드린 거슬 날노 새롭게 흐야 (민일)

'더럽다'는 'N₁-이 더럽다'의 형용사 구문을 기본구문구조로 갖는다.
개화기 신문·잡지에는 주로 '더러온/더러운 N₁'처럼 제한적 용법으로
문증되며, 특히 ㉯처럼 'N₁'이 [-구체] 명사일 때는 대표용례 (ㄴ)에서
보듯이, 더더욱 '더러온/더러운 N₁'으로 문증된다. <추물>의 어휘관계
를 정리하면, 유의관계로 '계집-계집년', '거처-쳐쇼-집', '길-도로', '낯-
얼골', '모습-모양-외양-형샹', '귀신-샤귀', '내암새/너음시/내옴시-넘시/
냄시', '마암-량심', '힝실-힝스', '버릇-습관' 등을 들 수 있다. 상위-하위
관계를 보면 {즘승/짐승⊐개, 개고리, 굼벙이, 되아지, 말, 버레, 지렁
이}, {흙⊐진흙}, {병⊐챵질}, {버릇-습관⊐악습}, {욕심⊐정욕}, {소
리⊐노래, 욕}을 확인할 수 있고, 부분-전체관계를 보면 {몸⊐낯-얼골,
머리, 발, 뺨, 살, 손, 입, 창자}, {기쳔⊐물, 쳔변}, {옷⊐뵈조각}을 확인
할 수 있다.

3.2.22. 〈투척물(投擲物)〉

영역결정술어 : N₂-를 던지다

명사어휘목록 : ㉮가리,[68] 겁질, 고기, 광이,[69] 그물/그믈, 금, 나모, 답쟝(答狀), 대포알, 돈, 돌, 돌팔미, 락시, 락시더, 면류관(冕旒冠), 모리, 몸, 몽치, 밋기, 봉지(封紙), 북,[70] 불, 비녀, 비암, 뼈, 사롬, 상쇼(上疏), 셔칙(書冊), 쇠, 쇠덩이, 쇠뭉치, 수박, 숫불, 슈져, 슰잔, 시톄(屍體), 신, 신문, 씨, 아둘, 옷, 웃옷, 인쟝(印章), ᄋ히, 죠(곡물), 집게, 차(茶), 챵, 쳡지(牒紙), 치, 칙(冊), 칼, 칼집, 편지, 폭발약(爆發藥), 폭발탄(爆發彈), 폭텰탄(爆鐵彈), 피, 호외, 힝신

㉯고난, 령혼(靈魂), 마귀, 싀긔(猜忌), 죽음, 쟁투(爭鬪)

대표용례 :

ㄱ. 상졔의 방갓을 벗기고 <u>힝신을 던지며</u> 왈 이거시 무엇이냐 (대한)

ㄴ. 김교회씨의 보고셔에 즈긔에 관계가 잇다 하야 <u>인쟝을 던지고</u> (대한)

ㄷ. 옛젹에 강태공은 <u>락시더를 더진</u> 날에 쥬나라 팔빅년을 창업ᄒ얏스나 (미일)

ㄹ. 긔회롤 틈타 훼방지어 교인 중에 <u>쟁투와 싀긔롤 던지ᄂ니</u> (신학 124)

'던지다'는 'N₁-이 N₂-를 N₃-에/로 던지다'를 기본구문구조로 갖는다. ㉯외 '고난, 령혼, 마귀, 싀긔, 죽음, 쟁투'와 같은 [-구체] 명사도 <투척물>에 속해 있다. 그 어휘관계를 정리하면, 유의관계로 '셔칙-칙', '폭발약-폭발탄-폭텰탄' 등을 들 수 있고, 반의관계로 '령혼↔몸'을 들 수 있다. 상위-하위관계를 보면 {몽치⊐쇠뭉치}, {폭발약-폭발탄-폭텰탄⊐대포알}, {불⊐숫불}, {쇠⊐쇠덩이}, {신문⊐호외}, {락시⊐그물/그믈, 락시더, 밋기}를 확인할 수 있고, 부분-전체관계를 보면 {옷⊐웃옷}, {칼

---

68) '가리'의 어의는 "흙을 파헤치거나 떠서 던지는 기구"이다.

69) '광이'는 "땅을 파거나 흙을 고르는 데 쓰는 농기구"인 '괭이'의 옛말이다.

70) '북'의 어의는 "베틀에서 날실의 틈으로 왔다갔다하면서 씨실을 푸는 기구"이다.

ㅋ칼집}을 확인할 수 있다.

3.2.23. 〈향유대상(享有對象)〉

영역결정술어 : N_2-를 누리다

명사어휘목록 : 경수(慶事), 광영(光榮), 권리, 길복(吉卜), 만만셰(萬萬歲), 만물, 만복만락(萬福萬樂), 무강지슈(無疆之壽), 무진복록(無盡福祿), 문명 힝복(文明幸福), 복, 복녹(福祿), 복락, 복음, 부강, 부귀공명, 부귀영화, 샹싱(相生), 셰락(世樂), 승평지락(昇平之樂/承平之樂), 신락, 신명, 영광, 영복, 영싱(永生), 영싱복락(永生福樂), 영원복락(永遠福樂), 영화, 은총/은 춍, 잔치, 즐거움, 진락(眞樂), 진복(眞福), 주유(自由), 주유힝복(自由幸 福), 직산(財産), 참복/춤복, 쾌락, 태평/티평, 태평시디(太平時代), 텬국 (天國), 텬당(天堂), 텬당쾌락(天堂快樂), 향복(享福), 화락(和樂), 홍락(興 樂), 힝복(幸福)

대표용례 :

ㄱ. 하느님을 사랑ᄒ는 것이 <u>화락과 복녹을 누리는</u> 것이요 (신학 559)

ㄴ. 으희들이 무스히 싱쟝ᄒ여 허다ᄒ 힝복을 누리고 (대한)

'누리다'는 'N_1-이 N_2-를 누리다'를 기본구문구조로 갖는다. <향유대 상>의 어휘관계를 정리하면, 유의관계로 '광영-영광-영화', '영싱복락-영원복락-영복', '진복-참복/춤복', '쾌락-화락-홍락', '텬국-텬당', '부귀 공명-부귀영화', '무강지슈-영싱', '신락-신명', '경수-잔치' 등을 들 수 있다. 끝으로 <향유대상>은 대체로 '긍정 지향적 어휘'이다.

3.3. 사회생활 관련 화제영역과 명사 어휘

3.3.1. 정치

개화기 신문·잡지에서 추출된 고빈도 술어 중에서 정치 관련 주요 화제영역을 결정하는 영역결정술어에는 '기뎡(改正)ᄒ다, 기혁(改革)ᄒ다, 공격(攻擊)ᄒ다, 공평(公平)ᄒ다, 공정(公正)ᄒ다, 관할(管轄)ᄒ다, 가두다; 구류(拘留)ᄒ다, 뎡비(定配)ᄒ다, 등극(登極)ᄒ다, 모집(募集)ᄒ다, 반포(頒布)되다; 반포ᄒ다, 보고(報告)ᄒ다, 고발(告發)ᄒ다; 고쇼ᄒ다, 압송(押送)ᄒ다, 슈봉(收捧)ᄒ다; 슈쇄(收刷)ᄒ다, 시찰(視察)ᄒ다, 어긔다, 밧들다, 뎨츌(提出)ᄒ다, 다스리다, 임(任)ᄒ다, 겸임(兼任)ᄒ다, ᄂ리우다, 하ᄉ(下賜)ᄒ다'가 선정되었다. 이어서 개화기 신문·잡지에서 정치 관련 영역결정술어에 따라 통합관계를 보이는 명사 어휘를 화제영역별로 제시하고, 특징직인 언어 사실과 어휘론적 특징, 특히 영역 내에서 관계 지을 수 있는 어휘관계를 정리한다.

3.3.1.1. 〈개정대상(改定對象)〉

영역결정술어 : N₂-를 기뎡ᄒ다

명사어휘목록 : 공판(公判), 관제/관뎨(官制), 군ᄉ(軍事), 군제(軍制), 규식, 규측(規則), 긔한(期限), 도량형(度量衡), 됴약(條約), 되, 디방제도, 례복(禮服), 륙군, 말, 법률, 복장, 샹업학교(商業學校), 쇼숑(訴訟), 시가디(市街地), 신문(新聞), ᄉ무시간(事務時間), 악풍, 약죠(約條), 쟈, 쟝졍(章程), 져울, 전국돈, 쥬ᄉ, 참셔관(參書官), 참졍대신(參政大臣), 참찬(參贊), 총무쟝관제, 총리아문(總理衙門), 협판(協辦), 회긔(會期), 회측(會則)

대표용례 :

ㄱ. 통감부 총무쟝관제를 한국 통치에 젹당ᄒ 민졍쟝관제로 기뎡ᄒ고 (대한)

ㄴ. 참졍대신은 니각총리대신으로 협판은 ᄎ관으로 … 기뎡ᄒ엿더라 (경향)

ㄷ. 국민 남녀의 <u>례복을 기뎡ㅎ기</u> 위ㅎ야 연구 협의ᄒᆞᆫ다 (대한)

'기뎡(改定)ᄒᆞ다'는 'N₁-이 N₂-를 (N₃-로) 기뎡ᄒᆞ다'를 기본구문구조로 갖는다. <개정대상>을 이루는 어휘들은 거의 모두 '정치' 특히 '법률'과 관련되어 있다. 이것은 '기뎡ᄒᆞ다'가 개화기에는 정치 및 법률 전문어임을 암시한다. <개정대상>의 어휘관계를 정리하면, 유의관계로 '규식-규측', '됴약-쟝정'을 확인할 수 있다. 상위-하위관계로 다음과 같이 정리할 수 있다.

(11) ㄱ. {도량형⊐되, 말, 쟈, 져울}

ㄴ. {군졔⊐군ᄉᆞ⊐륙군}

ㄷ. {관제/관데⊐디방제도, 쥬ᄉᆞ, 챰셔관, 참정대신, 참찬, 총무쟝관졔, 총리아문, 협판}

ㄹ. {법률⊐공판, 쇼숑}

<개정대상>의 상위-하위관계를 통해서 개화기 근대화 방향의 일면을 구체적으로 짐작할 수 있다. 크게는 (11ㄱ)처럼 '도량형'으로 대표되는 경제 생활, (11ㄴ, ㄷ)처럼 '관제/관데, 군졔'로 대표되는 정치 생활과, 특히 (11ㄹ)처럼 '법률'로 대표되는 법제 생활이 그것이다. 기타 <개정대상>의 '샹업학교, 시가디, 신문' 등도 근대화 방향을 알 수 있는데, 이들 명사 어휘는 개화기 사회의 특성을 보여주는 대표적인 신생어들이다. 끝으로 '됴약-쟝정' 등은 외교에서의 근대화 방향을 읽을 수 있다.

3.3.1.2. 〈개혁대상(改革對象)〉

영역결정술어 : N₂-를 기혁ᄒᆞ다

명사어휘목록 : 관제, 규례(規例), 나라/ᄂᆞ라, 늬각(內閣), 돈, 디방제도(地方制度), 륙군, 정부, 졍ᄉᆞ(政事), 정치, 제도, 종교, 직정(財政)

대표용례 :

ㄱ. 죤경각을 빌어 권학회를 삼으며 과거보는 <u>규례를 기혁ᄒ야</u> (미일)

ㄴ. 쳥국을 도아 <u>졍치를 기혁ᄒ야</u> 졍부에셔 협잡을 못ᄒ게 ᄒ며 (미일)

ㄷ. 일본셔는 금젼을 근본을 삼아 ᄀ지고 <u>돈을 기혁홀</u> 터일너라 (독립)

'기혁(改革)ᄒ다'는 'N₁-이 N₂-를 기혁ᄒ다'를 기본구문구조로 가진다. <개혁대상>의 어휘관계를 정리하면, 우선 유의관계로 '졍ᄉ-졍치'를 들 수 있다. 한편 '종교'도 개혁의 대상인 점은 개화기 근대화 방향의 일면을 엿볼 수 있게 한다. 끝으로 대표용례 (ㄷ)에서 보듯이 '돈을 개혁ᄒ다'가 나타난다. 이것은 현대국어에서 부자연스러운 표현이다. 왜냐하면 같은 의미로 '화폐를 개혁하다'가 자연스러운 통합관계로 굳어져 쓰이기 때문이다.

3.3.1.3. 〈공격대상(攻擊對象)〉

영역결정술어 : N₂-를 공격ᄒ다

명사어휘목록 : 곡산읍, 관광단(觀光團), 관원, 덕국(德國), 로국(露國), 불법(不法), 셰무소(稅務所), 슈비ᄃᆡ(守備隊), 슈비병(守備兵), 의병, 일본, 일진회(一進會),58) 정칙(政策), 졍부, 졍션군, 척식회사(拓植會社), 쳥인, 히군(海軍), 힝졍(行政)

대표용례 :

ㄱ. 우리 군ᄉ는 다시 셕두에서 셕문령에 연ᄒ는 <u>덕국을 공격ᄒ는</u> 중인디 (대한)

ㄴ. 한국 안에서 일본의 <u>불법을 공격ᄒ고</u> 일본의 졍칙을 세계에 광포ᄒ야 (대한)

'공격(攻擊)ᄒ다'는 'N₁-이 N₂-를 공격ᄒ다'를 기본구문구조로 갖는다.

---

58) '일진회'는 광무 8년(1904)에 결성된 친일적 정치 단체이다. 1905년에 일제가 을사조약을 강요할 때에 이에 앞장을 섰고, 1909년에 통감 이토 히로부미에게 국권 강탈을 제안하는 등의 친일 활동을 하다가 1910년 국권 강탈 후에 해산하였다.

드물게 "정부는 텰노 부설호는 디는 아국에 경찰권이 업다고 공격호나 (대한)"처럼 'N₁-이 S-고 공격호다' 구문이 문증된다. <공격대상> 중에 개화기의 신생어 '관광단, 셰무소, 일진회, 쳑식회샤'가 눈에 띈다. '슈비디-슈비병'이 유의관계에 있으며, 국명인 '덕국, 로국, 일본'은 등위관계를 이루고 있다.

3.3.1.4. 〈공평주체(公平主體)〉

영역결정술어 : N₁-이 공평호다

명사어휘목록 : ㉮고문관, 관인, 관장(館長), 권력, 권리, 규측, 데의, 률, 률법, 리익(利益), ᄆᆞ음, 법, 법률, 사름, 샹벌(賞罰), 심판(審判), 의(義), 의론, 정부, 지판, 치젹(治績), 표쥰(標準), 형벌(刑罰), 힝실
㉯말(斗), 입(口), 져울

대표용례 :

ㄱ. 모야부지로 ᄉᆞ정 쓴 듯호나 <u>공평호 여러 입을</u> 엇지 막으리오 (미일)

ㄴ. 유진호 씨가 도임호 후에 <u>치젹이 공평호야</u> (대한)

ㄷ. <u>샹벌이 공평호고</u> 원망이 업는 법이니라 (독립)

ㄹ. <u>큰 말과 즈근 져울이 공평호지</u> 아니호니 (죠군 33b)

'공평(公平)호다'는 'N₁-이 공평호다'의 형용사 구문을 기본구문구조로 갖는다. <공평주체>는 <공정주체>와는 달리 신문·잡지뿐만 아니라 참고자료에서도 널리 추출된다. 어휘관계를 정리하면, 우선 유의관계로 '률-률법-법-법률', '심판-지판'이 확인된다. 이 중에 '률-률법-법-법률'은 단어족을 이루는 경우이다. 한편, ㉯의 '말(斗), 입, 져울'은 일종의 환유인데, '말'과 '져울'은 "도량형"을 의미하고 '입'은 "말씀"을 의미한다.

〈공평주체〉→〈공정주체(公正主體)〉

영역결정술어 : N_1-이 공정ᄒ다

명사어휘목록 : 경계(經界), 공ᄉ(公事), 관원, 관원셔임(官員敍任), 관인, 글즈, 대신, 디우(待遇), 률법, 마음/ᄆ음, 말/말솜, 목격, 붓, 사름, 실젹(實績), 언론(言論), 의무, 춍디위원(總代委員), 회중본의(會中本意), 힝위(行爲)

대표용례 :

ㄱ. 션화당(宣化堂)을 일신케 슈리ᄒ면 공ᄉ도 일신케 공정ᄒᆯ는지 (대한)

ㄴ. 회중본의가 극히 공정ᄒᆫ지라 회원 된 이들은 더욱 죠심ᄒ야 (미일)

ㄷ. 즈긔의 힝위가 공정ᄒ면 신문상 론박이 업스리라 (대한)

'공정(公正)ᄒ다'는 'N_1-이 공정ᄒ다'의 형용사 구문을 기본구문구조로 갖는다. 〈공정주체〉는 신문·잡지에서만 나타난다. 이것은 '공정ᄒ다' 구문이 대체로 개화기 무렵부터 쓰이기 시작한 시사성이 강한 어휘임을 암시한다. 〈공정주체〉에서 개화기 정치의 일면을 보여주는 어휘로는 '춍디위원'이 눈에 띈다. '춍디위원'은 오늘날의 '대의원'에 해당하는 개화기 정치 전문 신생어이다. '춍디위원'은 개화기의 독립협회, 민회, 만민공동회, 총상회 등의 단체를 대표하는 사람들이다. '글즈, 붓'은 그 자체가 공정할 수는 없다. 이들은 '률법/법률'에 대한 환유적 표현이다. 끝으로 〈공정주체〉 중에서 '언론'은 개화기에 근대성을 보여주는 대표적인 명사 어휘이다. 원래 '언론'은 "그 함디 스령관 빈쓰 씨의 비밀ᄒ 언론을 드른즉 이 함디는 슈이쓰 운하를 ᄒ 번 두루 도라든닌 후에야 (대한)"에서 확인되듯이 "개인이 자신의 생각을 말이나 글로 표현하는 것"을 의미했으나, 여기서 추출된 '언론'은 근대화된 개념으로 "매체를 통하여 어떤 사실을 밝혀 알리거나 어떤 문제에 대해서 여론을 형성하는 활동"을 의미한다. 예컨대, "츈츄필법으로 공정ᄒ 언론이 란신적 즈를 두렵게 ᄒ고 누구던지 신문을 닑는 쟈로 ᄒ야곰 압ᄒ 눈물을 금치 못ᄒ게 ᄒᄂᆫ지라 (대한)"에 쓰인 '언론'은 근대화된 개념이다.

3.3.1.5. 〈관할대상(管轄對象)〉

영역결정술어 : N₂-를 관할ㅎ다

명사어휘목록 : 경무셔(警務署), 계삭회(計朔會), 교회, 구역, 권ㅅ(勸士), 긔도, 디구(地球), 디방, 디방경찰, 디방회(地方會), 령혼육신, 리익, 만물, 만민, 목ㅅ(牧師), 미년회(每年會), 북경, 션교회(宣敎會), ㅅ무(事務), 역둔토(驛屯土), 인도/인도국, 인력거(人力車), 전국인심, 전도ㅅ(傳道師), 죠션, 쥬일학교(主日學校), 집ㅅ(執事), 지정, 청년회(靑年會), 향교, 호남일졍, 혼취(婚娶)

대표용례 :

  ㄱ. 전도ㅅ를 긔차ㅎ며 <u>디방회와 계삭회를 관할ㅎ며</u> (신학 180)

  ㄴ. 진쥬 지무 감독국에셔 <u>역둔토를 관할ㅎ되</u> (대한)

'관할(管轄)하다'는 'N₁-이 N₂-를 관할ㅎ다'를 기본구문구조로 갖는다. "표지를 다른 교회로 젼호 후에는 그 교회에셔 관할ㅎ느니라 (신학 478), 전국 지정 일관은 전혀 탁지부에서 관할ㅎ고 (미일)"처럼 'N₁-이 N₂-를 N₃-에셔 관할ㅎ다' 구문이 문증된다. 아주 드물게 "이 졀에 쓸닌 동산 물픔이든지 부동산 물픔이든지 모다 관할ㅎ여 (대한)"처럼 'N₁-이 N₂-이든지 N₃-이든지 관할ㅎ다' 구문이 문증되어 특기할 만하다. 한편 현대국어에서 '역할'에 대한 오표기로 종종 '역활'이라고 하는 것처럼,[59] '관활ㅎ다'도 '관할ㅎ다'의 오표기로 대표용례 (ㄴ)에서 보듯이 자주 나타난다.

  <관할대상>은 모두 신문·잡지에서만 추출되었다. 특히 '기독교' 관련 어휘들이 눈에 띈다. '계삭회, 권ㅅ, 긔도, 디방회, 령혼육신, 만민, 목ㅅ, 미년회, 션교회, 전도ㅅ, 쥬일학교, 집ㅅ, 청년회'는 『신학월보』에서 추출된 천주교/기독교 전문어들이다. 이 중에 천주교/기독교인들의

---

59) 이와 같은 실수는 한국어 화자들에게 빈번히 나타난다. 실제로 『표준국어대사전』에서도 '역할'의 잘못으로 '역활'이 등재되어 있다.

모임인 '계삭회, 디방회, 미년회, 션교회, 쳥년회' 및 기독교의 직급인 '권ᄉ, 목ᄉ, 집ᄉ, 젼도ᄉ'는 각각 등위관계를 이루고 있다. 기타 <관할대상>으로는 지명이 대표적인데, '디구, 북경, 인도/인도국, 죠션, 호남일정'이 그것이다. 한편 추상명사인 '긔도, 령혼육신, 만물, 리익, ᄉ무, 젼국인심, 지졍, 혼취' 등도 <관할대상>으로 추출되었는데, 현대국어의 용법과 차이가 없다.

3.3.1.6. 〈구금장소(拘禁場所)〉

영역결정술어 : N₃-에 가두다; 구류ᄒ다

명사어휘목록 : 감옥(監獄), 감옥서(監獄署), 경무서(警務署), 경무쳥/경무텽(警務廳), 경시쳥(警視廳), 경찰셔(警察署), 공소원(控訴院),[60] 관찰부(觀察府), 군즁, 굴, 궁(宮), 남셔(南署),[61] 뎐옥(典獄),[62] 동별영(東別營),[63] 디옥, 령ᄉ관(領事館), 류치쟝(留置場), 륙군곱옥, 마직이쳥, 무쇠두멍,[64] 방, 법ᄉ(法司),[65] 병참쇼(兵站所), 본관, 부억, 분파소(分派所), 셤, 슈급텽(受給廳),[66] 슌검막(巡檢幕), 슌검쳥(巡檢廳), 슌샤쳥(巡使廳), 슌포쳥(巡捕廳), ᄉ관쳥(仕官廳),[67] 안방구셕, 안쌩, 영창/영챵(營倉), 옥, 옥즁, 쟝방(長房), 젼쥬옥, 진영(陣營), 진즁(陣中), 집, 직판쇼(裁判所), 통나무속, 파츌소(派出所), 포쳥/포텽, 힝낭(行廊), 힝랑방(行廊房)

---

60) '항소 법원'의 옛말이다.

61) 서울 안 오부 가운데 남부를 관할하던 경찰서로서 고종 32년(1895)에 두었다가 융희 4년(1910)에 없앴다.

62) 옛날에 죄를 지은 사람을 가두던 옥을 '뎐옥(典獄)'이라고 했다.

63) 훈련도감의 본영이다.

64) '두멍'의 어의는 "물을 많이 담아 두고 쓰는 큰 가마나 독"인데, 여기의 '무쇠두멍'은 아주 큰 무쇠가마솥을 말한다.

65) 조선 시대에 형조와 한성부를 아울러 이르던 말이다.

66) '슈급텽'의 어의는 "옛날에 관가에서 배급 따위를 받고 주던 곳"이다.

67) 'ᄉ관쳥'의 어의는 "조선 시대에 포교가 포도대장의 사가 근처에 머물면서 공무를 보던 곳"이다.

대표용례 :

   ㄱ. 송헌면이가 … 휘범을 잡아 내여 … <u>영챵에다 가두엇다</u> ᄒᆞ온바 (독립)

   ㄴ. 경무셔나 경무분셔나 경무분파소에 쇽ᄒᆞᆫ <u>옥이나 류치쟝에 구류ᄒᆞ게</u> 홈이
      라 (경향)

   ㄷ. 만 오쳔여 량을 밧치라고 <u>마직이쳥에 구류ᄒᆞ여</u> 밤낫 룡방망이로 짜리고
      (미일)

    '가두다; 구류(拘留)ᄒᆞ다'는 'N₁-이 N₂-를 N₃-에 가두다; 구류ᄒᆞ다'를 기본구문구조로 갖는다. 어휘관계를 정리하면, 우선 유의관계로 '감옥-감옥서-뎐옥-영창/영챵-옥-옥즁-류치쟝', '경무쳥/경무텽-경시쳥-포쳥/포텽', '경무서-경찰서-분파소-파츌소', '슌검막-슌검쳥-슌샤쳥-슌포쳥-ᄉᆞ관쳥', '군즁-진영-진즁', '힝낭-힝랑방'을 확인할 수 있다. 부분-전체관계로 {집ᄏ마직이쳥, 방, 부억, 안방구셕, 안쌩, 힝낭-힝랑방}이 있다. '집'의 하위어들이 〈구금장소〉에 많이 포함된 점은 개화기 사회가 사적 혹은 불법적으로 사람을 강제 구금하는 경우가 비일비재했음을 말해준다.

   〈구금장소〉 → 〈유배지(流配地)〉

영역결정술어 : N₃-로/에 뎡배ᄒᆞ다

명사어휘목록 : 거제도(巨濟島), 고군산(古群山),[68] 고금도(古今島),[69] 무산
   (茂山),[70] 북도(北島), 빅녕도/빅령도(白翎島), 빅쳔,[71] 신도, 안의(安義),[72]
   원방(遠方), 임ᄌᆞ도(荏子島),[73] 졔쥬/졔쥬도(濟州島), 지도(智島), 쵸도(草

---

68) 서해안 고군산 열도를 이르는 말이다.

69) 전라남도 완도군 고금면(古今面)에 속하는 섬이다.

70) 함경도 소재의 무산을 말한다.

71) 강원도 정선 소재 지명이다.

72) 지금은 경상남도 함양군 내에 소재하는 면의 명칭인데, 개화기때는 '안의군'이
   었다.

73) 전라남도 신안군 임자면에 속하는 섬이다.

島),74) 츄즈도(楸子島),75) 벽동(碧潼),76) 텰도(鐵島)77)

대표용례 :

　ㄱ. 그 로모는 <u>거졔도(巨濟島)</u>로 뎡빗ᄒ고 그 안해는 졔쥬도(濟州道)로 귀향보
　　 내고 (경보 87)

　ㄴ. 죠셔ᄒ샤 <u>지도로</u> 십오년 <u>뎡빗ᄒ</u> 죄인 박효승과 … 다 풀나 ᄒ시다 (민일)

　ㄷ. 일본 졍부에셔 <u>졔쥬도에 뎡빗ᄒ여</u> (대한)

　'뎡빗(定配)ᄒ다'는 "형벌을 대신하여 죄인을 지방이나 섬으로 일정 기간 동안 감시를 받도록 보내다."는 뜻의 영역결정술어이다. 'N₁-이/에 셔 N₂-를 N₃-로/에 뎡빗ᄒ다'를 기본구문구조로 갖는다. <유배지>는 장소명사, 특히 고유지명 어휘들이다. 즉 <유배지>에 포함된 어휘들은 개화기의 대표적인 유배 지명인 셈이다. 한편 <유배지>는 현대국어의 어휘와는 존재양상이 다른 화제영역이라는 점에서 특기할 만하다. 왜냐 하면 현대에는 형벌로서 유배제도가 존재하지 않기 때문이다. 다만 비 유적인 표현이나 과거 역사적 사실에 대한 표현에서 간헐적으로 확인할 수 있는 영역이다. 이로써 현대국어의 어휘 및 화제영역이 개화기국어 의 어휘 및 화제영역보다 다양하고 복잡한 것도 사실이지만, 그 이면에 는 기존에 존재하던 어휘나 화제영역이 변하기도 하고 심지어는 없어지 기도 한다는 사실을 알 수 있다.

3.3.1.7. 〈등극주체(登極主體)〉

영역결정술어 : N₁-이/끽셔 등극ᄒ다

---

74) 전라남도 여수시 삼산면에 속하는 섬이다.

75) 한반도 남서부와 제주도의 중간 지점에 위치한 섬이다. 지금은 제주도에 속해 있다.

76) 평안북도의 압록강에 다다르는 국경 부근의 지명이다.

77) 황해도 황주군에서 대동강과 재령강의 합류점 부근에 '철도'가 있다.

명사어휘목록 : 빅도리아폐하, 녀황폐하, 대통영(大統領), 토이긔황뎨, 졍종대왕, 엣왓뎨륙왕, 셩샹폐하, 교화황, 슉종, 대황뎨폐하, 대군쥬폐하, 황졔폐하/황뎨폐하, 폐하, 황뎨

대표용례 :

　ㄱ. 헨으리왕이 졸셔ㅎ고 그 아돌 <u>엣왓뎨륙왕이 등극ㅎ여</u> (신학 474)

　ㄴ. 교관 려규형 씨는 태황뎨 <u>폐하끠셔 등극ㅎ신</u> 후 스십년리의 력스를 편촌ㅎ기로 (대한)

　'등극(登極)ㅎ다'는 'N₁-이/게셔/끠셔/끠옵셔 N₂-에 등극ㅎ다'의 자동사 구문을 기본구문구조로 갖는다. 『표준국어대사전』의 뜻풀이를 참조할 때, 현대국어에서는 '임금'의 자리에 오를 때, '등극하다'의 표현을 쓰는 것으로 정의하고 있다. 그러나 개화기 자료에서 추출한 <등극주체>를 참조하면, 임금에 준하는 '왕, 폐하, 황뎨'뿐만 아니라, 선거에 의해 선출된 미국의 '대통영'과 천주교의 최고 권위자인 '교화황'도 '등극하다'와 연어관계를 이룬다는 것을 확인할 수 있다.

3.3.1.8. 〈모집대상(募集對象)〉

영역결정술어 : N₂-를 모집ㅎ다

명사어휘목록 : 고금(股金),[78] 고본금(股本金), 공채/공치(公採),[79] 관광단, 광군(鑛軍), 교회, 구휼금(救恤金), 국채(國債), 국채보상금(國債補償金), 군덕,

---

78) '股金'은 '股本金, 股本'과 유의어로 "한국사롬으로 이러케 만흔 <u>고금을 모집ㅎ게</u> 되엿스니 그 심력을 엇더케 쓰고 (대한)"를 참조할 수 있다. 원래 '股'는 물론 중국어로 현대국어의 '資本金, 投資金' 또는 '株式'이다. 이 '股'는 일본어 '株, 株式'이 국어에 차용되면서 현대국어에서는 사어가 되었다. 참고로 『표준국어대사전』에 '股8, 股本, 股本金, 股本錢'은 등재되어 있으나 '股金'은 없다.

79) '공치/공채'의 어의는 "국가나 단체가 수지의 균형을 꾀하기 위하여 임시로 지는 빚"인데, "마로코국 스신이 법국 파리에셔 <u>공채를 모집ㅎ는딕</u> 대단히 가망이 잇다더라 (대한)"에서 어휘와 어의를 확인할 수 있다.

군수, 금익, 긔본금(基本金), 긔부금(寄附金), 녀학도, 단발디(斷髮隊),[80] 단톄(團體), 당류(黨類),[81] 도당(徒黨), 도인, 돈, 동지인(同志人), 동지쟈(同志者), 동포, 로동쟈, 로동쳥년, 로동학원(老童學員), 병뎡, 병졸, 부상(負商), 비도(匪徒), 사름, 션비, 쇼방부(消防夫), 승도(僧徒), 싱도(生徒), 외국주본, 위원, 의안(議案), 의연금(義捐金), 이쥬민(移住民),[82] 인직, ᄋ동(兒童), 지원쟈(志願者), 주원병(自願兵), 지졍, 쳘도역군(鐵道役軍), 쳥년주데, 토민병(土民兵), 토병(土兵), 포군(砲軍), 포슈(砲手), 학도, 학싱, 헌병, 헌병보조원(憲兵補助員)

대표용례 :

ㄱ. 셔울과 인쳔서 협잡비가 <u>쳘도역군을 모집혼다</u> 칭ᄒ고 (독립)

ㄴ. 유지 신ᄉ 졔씨들이 삼락 학교롤 셜시ᄒ고 <u>로동학원을 모집ᄒ여</u> 열심 교육ᄒᄂ디 (대한)

ㄷ. 경시쳥 쇼방계에서 <u>쇼방부를 모집ᄒ야</u> 수일젼브터 교련혼다더라 (대한)

'모집(募集)ᄒ다'는 'N₁-이 N₂-를 모집ᄒ다'를 기본구문구조로 갖는다. <모집대상>은 개화기 신문·잡지에서만 고빈도로 추출되었다. 이것은 '모집ᄒ다'가 개화기에 시사성이 큰 어휘임을 암시한다.

　<모집대상>의 어휘관계를 정리하면, 우선 유의관계로 '금익-돈', '단

---

80) '단발디'는 '단발령'이 반포된 이후에도 무수히 많은 시골 사람들은 이에 응하지 않고 있었던바, 1907년에 '단발디'를 모집한 것이다. "<u>단발디를 모집혼다는</u> 말은 작보에 게지ᄒ엿거니와 … 일병의 압잡이가 되어 디방으로 돈니며 인민의 두발을 싹는다더라 (대한)".

81) '당류'의 어의는 "같은 무리나 편에 드는 사람들"이다. "도적과 비도가 <u>당류를 모집ᄒ야</u> 무난히 횡힝홈으로 디방이 소요ᄒ고 (대한)".

82) '이쥬민'은 개화기 자료에서 4번 추출된다. 현대국어에서 '이주민'의 어의는 "다른 곳으로 옮겨 가서 사는 사람. 또는 다른 지역에서 옮겨 와서 사는 사람."이나 개화기 자료에서는 "자기 나라를 떠나 다른 나라로 이주하는 사람."인바, 지금의 '교민'과 같은 어의로 쓰였다. 참고로 개화기에는 '교민(僑民)'이라는 어휘가 쓰이지 않았음을 앞에서 밝혔다. 한편 현대 한국 사회가 다민족 사회화 되면서 다시 '이주, 이주민'이 자주 쓰이게 됨에 따라 개화기 때의 어의가 되살아나는 듯하다.

톄-당류-도당', '동지인-동지쟈', '병뎡-병졸', '토민병-토병', '긔부금-의연금', '포군-포슈', '싱도-학도-학싱'을 확인할 수 있다.[83] 상위-하위관계를 보면 다음과 같다.

(12) ㄱ. {사롬⊃군슈, 광군, 녀학도, 동지인, 동지쟈, 동포, 로동쟈, 로동청년, 로동학원, 병뎡, 병졸, 부상, 비도, 션비, 쇼방부, 승도, 싱도, 위원, 이쥬민, 인지, ᄋᆞ동, 지원쟈, ᄌᆞ원병, 철도역군, 쳥년ᄌᆞ뎨, 토민병, 토병, 포군, 포슈, 학도, 학싱, 헌병, 헌병보조원}

ㄴ. {단톄⊃관광단, 군딕, 단발딕}

ㄷ. {돈⊃고금, 고본금, 구휼금, 국채보상금, 긔본금, 긔부금, 의연금}

ㄹ. {군슈⊃병뎡, 병졸, ᄌᆞ원병, 토민병, 토병, 포군, 포슈, 헌병, 현병보조원}

(12ㄱ)은 <모집대상>이 인물인 경우인데, 대체로 '직업'이나 '자격'의 의미를 갖는 어휘집합이다. 이 중에서 '동지인'은 『표준국어대사전』에서 '동지쟈'의 북한어로 규정하고 있는데, 개화기 자료를 참조하면 굳이 '동지인'을 북한어로 규정할 필요는 없겠다. '광군'은 1920년 총독부에서 간행한 『조선어사전』에 '鑛軍(광ㅅ군)'으로 등재되어 있고, "鑛物의 採掘에 從事하는 人夫"로 뜻풀이되어 있다, 오늘날 '광부'와 유의관계에 있는 명사 어휘이다. '로동학원(老童學員)'은 오늘날의 '만학도'에 해당하는 개화기 어휘이다. 한편 1907년에 '경무청'을 '경시청'으로 고치면서

83) '싱도-학도-학싱'의 유의관계 형성에 대해서는 김형철(1997: 189)에 자세히 소개되어 있다. 결과적으로 유의관계에 있었던 이들 세 어휘는 경쟁관계에 있기도 했다. 『조선어사전』은 이들 유의어의 뜻풀이에서 '生徒, 學徒'를 사용한 것으로 보아 개화기에는 '싱도, 학도'가 '학싱'보다 더 일반적인 어휘였다. "생전에 벼슬을 하지 못하고 죽은 사람"을 뜻하는 '學生'과는 별도로 신생어인 '학싱'이 개화기 이후로 어휘사용이 활발해져서 오늘날까지 쓰이고 있다. 현대국어에서 '생도'는 "사관학교 학생"을 뜻하며, '학도'는 사어화 과정을 겪고 있다.

경시청에서 소방 업무도 도맡아 하게 되었는데, 그 업무를 보는 사람이 '쇼방부'이다. 이 역시 '소방수'에 대한 개화기 신생어이다.

(12ㄷ)에서 상위어 '돈'에 대한 하위어 집합을 볼 수 있다. 여기에는 오늘날 잘 쓰이지 않는 '고금, 고본금, 구휼금'이 개화기 자료에 높은 빈도로 출현하고 있다. 개화기 신문·잡지에 나타난 '-금(金)' 관련 명사로는 다음과 같다.

(13) 거익금, 경비금, 계약금, 고본금, 구졔금, 구조금, 구휼금, 국고금, 국채보상금, 긔본금, 긔부금, 뎐화료금, 도미금, 려비금, 례비금, 례비금, 리익금, 립환금, 모집금, 배샹금, 별연금, 보샹금, 보조금, 보증금, 보호금, 부당금, 부비금, 부의금, 부조금, 부휼금, 비밀금, 사휼금, 샹랍금, 샹여금, 샹예금, 손히금, 쇼비금, 슈공금, 슈당금, 슈로금, 슈뢰금, 슈료금, 슈리금, 슈수료금, 식비금, 여비금, 연보금, 연죠금, 예산금, 원죠금, 월련금/월연금, 월보더금, 월셰금, 월ᄉ금, 위로금, 위휼금, 유죡금, 유지금, 은ᄉ금, 의무금, 의연금, 의죠금, 일비금, 임치금, 입학금, 입회금, 쟈본금/ᄌ본금, 져치금, 격치금, 존비금, 쥰허금, 진휼금, 찬셩금, 챠관금, 총계금, 표긔금, 하ᄉ금, 학비금, 학ᄌ금, 항지금, 회복금, 비샹금, 이휼금

이들 '-금' 관련 명사 어휘들은 현대국어에서 주로 '모으다'와 통합관계를 이루지만, 개화기에는 '모으다'보다는 '모집ᄒ다'와 더 잘 통합하여 쓰였다. 또 '-금(金)' 관련 명사는 조직이나 개인이 운영을 위해 징수하는 '돈'이다. 즉 세금의 성격을 지니고 있지 않다. 그래서인지 이들 어휘의 어간은 '-세'와 통합하는 예를 거의 찾을 수 없다.

3.3.1.9. 〈반포물(頒布物)〉

영역결정술어 : N₁-이 반포되다; N₂-를 반포ᄒ다

명사어휘목록 : 계엄령(戒嚴令), 관등봉급령(官等俸給令), 관졔기뎡건(官制

改定件), 군슈주본(君主奏本), 규례(規例), 규식(規式), 규측(規則), 금령(禁令), 단발령(斷髮令), 도령(道令), 동양쳑식회샤법(東洋拓植會社法), 됴례(條例), 령, 명령(命令), 법령(法令), 법률, 법측(法則), 변리법(邊利法), 스립학교령(私立學校令), 슴림법(森林法), 안건, 음양력(陰陽曆), 인지셰(印紙稅), 쟝졍(章程), 죠칙(詔勅), 징병법(徵兵法), 치안법(治安法), 칙령(勅令), 텬국복음(天國福音), 특샤죠칙(特赦詔勅), 학부령(學府令), 한일신협약(韓日新協約), 히산령(解散令)

대표용례 :

ㄱ. <u>특샤죠칙이 반포되기</u>를 기다려 각각 그 집으로 도라가려 ᄒ다더라 (대한)

ㄴ. 이는 각기 <u>도령(道令)이 반포되ᄂ</u>ᆫ 것을 보아 (경보 430)

ㄷ. 태황데 폐하끠ᄋᆞᆸ셔 일젼에 조흔 <u>금령을 반포ᄒ</u>ᆫ 스건에 (대한)

ㄹ. 즉 토이기 아다나 디방에ᄂ <u>계엄령을 반포ᄒ엿고</u> (대한)

'반포(頒布)되다; 반포ᄒ다'는 각각 'N₁-이 반포되다, N₁-이 N₂-를 반포ᄒ다'를 기본구문구조로 가진다. "농샹공부에셔 슴림 됴목을 뎡ᄒᆞ야 쟝ᄎ 칙령으로 반포홀 터인디 (경향)"처럼 'N₁-에셔 N₂-를 N₃-로 반포ᄒ다' 구문도 문증된다. 이때는 N₁이 집합명사인 경우인데, 특히 '반포ᄒ다'의 어휘개념구조상 N₁은 대체로 정부 조직체와 관련되는 명사 어휘이다. 추출 결과를 보면, <반포물>의 대부분은 '법령'이다. 기타 '안건, 인지세, 쟝졍, 죠칙, 협약' 등이 <반포물>로서 '반포되다; 반포ᄒ다'와 통합관계를 형성한다.

어휘관계를 정리하면, 우선 유의관계로 '규례-규식-규측', '죠칙-칙령', '령-명령', '법률-법측'을 확인할 수 있다. 상위-하위관계를 보면 다음과 같다.

(14) ㄱ. {법령⊒령-명령, 법률-법측}

ㄴ. {령-명령⊒계엄령, 관등봉급령, 금령, 단발령, 도령, 스립학교령, 학

부령, 희산령}

ㄷ. {법률-법측⊐동양쳑식회샤법, 변리법, 슴림법, 징병법, 치안법}

ㄹ. {안건⊐관졔긔뎡건}

ㅁ. {쟝졍⊐한일신협약}

ㅂ. {죠칙-칙령⊐특샤죠칙}

(14ㄱ)에서 '법령'을 최상위어로 보면, (14ㄴ, ㄷ)은 그 하위 어휘계층을 보여준다.84) (14ㄴ, ㄷ)에서 개화기 신생어가 많이 추출되었다. (14ㄴ)의 '계엄령'은 원래 대통령이 국가 위기시에 선포하는 명령이다. 개화기 자료에서 한 번 추출되는데, 1909년에 간행된 (대한)의 외국 사정을 알리는 기사 "토이기 아다나 디방에는 계엄령을 반포ᄒ엿고"에서 확인된다. '관등봉급령'은 고종 32년(1895) 을미개혁 때에 제정한, 국가 관리(官吏)에 대한 임금 규정이다. 이에 따라 칙임관을 4등급, 주임관을 6등급, 판임관을 8등급으로 나누어 차등 지급하였다. '도령'은 일제 강점기에 도지사가 직권 또는 위임의 범위 안에서 관내 행정 사무에 관하여 낸 법규 명령이다85).

---

84) 참고로 '-법(法)' 관련 명사에는 '가옥셰법, 감독법, 관셰법, 광산법, 교육법, 균뎐법, 나라법, 년좌법, 노비법, 도량형법, 동양쳑식회샤법, 런좌법, 로마법, 로인보호법, 매민법, 민젹법, 변리법, 보안법, 부부법, 삼림법, 셔양법, 선거법, 션박법, 소숑법, 어업법, 연좌법, 오가작통법, 우톄법, 월보법, 위싱법, 조직법, 조합법, 슈셰법, 진급법, 집힝법, 징병법, 츄증법, 츌판법, 측량법, 치안법, 호젹법, 혼인법, 화폐법, 환젼법, 회계법, 회샤법, 긔화법' 등이 더 문증된다. 한편 "방법"을 뜻하는 '-법(法)' 관련 명사에는 '고희법, 구구법, 귀납법, 긔도법, 농ᄉ법, 됴사법, 런셜법, 미돌법, 방어법, 비평법, 상례법, 쇼독법, 연셜법, 연역법, 예방법, 우두법, 위조법, 음식법, 뎐도법, 뎐ᄉ법, 졀쥬법, 졍결법, 졔죠법, 졔ᄉ법, 종두법, 증명법, 진힝법, 쳥결법, 니외법, 디우법'을 들 수 있다. 또 "법칙"을 뜻하는 학술 전문어로서 '-법(法)' 관련 명사로는 '즁력법重力法 LexGravium, 인력법引力法 LexAttractionis, 물리법物理法 Leges Naturae, 싱리법生理法 LegesPhysioloqicae, 화학법'을 들 수 있다.

85) '-령(令)' 관련 명사로는 다음과 같이 더 문증된다. 계엄령, 관등봉급령, 단발령, 스립학교령, 학부령, 희산령, 경무령, 공부령, 군부령, 나라령, 모병령, 방곡령, 법률령, 법부령, 봉급령, 삭발령, 인지령, 졔한령, 진급령, 징병령, 퇴거령 ; 도령道令.

(14ㅁ)의 '쟝졍'은 '조약'에 준하는데, 하위어 '한일신협약'은 '정미칠조약'이라고도 불리며, 1907년 헤이그 밀사 사건 후 일본의 강압에 의하여 맺은 불평등 조약이다. 전문 칠죠(七條)로 되어 있으며 모든 행정 사법 사무를 통감부의 감독 아래에 두는 것 등을 내용으로 하고 있다. 마지막으로 (14ㅂ)의 '죠칙, 칙령'은 임금이 직접 내린 명령인데, 그 하위어 '특샤죠칙'의 '특샤'는 1907년에 간행된 『대한민일신보』 기사 "유길쥰, 쟝박, 죠희연 졔씨를 <u>특샤ㅎ기</u>로 샹주홈을 너각대신들이 결의ㅎ 엿논딕 일간에 <u>특샤</u>가 된다더라"에서 알 수 있듯이 '特別赦免'의 준말이다. 기타 개화기 근대화의 일면을 엿볼 수 있는 신생어로는 '음양력, 인지셰'가 있다. 이 중에 '인지셰'는 1907년 『대한민일신보』의 외국 사정을 알리는 기사 "영국 정부에셔 예산이 부죡홈을 인ㅎ야 미쥬 식민디에 <u>인지셰</u>를 반포ㅎ니 식민들이 디표쟈를 영국에 파송ㅎ야"에서 한 번 추출되는 신생어이다.

3.3.1.10. 〈보고처(報告處)〉

영역결정술어 : N₃-에 보고ㅎ다

명사어휘목록 : 감리셔(監理署), 경무청(警務廳), 계삭회(計朔會), 공부, 공ᄉ 관(公使館), 공회(公會), 관찰부, 관헌(官憲), 군부, 남셔(南署), 너부, 롱샹 공부, 법부, 샹부, 외부, 위싱국(衛生局), 의회, 쟝례원(掌禮院), 정부, 죵 정원(宗正院), 지무셔(財務署), 지판쇼(裁判所), 탁지부(度支部), 학부, 한성 부, 힉부(海部)

대표용례 :

ㄱ. 군슈로 ㅎ야금 츈츄로 봉심ㅎ야 유무탈을 쟝례원 <u>죵정원에 보고홀</u> 일인 딕 (독립)

ㄴ. 이둘 스무날 포쳔 군슈 박영셰가 <u>한성부에 보고ㅎ기를</u> (독립)

'보고(報告)ㅎ다'는 'N₁-이 N₂-를 N₃-에 보고ㅎ다'를 기본구문구조로 갖는다. "녀희가 맛흔 일의 형편을 흥샹 감독의게 보고홀지니라 (신학 181)"처럼 'N₁-이 N₂-를 N₃-의게/에게 보고ᄒ다' 구문도 문증된다. 드물게 "지판소 판스 박이양 씨가 법부에 인허ᄒ라고 보고ᄒ엿다더라 (대한)"처럼 'N₁-이 N₂-에 S-고 보고ᄒ다' 구문도 눈에 띄는데, 이때 삽입절을 명령문으로 요구한다. "셰무관 민영완씨가 각 면장을 추츌ᄒᄂᆫ 거시 분슈 밧게 일이기로 보고흔다 ᄒ엿스니 (경향), 츙청남도 관찰스 김가진 씨가 … 양총과 별포슈롤 셰우기로 보고흔다더라 (경향)"처럼 'N₁-이 {S-기}-로 보고ᄒ다' 구문도 아주 드물게 나타난다. 상위-하위관계를 정리하면, {정부⊐관찰부, 군부, 닉부, 법부, 탁지부, 학부, 한성부, 희부, 룡상공부⊐공부, 상부}를 통해 개화기의 정부 조직의 일면을 알 수 있다.

기타 <보고처>에서 눈에 띄는 신생어로는 '감리셔, 공스관, 위싱국, 장례원, 종정원, 직무셔'가 있다. '감리셔'는 개화기 때 개항장과 개시장의 행정 및 통상 사무를 맡아보던 관아인데, 고종 20년(1883)에 부산, 원산, 인천의 세 곳에 설치한 이후, 다른 개항장과 개시장에도 확대 설치하여 운영하다가 폐지되었다. '공스관'은 조선 후기에 의정부에 속한 정육품 벼슬이다. 처음에는 비변사의 낭청에 속했는데 의정부로 옮겨 군국기무의 사무를 맡아보았다. '위싱국'은 조선 후기에 내무아문 및 내부에 속하여 위생 사무를 맡아보던 부서이다. 1894년에 둔 것으로 광무 9년(1905)에 '위싱과'로 고쳤다가 융희 2년(1908)에 다시 '위싱부'로 바꾸었다. '장례원'은 조선 후기에 궁중 의식, 조회, 의례, 제사와 모든 陵, 宗室 귀족에 관한 일을 맡아보던 관아인데, 이전의 '종백부'를 고친 것이다. 그 아래에 '종정원'을 두었는데, 이것은 대한제국 때에 왕실의 계보에 관한 일을 맡아보던 관아이다. 고종 32년(1895)에 종정사를 고친 것으로, 광무 9년(1905)에 '종부사'로 고쳤다. '직무셔'는 대한제국 때에 탁지부에 속하여 세무와 지방 재무에 관한 일을 맡아보던 관청인데, 융희 1년(1907)에 설치하였다가 융희 4년(1910)에 폐지되었다.

〈보고처〉 → 〈고발처(告發處)〉

영역결정술어 : N₃-에 고발ᄒ다; 고쇼ᄒ다

명사어휘목록 : 감독국(監督局), 경무서(警務署), 경무즁서(警務中署), 경무청(警務廳), 경시청(警視廳), 경찰서(警察署), 관가, 관찰부, 남셔(南署), 동셔(同署), 법부, 법스, 병참소(兵站所), 북셔(北署), 셔셔(西署), 지셔(支署), 지판소/지판쇼(裁判所)

대표용례 :

　ㄱ. 국스를 통분히 의론홈을 정탐ᄒ야 <u>병참소에 고발ᄒ더니</u> (대한)

　ㄴ. 김모가 그 뎐토를 본가로 환퇴ᄒ랴고 <u>관찰부에 고소ᄒ야</u> (미일)

'고발(告發)ᄒ다; 고소(告訴)ᄒ다'는 'N₁-이 N₂-를 N₃-에 고발ᄒ다; 고소ᄒ다'를 기본구문구조로 가진다. 영역결정술어의 구문구조적 특성, 장소와 관련된 화제영역의 어휘관계를 고려해 볼 때, <고발처>는 <보고처>의 하위 화제영역으로 설정될 수 있다.

　<고발처>의 어휘관계를 정리하면, '경무서-경찰서', '경무청-경시청'이 유의관계를 이루고 있으며, 모두 개화기 신생어들이다. '경무셔'는 대한제국 때 경찰 사무를 맡아보던 관청인데, 광무 10년(1906)에 한성부를 비롯하여 각 지방에 두었다가 융희 1년(1907)에 '경찰셔'로 고쳤다. 그리고 '경무청'은 조선 고종 31년(1894) 갑오개혁 이후에 한성부 안의 경찰 업무와 감옥의 일을 맡아보던 관청이다. 이전의 좌우 포도청을 합하여 내무아문 안에 새로 두었다가, 광무 4년(1900)에 警部로 고쳐 독립시켰으나, 이듬해에 다시 원래 이름으로 하여 內部 아래 두었는데, 융희 원년(1907)에 '경시청'으로 다시 고쳤다.[86] 상위-하위관계를 보면, {지셔 ⊒경무즁서, 남서, 북서, 셔서, 동서}가 확인된다. 이것을 통해 개화기에 경찰 업무를 보는 곳은 '경무서-경찰셔'가 있었고, 다시 지역마다 경우

---

86) '경시청'은 한성부와 경기도의 경찰 및 소방 업무를 맡아보던 관청인데, 융희 4년(1910)에 일제에 강점되기 전까지 두었다.

에 따라서는 '지셔'를 두었으며, 서울에는 '즁셔, 동셔, 셔셔, 남셔, 북셔'가 그 업무를 관할하였음을 알 수 있다.

　<고발처>의 기타 어휘 중에서 '감독국, 병참소'는『표준국어대사전』에 등재되어 있지 않은 개화기 어휘이다. '감독국'은 대한제국 때 재무를 담당하고 감독하며, 세금을 물리던 기관으로 오늘날의 '금융감독원, 국세청'의 업무를 담당했다. '병참소'는 대한제국 때 일본군이 주둔하면서 군사 작전에 필요한 인원과 물자를 관리, 보급, 지원하던 병과를 말한다.

〈보고처〉→〈압송처(押送處)〉
영역결정술어 : N₃-에/로 압송ᄒ다
명사어휘목록 : 감영(監營), 검사국(檢事局), 경무청, 경시청, 고등지판소, 공회(公會), 관찰부, 디방지판소, 령ᄉ관(領事館), 법부, 본관, 본청, 분파소(分派所), 즁셔, 챵의소(倡義所), 청쥬병영(淸州兵營), 포텽, 한성지판소, 희미아문(海美衙門)
대표용례 :

ㄱ. 강가를 잡아 즁셔로 부치거늘 즁셔에서 <u>본청으로 압송홀</u> 츠로 구류ᄒ엿더니 (독립)

ㄴ. 베드루ㅣ 즉시 마조 나아기메 홍ᄉ로 결박ᄒ야 고산 <u>본관에로 압송ᄒ니</u> (경보 342)

ㄷ. 도적놈 일 명을 잡아셔 경성 디방 지판소 <u>검사국으로 압송ᄒ엿다더라</u> (대한)

ㄹ. 희동즁으로 결박ᄒ야 <u>챵의소로 압송ᄒ거나</u> 경찰 <u>분파소로 압송ᄒ야</u> (대한)

　'압송(押送)ᄒ다'는 'N₁-이 N₂-를 N₃-에/로 압송ᄒ다'를 기본구문구조로 갖는다. <고발처>와 동일한 이유로 <압송처>는 <보고처>의 또 다른 하위 화제영역으로 설정될 수 있다.

한편 개화기의 대표적인 압송 장소를 <압송처>에서 확인할 수 있다. 이전 부류에서 추출되지 않았던 개화기 신생어로는 '검사국, 챵의소' 등이 있다. '검사국(檢事局)'은 일제 강점기에 검사가 일을 보던 곳인데, 대개 재판소에 부속으로 설치되었다. (ㄷ)이 이러한 개화기의 사정을 보여주는 신문기사이다. 한편 개화기 자료에서 동음이의어인 '검사국(檢査局)'도 추출되었는데, 이것은 탁지부에 속하여 회계 검사에 관한 일을 맡아보던 관청이다.[87] 광무 10년(1906)에 두었다가 광무 11년(1907)에 폐지하였다. '챵의소'는 의병을 훈련시키고 지휘하기 위하여 세운 곳이다. <압송처>의 다른 모든 어휘들은 정부 중심의 기관명인데 비해 '챵의소'만 민간 의병의 압송처명이다.

3.3.1.11. 〈세금(稅金)〉

영역결정술어 : N₂-를 슈봉ᄒ다; 슈쇄ᄒ다

명사어휘목록 : 가옥세(家屋稅), 결세(結稅), 결전(結錢), 공전, 도조(賭租), 돈, 디방비(地方費), 본보디금, 샹랍전(上納錢), 션세(船稅), 셰금(稅金), 세전(稅錢), 소금, 슈산세(水産稅), 십일됴(十一租), 쌀젼세, 염세(鹽稅), 월보디금, 월연금(月捐金), 잡세, 젓갈세, 지세(紙稅), 토디세(土地稅), 포세(浦稅), 향록전(鄕錄錢), 호포(戶布)

대표용례 :

　ㄱ. 촉탁원들이 <u>가옥세를 슈봉홀</u> 츠로 일본인과 홈끠 인민의 집으로 든니면 (대한)

　ㄴ. 남희 란민 <u>결세롤 슈봉ᄒ기로</u> 그 고올 셔긔 강달홍씨가 쟝정을 내뵈인즉 (경향)

　ㄷ. <u>쌀젼세를 슈쇄ᄒ야</u> 직무셔에 샹납ᄒ기로 한다더라 (대한)

---

87) '검사국(檢査局)'의 예문은 1907년 기사 "탁지부에셔 <u>검사국과</u> 인쇄국을 특별국으로 셜시ᄒ고 (대한)"와 1908년 기사 "탁지부 회계 <u>검사국에셔</u> 군부 회계를 본일에 다 맛치고 (대한)"로 확인할 수 있다.

'슈봉(收捧)ᄒ다; 슈쇄(收刷)ᄒ다'는 "벌금이나 세금을 징수하다."는 뜻풀이의 영역결정술어이다. 'N₁-이 N₂-를 슈봉ᄒ다; 슈쇄ᄒ다'를 기본구문구조로 가진다. <세금>은 모두 신문 레지스터에서 추출한 것이다. 이것은 '슈봉/슈쇄ᄒ다'가 개화기에 시사성이 높았던 어휘임을 암시한다. <세금>의 어휘관계를 보면, 유의관계로 '세금-세전'이 확인된다. 상위-하위관계 및 등위관계는 다음과 같다.

   (15) ㄱ. {돈⊒본보더금, 월보더금, 월연금}

       ㄴ. {세금-세전⊒가옥세, 결세, 슈산세, 쌀전세, 염세, 잡세, 졋갈세, 지세, 토디세, 포세; 결전, 공전, 샹랍전, 향록전}

       ㄷ. {도조(賭租), 소곰, 호포(戶布)}

(15ㄱ)은 조직이 운영을 위해 징수하는 '돈'이다. 따라서 이들 어휘들에는 '-세, -전'과 같은 접미사가 통합하지 못한다. (15ㄴ)을 통해 개화기의 세금품목의 일면을 알 수 있다. 이들 어휘들은 '-세, -전'과 같은 접미사와 통합하는데, 이것은 정부기관에서 징수하는 세금이기 때문이다. 개화기의 '-세(稅)' 관련 명사 어휘는 다음과 같다.[88]

   (16) 가옥세, 슈산세, 쌀전세, 졋갈세, 토디세, 광산세, 교군세, 균뎐세, 나루세, 담비ㅅ세/담비세, 도쟝세, 디단세, 디방세, 려각세, 무명잡세, 무역세, 샤금세, 샹션돈세, 소금세, 소득세, 수레세, 슈립세, 슈입세, 슈츌세, 시쟝세, 연초세, 영업세, 원결세, 인력거세, 쟝슈세, 쟝ㅅ세, 쥬초세, 챠ㅅ세, 화뎐세, 희관세 ; 포구세浦口稅, 푸쥬세疱廚稅, 항구세港稅

   돈 관련 명사는 '-세(稅)' 관련 명사뿐만 아니라 '-금(金), -비(費), -전

---

88) 세금 관련 어휘로는 2음절어인 '결세, 염세, 잡세, 지세, 포세' 등이 더 문증된다.

(錢)’ 관련 명사도 있다. 한편 신문·잡지에서 한자를 노출시킨 경우는 신생어가 대부분인데, ‘푸쥬세疱廚稅’에서 한자를 노출시킨 것은 달리 해석할 수 있다. 구체적으로 보면, 원래 ‘포쥬(疱廚)’였던 말이 변해서 ‘푸쥬’가 되었다. 이를 반영하듯 『조선어사전』에서도 표제어 ‘푸쥬’에 “疱廚(포쥬)の轉”이라는 관련어 정보를 주고, 원말 표제어 ‘疱廚(포쥬)’에서 의미정보를 주고 있다. 이를 통해 개화기에는 원말인 ‘포쥬’와 변한 말인 ‘푸쥬’가 경쟁관계를 이루고 있었음을 알 수 있다. 이것은 신문·잡지에 ‘포쥬’가 58번 출현하고, ‘푸쥬’가 13번 출현한 사실에서도 확인할 수 있다. 물론 개화기만 해도 원말인 ‘포쥬’가 더 우세했다는 사실도 알 수 있다. 결과적으로 신문·잡지는 드물게 변한말일 때도 한자를 노출시켰다.

(15ㄷ)은 돈 이외의 징수 수단인데, 곡물 특히 벼로 징수하는 ‘도조’, 그리고 개화기 사회까지 화폐 기능을 하였던 ‘소곰’, 전통적으로 물물교환의 중요한 수단이 되었던 무명 혹은 모시, 베로 징수하는 ‘호포’가 그것이다.

3.3.1.12. 〈시찰대상(視察對象)〉

영역결정술어 : N₂-를 시찰ᄒ다

명사어휘목록 : 감옥정형(監獄情形), 경황(景況), 관청ᄉ항(官廳事項), 교회, 구라파(歐羅巴), 군세무(軍稅務), 군ᄉ교육(軍事敎育), 금융상황(金融狀況), 긔디(基地), 나라, 남방교회, 농림학교(農林學校), 농장(農場), 도로(道路), 동양, 디방, 디만(臺灣), 례비당(禮拜堂), 로국령토, 륙군ᄉ무, 만쥬(滿洲), 모범장(模範場), 병원(病院), 보통학교(普通學校), 북간도(北間島), 상업(商業), 셔비리아(Siberia), 섬, 셤라국(暹羅國), 슈도국(水道局), 슈도샹황, ᄉ무, ᄉ법ᄉ무, 슘림, 연극장(演劇場), 연안(沿岸), 연회장(宴會場), 연희변(沿海邊), 온천(溫泉), 위싱ᄉ무, 인도국(印度國), 인ᄉ병(人蔘病), 인찰쇼(印札所), 이급나라(埃及-), 쟝뢰, 전쟝, 전투함(戰鬪艦), 정황(情況), 죠폐

국(造幣局), 쥬뎡소(晝停所), 지판스무, 텰도션로, 토벌대(討伐隊), 학교스무, 학무, 학업, 화약(火藥), 히군(海軍), 히외(海外)

대표용례 :

ㄱ. 한국에 도챡ᄒ엿ᄂ디 청국 디만과 쟝뢰를 시찰ᄒᆯ 터이라더라 (대한)

ㄴ. 부슈졍의씨가 인숌병을 시찰ᄒᆯ 츠로 (대한)

ㄷ. 각쳐 례빈당들과 병원들과 인찰쇼를 시찰ᄒ고 일간 연회를 ᄒ야 (독립)

ㄹ. 류졍슈씨가 일본 죠폐국(돈짓ᄂ집)을 시찰ᄒ기로 지작일에 발졍ᄒ엿ᄂ디 (대한)

'시찰(視察)ᄒ다'는 'N₁-이 N₂-를 시찰ᄒ다'를 기본구문구조로 갖는다. <시찰대상>은 본고의 기타 참조자료에서는 추출되지 않고 신문·잡지 자료에서만 추출된다. 이것은 '시찰ᄒ다'가 시사성이 높은 어휘임을 암시한다. <시찰대상>은 크게 [場所]와 [事情]으로 분류할 수 있다. 이에 따라 어휘관계를 고찰해 보면 다음과 같다.

a. [場所]

교회, 구라파(歐羅巴), 긔디(基地), 나라, 남방교회, 농림학교(農林學校), 농장(農場), 도로(道路), 동양, 디방, 디만(臺灣), 례빈당(禮拜堂), 로국령토, 만쥬(滿洲), 모범장(模範場), 병원(病院), 보통학교(普通學校), 북간도(北間島), 셔비리아(Siberia), 셤, 셤라국(暹羅國), 슈도국(水道局), 연극장(演劇場), 연안(沿岸), 연회장(宴會場), 연희변(沿海邊), 온천(溫泉), 인도국(印度國,) 인찰쇼(印札所), 익급나라, 쟝뢰, 전쟝, 전투함(戰鬪艦), 죠폐국(造幣局), 쥬뎡소(晝停所), 히외

[場所]의 유의관계를 정리해 보면, 우선 '교회-례빈당', '연안-연희변'을 들 수 있다. 상위-하위관계를 보면, {히외⊐구라파, 디만, 동양, 로국령토, 만쥬, 북간도, 셔비리아, 셤라국, 인도국, 익급나라, 쟝뢰}의 어휘

집합이 확인되는데, 이들을 제외한 어휘들은 대체로 등위관계를 이루는 근대화의 상징적 장소들이다. 즉 개화기의 <시찰대상> 중에 [장소]는 '히외'와 국내의 여러 근대화를 상징하는 시설소가 대부분임을 알 수 있다. 따라서 여기에서는 많은 개화기 신생어가 포함되어 있다. 우선, '농림학교'는 일제 강점기에 농업과 임업에 관한 지식과 기술을 가르치던 실업학교인데, 오늘날에는 쓰이지 않는 어휘이다. 개화기 신문·잡지에 13번 보이는 '모범쟝'도 '원예, 농림' 등지에서 시범이 되는 곳을 뜻하는데, 오늘날에는 쓰이지 않는 어휘이다. '쥬뎡소'는 임금이 거동하다가 머물러 낮수라를 들던 곳인데, 이것 역시 오늘날 쓰이지 않는 어휘이다. 외래어로는 '구라파, 셔비리아, 익급나라'가 있다.

b. [事情]
경황(景況), 관청亽항(官廳事項), 군세무(軍稅務), 군亽교육(軍事敎育), 금융상황(金融狀況), 륙군亽무, 상업(商業), 샹황, 亽무, 亽법亽무, 습림, 위싱亽무, 인습병(人蔘病), 정형(情形), 정황(情況), 지판亽무, 텰도션로, 토벌대(討伐隊), 학교亽무, 학무, 학업, 화약(火藥), 희군(海軍)

[事情]의 유의관계를 정리해 보면, '경황-샹황-정형-정황', '학교亽무-학무'가 확인된다. 상위-하위관계로는 우선 {亽무⊒륙군亽무, 亽법亽무, 위싱亽무, 지판亽무, 학교亽무} 어휘집합이 포착된다. 이것은 합성에 의해 단어족을 이루고 있는 셈이다.

3.3.1.13. 〈위반대상(違反對象)〉

영역결정술어 : N_2-를 어기다

명사어휘목록 : 격(格), 계명(誡命), 고제(古制), 공법, 공의, 교규(敎規), 교법(敎法), 교훈(敎訓), 국법, 군령, 군률(軍律), 규계(規戒), 규례(規例), 규측, 금령(禁令), 금법(禁法), 긔률(紀律), 긔틀, 긔한(期限), 나라법, 대졀(大

節), 뎨셔(制書), 령/영, 령칙(迎勅), 롱시(農時), 륜긔(倫紀), 명, 명령, 민
심, 법, 법뎐, 법도, 법률, 본셩, 부부법(夫婦法), 부칙(附則), 분부(分付/吩
咐), 셩교법(聖敎法), 셩칙(聖勅), 셩훈(聖訓),89) 셰칙(細則), 시간, 시한,
뜻, 약속, 약죠, 언약(言約), 유훈(遺訓), 인륜, 장졍(章程), 죠약/됴약, 죠
칙, 천리/텬리(天理), 칙령, 텬명(天命), 톄례(體禮),90) 하느님, 회규(會規),
훈령(訓令)

대표용례 :

ㄱ. 이눈 스스로 그 지아비를 쩌남이니 크게 부부의 <u>륜긔를 어긘지라</u> (신학 75)
ㄴ. 나라의 악풍이 업스며 <u>롱시(農時)를 억이지</u> 안는 고로 (독립)

'어긔다'는 'N₁-이 N₂-를 어긔다'를 기본구문구조로 갖는다. 드물게
"교우들이 년젼에 새로 난 변리 규식대로 ᄒ여도 셩교회 법식에 어긔지
아니ᄒᄂ냐 (경보 5), 여름 복장을 미리 입고 와서 연회에 참례ᄒ는 거
시 심히 격례에 어긔고 (독립)"처럼 '{N₁/S-것}-이 N₂-에 어긔다' 구문도
문증된다. 이것은 현대국어의 '어기다'에서는 허용되지 않는 경우로서
독특한 구문인 셈이다.

<위반대상>의 어휘관계를 정리하면, 우선 유의관계로 '뎨셔-셩칙-죠
칙-칙령-령칙'이 확인되는데, 이들은 임금이 신하나 백성에게 내린 '조
서(詔書)'의 유의어들이다. 이밖에 '군령-군률', '금령-금법', '긔한-시간-
시한', '약속-약죠-언약', '명-명령-령/영-분부', '국법-나라법', '규계-규례
-규측', '천리/텬리-텬명', '교규-교법-셩교법' 등이 <위반대상> 내에서
유의관계를 이룬다. 상위-하위관계로는 {시간⊒롱시}, {교훈⊒유훈, 셩
훈}, {륜긔⊒긔률, 인륜}, {법⊒부부법, 셩교법} 등이 확인된다. 한편
'법뎐'은 법률을 기록한 책인데, 여기서는 '법률'에 대한 환유로 이해할

---

89) '셩훈'의 어의는 "성인이나 임금의 교훈"이다.
90) '톄례'의 어의는 "관리들 사이에 지키는 예절"이다.

수 있다.

3.3.1.14. 〈위엄대상(威嚴對象)〉

영역결정술어 : N_2-를 밧들다

명사어휘목록 : 경문(經文), 교훈, 국셔(國書), 군호(君號), 귀신, 긔최, 령(令), 명, 명령, 비답(批答), 비지(批旨), 산쇼(山所), 샹쇼(上疏), 셩교(聖敎), 셩모마리아(聖母Maria), 셩유(聖諭), 셩의(聖意), 셩지(聖旨), 셩칙(聖勅), 쇼명(召命), 승지, 시모(媤母), 신명(神命), 뜻, 예수교, 왕명, 은덕, 졔ᄉ(祭祀), 죠칙(詔勅), 쥬명(主命), 진교(眞敎),91) 칙교(勅敎), 칙어(勅語), 텬륜(天倫), 텬쥬(天主), 텬쥬교(天主敎), 특명(特命), 특지(特旨), 표안(表案), 표양, 하ᄂ님, 하늘, 할례(割禮), 화관(花冠), 황명, 황졔명(皇帝命), 황칙(皇勅), 훈령(訓令)

대표용례 :

ㄱ. 풍류롤 그치고 젼표관(展表官) <u>표안(表案)을 밧들어</u> 탑젼에 노코 (경향)

ㄴ. 대황뎨폐하의 <u>승지를 밧들어</u> 이에 귀대신의게 죠회ᄒ노니 (미일)

ㄷ. 희시에 <u>셩유를 밧들고</u> 다시 의졍부 의졍 윤용션의 멈은바 (독립)

ㄹ. 여러 ᄌ손의게 돈을 것어 그 <u>산쇼를 잘 밧드러</u> 슈호홈이 임의 오러더니 (독립)

‘밧들다’는 ‘N_1-이 N_2-를 밧들다’를 기본구문구조로 갖는다. <위엄대상>의 어휘관계를 정리하면, 유의관계로 ‘셩유-셩지-셩칙-죠칙-칙교-칙어’, ‘특명-특지’, ‘황명-황졔명-황칙’, ‘텬쥬-하ᄂ님’, ‘진교-텬쥬교’, ‘비답-비지’ 등을 들 수 있고, 반의관계로 ‘비답-비지↔샹쇼’를 들 수 있다. 상위-하위관계를 보면 {명령⊒명, 령, 쇼명, 신명, 왕명, 쥬명, 훈령}을 확인할 수 있다.

---

91) ‘진교’는 “참된 종교”라는 뜻으로 ‘천주교’를 달리 이르는 어휘이다.

3.3.1.15. 〈제출물(提出物)〉

영역결정술어 : N_3-를 뎨츌ᄒ다

명사어휘목록 : 계획(計劃), 공쟝법안(工場法案), 규측, 글, 기뎡안(改正案), 도량형(度量衡), 됴건(條件), 리력셔(履歷書), 명원셔(明原書), 문뎨, 문셔, 보고셔(報告書), 셔약셔(誓約書), ᄉ직쳥원(辭職請願), 안건, 예산(豫算), 의견셔(意見書), 의안(議案), 쟝셔(長書), 증거셔(證據書), 지원셔(志願書), 진졍셔(陳情書), 질문셔(質問書), 쳥구셔(請求書), 쳥원셔(請願書), 탄힉셔(彈劾書), 항의(抗議)

대표용례 :

　ㄱ. 이십여 명이 쟝츠 농상공부에 <u>질문셔를 뎨츌ᄒ다</u>더라 (대한)

　ㄴ. 다셧 <u>됴건을 뎨츌ᄒ야</u> 합병ᄒ려ᄂᆞᆫ ᄭᆞᆰ이라ᄂᆞᆫ 말을 듯고 (대한)

'뎨츌(提出)ᄒ다'는 'N_1-이 N_2-에(게) N_3-을 뎨츌ᄒ다'를 기본구문구조로 갖는다. <제출물>은 신생어가 많이 드러났는데, 특히 '명원셔(明原書)'는 1910년 『대한민일신보』에 한 번 출현한 어휘이다.[92]

　<제출물>의 어휘관계 중에 상위-하위관계를 보면 다음과 같다.

(17) ㄱ. {문셔⊐리력셔, 명원셔, 보고셔, 셔약셔, 의견셔, 쟝셔, 증거셔, 지원
　　　　셔, 진졍셔, 질문셔, 쳥구셔, 쳥원셔, 탄힉셔}

　　ㄴ. {안건, 의안⊐공쟝법안, 기뎡안, 예산}

(17ㄱ)에는 현대국어에서도 출현빈도가 높은 문서 관련 어휘가 포함되어 있다. 자료상으로는 '뎨츌(提出)ᄒ다/제출ᄒ다'와 통합관계를 보이지 않지만, 개화기 신문·잡지에서 '문서'를 뜻하는 '-셔(書)' 관련 명사로는 다음과 같이 더 문증된다.

---

[92] "인민은 싱활ᄒᆞᆯ 도리가 업셔 디표쟈 죠의진 씨등이 일젼 탁지부에 <u>명원셔를 뎨츌ᄒ엿다더라</u>".

(18) 건의셔, 검역셔, 검찰셔, 결말셔, 결의셔, 계약셔, 고발쳥원셔, 권면셔, 련
    명셔, 리력셔, 명령셔, 명원셔, 발명셔, 변명셔, 변호셔, 변빅셔, 보고셔,
    보안셔, 보증셔, 봉답셔, 산림증명셔, 샤과셔, 샤직셔, 셔약셔, 션고셔/션
    교셔, 션도셔, 션언셔, 션젼셔, 셜명셔, 셩명셔, 신고셔, 신쳥셔, 약됴셔,
    약졍셔, 예산셔, 위임셔, 의견셔, 의뎡셔, 익명셔, 인증셔, 일쟝셔, 졸업셔,
    죠약셔, 죠인셔, 증거셔, 증명셔, 증약셔, 지원셔, 지취셔, 진단셔, 진슐셔,
    진졍셔, 질문셔, 질품셔, 찬셩셔, 쳥구셔, 쳥원셔, 쳥유셔, 쳥의셔, 탄힉셔,
    판결셔, 합동계약셔, 합동셔, 합방셩명셔, 헌고셔, 헌의셔, 활인셔, 슈유
    셔, 슈직셔, 취지셔

(18)에는 현대국어에서도 출현빈도가 높은 문서 관련 어휘의 대부분이
포함되어 있다. 이 중에 '지취셔(旨趣書)'는 '취지셔(趣旨書)'의 유의어이
다. 한편 "책"을 뜻하는 '-셔(書)' 관련 명사로 '교과셔, 구약셔, 만권셔,
의가셔, 지리셔, 참고셔; 격치셔格致書, 유젼셔遺傳書'도 나타난다.

3.3.1.16. 〈지배대상(支配對象)〉

영역결정술어 : N_2-를 다스리다

명사어휘목록 : ㉮가사(家事), 고을/고올, 괴슈(魁首), 교우, 교회, 구년대
슈(九年大水), 국가, 국민, 국스(國事), 그리스도인, 근본, 기욕(嗜慾), 나
라, 녀편네, 대한(大韓), 도젹, 동산, 디방, 란, 렬방(列邦), 령혼, 마암/ᄆ
음, 만국, 만물, 만민, 물, 백셩/빅셩, 부녀, 산업(産業), 삶, 샹쇼글, 세상/
셰샹, 션인, 셩교인, 셩품, 셰계, 속회(續會), 쇼인, 신민(臣民), 실, 슈무,
야인, 억죠챵셩(億兆蒼生), 언어(言語), 왕, 음식, 이스라엘(Israel), 인구,
인민, 인심, 일, 일쳔년, 족속, 죄/죄, 죄샹, 죄악, 죄인, 죠션, 증셰(症
勢), 지파(支派), 직분(職分), 집, 집안, 집안일, 즈유지권(自由之權), 지물,
체증(滯症), 치(키), 텬당길ᄒ, 텬하, 포와국(Hawaii), 학교, 학당, 형사민

사, 힘, 힝리(行李), 힝실, 힝위
㉯고치, 곤츙, 수풀, 슈염, 싱물
㉰몸, 육신
㉱령혼병, 병, 병인(病人), 질병

대표용례 :

ㄱ. 사공들이 엇더케 돗츨 달고 <u>치롤 다스림이니</u> (경향)

ㄴ. 일졔히 젼 츙훈부 쇼쳥으로 와셔 <u>샹쇼글을 다스림이</u> 죠흘 듯ᄒ니 (독립)

ㄷ. 그 관원의 <u>힝위와 언어롤 다스리눈</u> 것이니 (신학 594)

ㄹ. 사롬의 지각은 <u>기욕을 다스리게</u> ᄒ눈 거시로되 (신학 108)

ㅁ. 궁실 짓고 <u>음식을 다스리고</u> 의복을 닙고 (신학 187)

ㅂ. 각각 부지런히 일을 ᄒ야 <u>산업을 다스리며</u> (독립)

‘다스리다’는 ‘N₁-이 N₂-를 다스리다’를 기본구문구조로 갖는다. <지배대상>에는 외래어 ‘그리스도인, 이스라엘, 포와국’이 포함되어 있다. 이 가운데 ‘포와국’은 “Hawaii”를 뜻한다. 한편 해당 어휘집합과 ‘다스리다’의 통합관계를 보면, ‘다스리다’의 다의를 포착할 수 있다. ‘다스리다’가 갖는 여러 다의 중에 ㉯의 ‘고치, 곤츙, 수풀, 싱물’ 등과 통합한 ‘다스리다’는 “기르다”의 의미이며, ㉰의 ‘몸, 육신’ 등과 통합한 ‘다스리다’는 “수련하다”의 의미이며, ㉱의 ‘병, 질병’ 등과 통합한 ‘다스리다’는 “낫게 하다”의 의미이며, 더 많은 다의를 포착할 수 있겠으나 ㉮와 통합한 ‘다스리다’는 대체로 “통제하다”의 의미이다.

<지배대상>의 어휘관계를 정리해 보면, 우선 유의관계는 다음과 같다.

(19) ㄱ. ‘가사-집안일’, ‘국가-나라’, ‘육신-몸’

ㄴ. ‘죄/죄-죄샹-죄악’, ‘병-질병’, ‘집-집안’

ㄷ. ‘국민-인민-백셩/빅셩-억죠챵싱’, ‘힝실-힝위’, ‘만국-렬방-세상/세샹-세계-텬하’, ‘학교-학당’, ‘대한-죠션’, ‘부녀-녀편네’

(19ㄱ)은 한자어와 고유어 사이에 유의관계를 이루고 있는 경우이며, (19ㄴ)은 단어족을 이루는 유의어들이다. 그리고 (19ㄷ)에서 '억죠챵싱'은 은유에 의한 유의어이며, '힝리'는 현대국어에서는 '꾸리다, 챙기다'와 통합관계를 이루는데, 개화기에는 같은 의미의 용법으로 '다스리다'와 통합됨을 보여 준다. 반의관계로 '션인↔야인', '왕↔신민' 등이 확인된다. 상위-하위관계의 대표적인 예로 {싱물ㅋ곤츙ㅋ고치}를 확인할 수 있는데, 이 경우 '곤츙'은 중위어인 셈이다.

3.3.1.17. 〈직급(職級)〉

영역결정술어 : N₂-를 임흐다

명사어휘목록 : 감금셔긔(監禁書記), 감리셔쥬스(監理署主事), 감사관(鑑査官), 감옥셔간슈쟝(監獄署看守長), 감옥셔쟝, 강화부윤, 건릉령(健陵令), 검스국쟝(檢査局長), 경능참봉(敬陵參奉), 경릉령(敬陵令), 경모궁령(景慕宮令), 경모궁참봉, 경무관, 경무국장, 경무스, 경무쳥춍순, 경시쳥경시, 공능참봉(恭陵參奉), 공릉령(恭陵令), 공스관셔긔싱(公使館書記生), 공스관차셔관(公使館次書官), 공스관참셔관(公使館參書官), 관방비셔관(官房秘書官), 관찰부쥬스, 관찰스, 광릉령(光陵令), 광산국쟝, 교원, 군부대신, 군부쥬스, 군부협판, 군슈, 궁닉부참리관(宮內府參理官), 궁닉부특진관(宮內府特進官), 귀죡원쥬스(貴族院主事), 규장각대제, 규장각쥬스, 규장각직각, 규쟝각직학스, 긔즈릉참봉(箕子陵參奉), 농샹공부기슈, 농샹공부셔긔랑(書記郎), 닉부쥬스, 닉스과쟝, 대신, 뎐션샤쥬스(典膳司主事), 됴사국셔긔랑(調査局書記郎), 물품사쟝(物品司長), 물품샤쥬스, 번역관/번녁관/번력관(飜譯官), 번력관보, 법부검스, 법부대신, 법부쥬스, 봉샹샤뎨됴(奉常司提調), 봉샹샤부제쥬/봉샹스부뎨됴(奉常司副提調), 봉샹샤쥬스, 부교관, 부령(副領), 부위(副尉), 부윤, 부의쟝, 부쳠스, 비셔관, 비셔원랑(秘書院郎), 비셔원승(秘書院丞), 상의샤쥬스(尚衣司主事), 샤직셔령(社稷

署令), 샤직셔참봉(社稷署參奉), 샹공국쟝(商工局長), 샹의ᄉ쟝(尙衣司長), 셔리, 션능령(宣陵令), 션원뎐령(璿源殿令), 셩균관박ᄉ, 셩균관쟝, 슈령, 슈륜과기ᄉ(垂綸科技士), 슈륜과쟝, 슈륜과쥬ᄉ, 슉릉봉ᄉ(淑陵奉事), 슌릉참봉(順陵參奉), 슝릉령(崇陵令), 슝션뎐참봉(崇璿殿參奉), 슝혜뎐참봉(崇惠殿參奉), 시강원부쳠ᄉ(侍講院副詹事), 시강원시독관(侍講院侍讀官), 시강원시죵관(侍講院侍從官), 시죵(侍從), 시죵원경(侍從院卿), 시죵원시어(侍從院侍御), 시죵원시죵관, 시찰관(視察官), 신릉츙의, 영션샤쟝(營繕司長), 영희뎐참봉(永禧殿參奉), 예능령(睿陵令), 예릉참봉, 온능참봉(溫陵參奉), 외부대신, 외부협판(外部協辦), 외샤과쟝(外事課長), 외샤과쥬ᄉ, 우톄샤쥬ᄉ(郵遞司主事), 원능령(元陵令), 의능령(懿陵令), 의령원참봉, 의릉봉ᄉ, 의릉참봉, 의쟝, 의졍부찬졍(議政府贊政), 의학교교관, 의학교셔긔, 의학교쟝, 익릉참봉(翼陵參奉), 인능령(仁陵令), 쟝단군슈, 쟝례원상례(掌禮院相禮), 쟝례원우쟝례, 쟝례원쟝례, 쟝례원좌쟝례, 쟝릉참봉(長陵參奉), 졍릉령(貞陵令), 졍녕(正領), 졍위(正尉), 졔릉령(齊陵令), 슈봉관(守奉官), 죵묘셔령(宗廟署令), 죵졍원쥬ᄉ(宗正院主事), 즁츄원부의쟝, 즁츄원의관, 즁츄원의쟝, 찬참, 참령(參領), 참봉, 참셔관(參書官), 참위(參尉), 창능령(昌陵令), 철도국쟝, 탁지부대신, 탁지부뎐환국쟝, 탁지부샤셰국쟝(度支部司稅局長), 탁지부직무관, 탁지협판, 태복샤쟝(太僕司長), 태의원경(太醫院卿), 통역관보(通譯官補), 티릉령(泰陵令), 퇴복사쥬ᄉ(太僕司主事), 판임관(判任官), 학무국장, 학부대신, 학부협판, 한셩부판윤, 헌능참봉(獻陵參奉), 현릉원령(顯隆園令), 현릉원참봉, 현릉참봉(顯陵參奉), 혜릉참봉(惠陵參奉), 홍릉참봉(弘陵參奉), 홍문관시독, 화능참봉(和陵參奉), 황태ᄌ비궁대부(皇太子秘宮大父), 회계국쟝, 회계원츌랍과쟝, 후릉령(厚陵令), 휘경원슈봉관, 휘릉참봉(徽陵參奉), 희능랑(禧陵郎)

대표용례 :

ㄱ. 죠원슌은 <u>참위를 임ᄒ고</u> (민일)

ㄴ. 특진관 리도직씨는 <u>시죵원경을 임ᄒ엿더라</u> (대한)

ㄷ. 어윤뎍은 외부 <u>번력관보를 임ㅎ고</u> (독립)

ㄹ. 리강일은 <u>죠경단슈봉관을 임ㅎ다</u> (미일)

'임(任)ㅎ다'는 'N₁-은 N₂-를 임ㅎ다'를 기본구문구조로 갖는다. 드물게 "됴의정이 츌셕ㅎ야 증가ㅎ는 정부 쥬ㅅ 삼인을 자긔의 식구로셔 임ㅎ는지라 (대한)"처럼 'N₁-이 N₂-를 N₃-로셔 임ㅎ다' 구문도 문증된다. "감옥셔 감검셔긔는 셔덕연으로 임ㅎ고 (미일)"처럼 'N₁-은 N₂-로 임ㅎ다' 구문도 문증된다. 이 때의 'N₂'는 人名 고유명사인 경우가 대부분이다.

한편 당시 신문・잡지에 주로 거론되었던 직급은 '쥬ㅅ, 참봉, 령(令), 랑, 대신, 셔긔, 관, 쟝, 과쟝, 국쟝, 군슈, 봉ㅅ, 협판, 위, 령(領), 경(卿)' 등이다. 이를 통해 상위-하위관계를 정리해 보면 다음과 같다.

(20-1)

{쥬ㅅ(主事)[93]⊐ 감리셔쥬ㅅ, 관찰부쥬ㅅ, 군부쥬ㅅ, 규장각쥬ㅅ, 귀쪽원쥬ㅅ, 닉부쥬ㅅ, 뎐션샤쥬ㅅ, 물픔샤쥬ㅅ, 법부쥬ㅅ, 봉샹샤쥬ㅅ, 상의샤쥬ㅅ, 슈륜과쥬ㅅ, 외샤과쥬ㅅ, 우톄샤쥬ㅅ, 죵정원쥬ㅅ, 틱복사쥬ㅅ}

(20-2)

{참봉(參奉)[94]⊐ 경능참봉, 경모궁참봉, 공능참봉, 긔즈릉참봉, 샤직셔참봉, 슌릉참봉, 슝션뎐참봉, 슝혜뎐참봉, 영희젼참봉, 예릉참봉, 온능참봉, 의령원참봉, 의릉참봉, 익릉참봉, 쟝릉참봉, 헌능참봉, 현릉원참봉, 현릉참봉, 혜릉참봉, 홍릉참봉, 화능참봉, 휘릉참봉}

(20-3)

{령(令)[95]⊐ 능령, 궁령, 셔령, 원령, 뎐령⊐ 건릉령, 경릉령, 공릉령, 광릉령, 션

---

93) '쥬ㅅ'는 "조선후기와 개화기에 각부의 대신이 임명하던 하위 관직. 일종의 판임 벼슬"이었다.

94) '참봉'은 조선 시대에 여러 관아에 둔 종구품 벼슬로서, 능(陵), 원(園), 종친부, 돈녕부, 봉상시, 사옹원, 내의원, 군기시 등에 두었다.

능령, 슝릉령, 예능령, 원능령, 의능령, 인능령, 정릉령, 제릉령, 창능령, 티릉령, 후릉령; 경모궁령 : 샤직셔령, 죵묘셔령; 현릉원령; 션원뎐령}

(20-4)

{랑(郎)96)ㅋ 농샹공부셔긔랑, 됴사국셔긔랑, 비셔원랑, 희능랑}

(20-5)

{대신(大臣)97)ㅋ 군부대신, 법부대신, 외부대신, 탁지부대신, 학부대신}

(20-6)

{셔긔(書記)98)ㅋ 감금셔긔, 의학교셔긔}

(20-7)

{관(官)ㅋ 감사관, 경무관, 공ᄉ관차셔관, 공ᄉ관참셔관, 관방비셔관, 궁뇌부참리관, 궁뇌부특진관, 번역관/번녁관/번력관, 부교관, 비셔관, 시죵원시죵관, 시찰관, 시강원시독관, 시강원시죵관, 의학교교관, 슈봉관, 즁츄원의관, 참셔관, 탁지부지무관, 판임관, 휘경원슈봉관}

(20-8)

{쟝(長)ㅋ 감옥셔간슈쟝, 감옥셔쟝, 물품사쟝, 부의쟝, 샹의ᄉ쟝, 셩균관쟝, 영션샤쟝, 의학교쟝, 즁츄원부의쟝, 즁츄원의쟝, 의쟝, 태복샤쟝}

(20-9)

{과쟝(科長)ㅋ 니ᄉ과쟝, 슈류과쟝, 외샤과쟝, 회계원츌랍과쟝}

(20-10)

{국쟝(局長)ㅋ 검ᄉ국쟝, 경무국쟝, 광산국쟝, 샹공국쟝, 철도국쟝, 탁지부뎐환국쟝, 탁지부샤세국쟝, 학무국쟝, 회계국쟝}

---

95) '령'은 "대한제국 때 중앙 관아의 판임(判任) 관직 가운데 하나"인데, 원구단 사제서(圓丘壇祠祭署), 종묘서, 사직서, 영희전, 목청전(穆淸殿), 경효전, 각 능, 각 원에 두었다.

96) '랑'은 "대한제국 때 각 관청에 두었던 판임관"인데, 특히 '셔긔랑'은 각 관청의 기록을 맡아보던 판임관이었다.

97) '대신'은 "고종 31년(1894) 이후에 둔 내각 각부의 으뜸 벼슬"이었다.

98) '셔긔'는 "대한제국 때에, 각 관청에서 庶務에 종사하던 판임관"이었다.

(20-11)

{군슈(郡守)∋쟝단군슈}

(20-12)

{봉ᄉ(奉事)[99]∋슉릉봉ᄉ, 의릉봉ᄉ}

(20-13)

{협판(協辦)[100]∋군부협판, 외부협판, 탁지협판, 학부협판}

(20-14)

{위(尉)[101]∋부위, 졍위, 참위}

(20-15)

{령(領)[102]∋부령, 졍녕, 참령}

(20-16)

{경(卿)[103]∋시죵원경, 태의원경}

(20-17)

{관보(官補)∋통역관보, 번력관보}

한편 관청에 따라 직위의 위계가 드러난 어휘집합을 정리하면 다음과 같다.

(21) ㄱ. 규장각 ;규장각대제, 규쟝각직각, 규쟝각직학ᄉ

　　　ㄴ. 쟝례원 ;쟝례원상례, 쟝례원쟝례, 쟝례원우쟝례, 쟝례원좌쟝례

　　　ㄷ. 봉샹샤 ;봉샹샤뎨됴, 봉샹샤부졔쥬/봉샹ᄉ부뎨됴

---

99) '봉ᄉ'는 "조선 시대에 관상감"으로, 돈녕부, 훈련원 및 기타 각 寺, 院, 監, 署, 司, 倉에 둔 종팔품 벼슬을 이른다.

100) '협판'은 "대한제국 때에 궁내부와 각 부에 둔 차관. 칙임관"이었다.

101) '위'는 "대한제국 때에 둔 위관 계급"으로 '령'보다 낮은 무관벼슬이었다.

102) '령'은 "대한제국 때에 둔 영관 계급"을 말한다.

103) '경'은 "대한제국 때에 둔 궁내부에 속한 각 원의 으뜸 벼슬"을 말한다.

〈직급〉→〈겸임직(兼任職)〉

영역결정술어 : N₂-를 겸임ᄒ다

명사어휘목록 : 감ᄉ장(監査長), 건축소장(建築所長), 검ᄉ(檢事), 경무ᄉ(警務使), 경무총감(警務摠監), 명ᄉ관(明査官), 공ᄉ(公使), 군부대신서리, 군슈, 규장각학ᄉ, 긔지원(記載員), 뎐ᄉ관(典祀官), 뎐환국기ᄉ(典圜局技士), 봉세관(封稅官), 부윤, 비셔관(秘書官), 셔긔관(書記官), 셔장(署長), 성균관박ᄉ(成均館博士), 슈반판ᄉ(首班判事), 시강원부첨ᄉ(侍講院副詹事), 시ᄉ국공ᄉ(侍史局公使), 시종/시죵, 신문사쟝(新聞社長), 예비판ᄉ(豫備判事), 외국어학교장/외국어학교교쟝, 우톄ᄉ무, 원장(院長), 임원(任員), 쟝례원경(掌禮院卿), 쟝례원쟝례, 제관(祭官), 지판관(裁判官), 총관서리, 총령ᄉ관(總領事官), 태의소경/태의원소경/틱의원소경, 통감(統監), 판돈녕ᄉᄉ(判敦寧司事), 판ᄉ, 황후궁대부(皇后宮大夫)

대표용례 :

　ㄱ. 김고현은 <u>틱의원소경을 겸임ᄒ고</u> 리강일은 죠경단 슈봉관을 임ᄒ다 (미일)

　ㄴ. 헌병ᄉ령관이 <u>경무총감을 겸임ᄒ리라더라</u> (대한)

　'겸임(兼任)ᄒ다'는 'N₁-이 N₂-를 겸임ᄒ다'를 기본구문구조로 갖는다. <직급>의 하위 화제영역인 <겸임직>은 신문·잡지에서만 추출되고, 본고의 참고자료에서는 나타나지 않는다. <겸임직>에서 개화기 어휘인 '명ᄉ관, 뎐ᄉ관, 봉세관; 긔지원; 뎐환국기ᄉ'가 추출되었다. 이 가운데 '명ᄉ관'은 조선 시대에 각 도의 관찰사가 어떤 중요한 사건을 자세히 조사하기 위하여 파견하던 임시 관직이고, '뎐ᄉ관'은 대한제국 때 궁내부에 속하여 나라의 제사에 쓰는 물건을 맡아보던 임시 관직이며, '봉세관'은 세금을 징수하는 일을 맡아보던 관직이다. '뎐환국'은 탁지아문 또는 탁지부에 속하여 화폐의 주조를 맡아보던 관아인데, 고종 20년(1883)에 설치하여 광무 8년(1904)에 없앴다. '뎐환국기ᄉ'는 화폐를 주조하는 전문직 종사자에 대한 명칭이다.

3.3.1.18. 〈하달대상(下達對象)〉

영역결정술어 : N_3-을 ᄂ리우다

명사어휘목록 : 고난, 금령(禁令), 령, 륜음(綸音), 말슴, 명영/명령, 벌, 법, 비디(批旨), 샹벌, 셩경, 셩은, ᄉ약, 은혜, 죠셔(詔書), 죠칙(詔勅), 지앙, 쳐분, 칙교(勅敎), 칙령(勅令), 친유(親諭), 하교(下敎), 하해지틱(河海之澤), 현벌(懸罰), 화, 휼금(恤金)

대표용례 :

ㄱ. 박영효롤 엄힉졍죄홀 뜻으로 <u>죠칙을 ᄂ리윗더니</u> (경향)

ㄴ. 셩교를 독해ᄒ눈 쟈는 누구를 의론치 말고 다 <u>벌을 ᄂ리우신지라</u> (경보 128)

'ᄂ리우다'는 "명령이나 상벌을 주다."는 뜻의 영역결정술어이다. 'N_1-이 N_2-에게 N_3-을 ᄂ리우다'를 기본구문구조로 갖는다. <하달대상>의 어휘관계를 정리하면, 우선 유의관계로 '지앙-화', '죠셔-죠칙-직교-칙령', '은혜-하해지틱'이 확인된다. 상위-하위관계로는 {벌⊐현벌}, {명영/ 명령⊐령}을 들 수 있다. '현벌'은 궁중에서 죄인의 두 손을 묶어 나무에 매달던 벌이다.

〈하달대상〉→〈하사품(下賜品)〉

영역결정술어 : N_3-을 하ᄉᄒ다

명사어휘목록 : 공ᄉ업비, 과ᄌ(菓子), 구휼금(救恤金), 긔념쟝(記念章), 긔념품(紀念品), 노리개, 다과(茶菓), 대쇼례복(大小禮服), 돈, 보조금(補助金), 복장비(服裝費), 샹패(賞牌), 샹픔(賞品), 오찬(午餐), 위휼금(慰恤金), 음식, 쟝비(葬費), 제ᄉ비(祭祀費), 태극쟝(太極章), 팔괘쟝(八卦章), 훈쟝(勳章)

대표용례 :

ㄱ. 여러 공봉원의게 <u>긔념품을 하ᄉᄒ심은</u> 이믜 게지ᄒ엿거니와 (대한)

ㄴ. 그 녀관(女官)의 복장비를 각 이빅원식 <u>하ᄉᄒ셧다더라</u> (대한)

'하스(下賜)호다'는 'N₁-이 N₂-에게 N₃-을 하스호다'를 기본구문구조로 갖는다. <하달대상>의 하위 화제영역인 <하사품>의 어휘관계를 정리하면, 우선 유의관계로 '구휼금-위휼금'이 확인된다. <하사품>은 대체로 '긍정 지향적 어휘'들이다. 상위-하위관계는 다음과 같다.

(22) ㄱ. {훈쟝⊃태극쟝, 팔괘쟝, 긔념쟝}

   ㄴ. {돈⊃공스업비, 구휼금, 보조금, 복쟝비, 위휼금, 쟝비, 졔스비}

   ㄷ. {음식⊃다과, 과자, 오찬}

(22ㄱ)에서 '태극쟝'은 대한제국 광무 4년(1900)에 제정되어 국가에 공이 많은 문무관에게 수여한 훈장이다. '팔괘쟝'은 갑오개혁 이후에 문무관 가운데 훈공이 있는 사람에게 주던 훈장이다. (22ㄴ, ㄷ)은 각각 상위어 '돈, 음식'에 대한 어휘집합의 일면을 보여준다.

3.3.2. 경제

개화기 신문·잡지에서 추출된 고빈도 술어 중에서 경제 관련 주요 화제영역을 결정하는 영역결정술어에는 '매미(賣買)호다, 풀다, 사다, 광고(廣告)호다, 무역(貿易)호다, 슈입(輸入)호다, 슈츌(輸出)호다, 교환(交換)호다, 귀(貴)호다, 도격질호다; 도적호다, 늑탈(勒奪)호다, 분비(分配)호다; 분급(分給)호다, 갑흐다, 슈운(水運)호다, 들다, 경영(經營)호다, 달다₁, 위조(僞造)호다, 뎐당(典當)호다, 앗기다, 죵스(從事)호다, 지츌(支出)호다, 빌니다, 바치다, 내여주다; 내주다'가 선정되었다. 이어서 개화기 신문·잡지에서 경제 관련 영역결정술어에 따라 통합관계를 보이는 명사 어휘를 화제영역별로 제시하고, 특징적인 언어 사실과 어휘론적 특징, 특히 영역 내에서 관계 지을 수 있는 어휘관계를 정리한다.

3.3.2.1. 〈거래대상(去來對象)〉

영역결정술어 : N₂-를 매매ᄒ다

명사어휘목록 : 가사(家舍), 가옥(家屋), 계집, 곡식, 관작(官爵), 권리, 금, 뎐답(田畓), 물건, 물품, 소, 쇼가죽, 슐, 쌍, 안경(眼鏡), 인물/인믈, 죵, 집, 총, 토디(土地), 화약(火藥)

대표용례 :

ㄱ. <u>토디와 가샤롤 매매홀</u> 째에 문서ᄒ는 법을 새로 정부에셔 내엿다 (경보 131)

ㄴ. 농상공부 대신의 허가가 업스면 그 <u>권리롤 매매ᄒ여</u> (경보 317)

ㄷ. <u>인믈을 매매ᄒ는</u> 것도 국법에 통금ᄒ는 바어놀 (민일)

'매매(賣買)ᄒ다'는 'N₁-이 N₂-를 매매ᄒ다'를 기본구문구조로 갖는다. 〈거래대상〉의 어휘관계를 정리하면 유의관계로 '가샤-가옥-집', '물건-물품'이 확인된다. {소⊇쇼가죽}은 부분-전체관계를 이룬다. 상위-하위관계를 보면, {인물/인믈⊇계집, 죵}, {물건-물품⊇금, 슐, 안경, 총, 화약}, {쌍⊇뎐답, 토디}가 확인되는데, 특히 {인물/인믈⊇계집, 죵}은 개화기의 인신매매 실상을 드러내는 어휘집합이다.

〈거래대상〉 → 〈매물대상(賣物對象)〉

영역결정술어 : N₂-를 폴다

명사어휘목록 : ㉮가산(家産), 가옥, 식물(植物), 계집, 고기, 곡식, 국가, 군긔(軍器), 군물(軍物), 귀이기, 기름, 기와, 나라, 나무, 남녀, 논, 담뇨, 담비, 담비쥬머니, 당목(唐木), 명쥬(明紬), 묘답(墓畓), 물건, 밀, 몰, 벼슬, 뵈, 빙슈(氷水), 사롬, 샤환미(社還米), 서책, 셔양건(西洋巾), 소, 슐, 신문, 신약성경(新約聖經), 쌍, 쌀/쏠, 양식, 연초(煙草), 예수, 오예물(汚穢物), 옷, 우리나라, 위토(位土), 음식, 의복, 입쟝권(入場券), 입쟝표(入場票), 전답, 절영도(絶影島),[104] 제죠물(製造物), 죵즈(種子), 질쌈, 집, 지

목(材木), 지산, 참외, 챵렬슈,[105] 쳐, 쳡, 칙, 텰도(鐵道), 톄목(體木), 토디, 표피(豹皮), 품, 픽물(貝物)

㉯ 한눈

대표용례 :

ㄱ. 쇼나무 그늘에나 안자셔 <u>빙슈롤 풀가</u> 잡소시오 얼음 링슈 이러그러 얼마 지나면 (경향)

ㄴ. 그 돈을 가지고 <u>양식을 팔아</u> 부모 형뎨 쳐즈로 더브러 셩명을 보존ᄒᄂᆫ 업을 직히여 (독립)

'풀다'는 'N₁-이 N₂-를 풀다'를 기본구문구조로 갖는다. <매물대상>의 어휘관계를 정리하면, 유의관계로 '묘답-위토', '군긔-군물', '서책-칙', '입쟝권-입쟝표', '담비-연초', '가옥-집' '쌍-토디' '가산-지산', '국가-나라', '옷-의복' 등을 확인할 수 있다. 이 중에 '묘답-위토'는 각각 '묘위답(墓位畓), 묘위토(墓位土)'의 준말로서 "묘에서 지내는 제사의 비용을 마련하기 위하여 경작하던 논이나 밭"을 의미한다. '입쟝권-입쟝표'는 오늘날에도 널리 쓰이는 유의어인데, 특히 '-권, -표' 관련 명사들은 개화기에도 널리 쓰였음을 '쥬식권, 은힝권, 려힝권, 고본권, 경픔권; 환전표, 전당표, 입단표, 은힝표, 어음표, 긔챠표, 고본표' 등의 어휘를 통해 알 수 있다. 반의관계를 보면, '쳐↔쳡', '오예물↔픽물'을 들 수 있다. 상위-하위관계를 보면, {곡식⊐밀, 샤환미, 쌀/쑬}, {음식⊐고기, 빙슈, 슐, 참외}, {나무⊐지목, 톄목}, {쌍-토디⊐묘답-위토, 논, 전답}이 확인되며, 부분-전체관계를 보면, {가옥-집⊐기와}가 확인된다.

한편 대표용례 (ㄴ)에서 '팔다'는 "돈을 주고 곡식을 사다."의 의미로

---

104) 부산 영도에 속하는 섬이다.

105) "황셩신문샤에셔 황텰씨가 <u>챵렬슈를 풀아</u> 먹은 ᄉ건을 신문에 게지ᄒᆫ ᄭᄃᆰ이라지 오흐ㅣ라 (대한)"에 한번 보이는데, '챵렬슈'가 어떤 의미를 갖는 어휘인지 현재의 필자로서는 확인할 길이 없다.

원래의 '팔다'와는 정반대의 의미로 쓰였다. 참고자료 중 신소설의 "쌀도 좀 팔고 반찬거리도 략간 작만ᄒ야 (구마검 48)"에서도 같은 용법의 '팔다'가 나타난다. 이것은 현대국어에서도 관용적으로 쓰이는 표현이다. 끝으로 비유적인 표현 때문에 <거래대상>에 포함된 예로 ㉯의 '한눈'이 있다. "한눈을 팔고 가다가 발 밋헤 무엇이 물큰 발퓌는더 (치악산 162)"에서 '한눈을 팔다'는 관용 표현으로서, 축자적인 의미로는 쓰일 수 없고, "주의 집중하지 않고 다른 데로 눈을 돌리다."라는 제3의 의미로만 쓰였다.

〈거래대상〉 → 〈매입대상(買入對象)〉

영역결정술어 : N₂-를 사다

명사어휘목록 : 금, 긔지(基地), 나무, 논, 디디(地址), 량미(糧米), 량식(糧食), 련락차표(連絡車票), 례배당(禮拜堂), 명쥬(明紬), 물건, 밧ㅌ, 봉투(封套), 뵈, 빅목(白木), 셔칙, 셤, 스탕(砂糖), 쌀, 쌍, 뽕, 쑬, 옷, 윤션(輪船), 조희, 죵, 집, 집터, 지목, 칙, 토디, 품군, 항구(港口), 황싱쥬(黃生紬)

대표용례 :

ㄱ. 아라샤 정부의 디디(地址)를 사겟는더 죠계(租界) 밧그로 ᄉ방 십리 안에 잇는 셔음을 쎄지 말고 (독립)

ㄴ. 남문밧 뎡거장에서 동경으로 힝홀 련락챠표를 사고져 ᄒ더 (대한)

ㄷ. 이 째에 사룸들이 죵을 사고 프는 풍속이 잇셧시니 (신학 498)

ㄹ. 그 돈으로 무곡ᄒ여다가 셔울 빈민들이 그 쑬을 사셔 먹고 (독립)

'사다'는 'N₁-이 N₂-를 사다'를 기본구문구조로 갖는다. <매입대상>의 어휘관계를 정리하면, 유의관계로 '량미-쑬', '셔칙-칙', '쌍-토디'를 확인할 수 있다. 상위-하위관계를 보면, {쌍-토디⊐긔지, 논, 디디, 집터}, {명쥬⊐황싱쥬}가 확인된다. 끝으로 대표용례 (ㄹ)의 '쑬을 사다'는 『구마검』 용례 '쑬을 팔다'와 '팔다'가 갖는 다의 중 하나때문에 유의관계를 이룬다.

3.3.2.2. 〈광고물(廣告物)〉

영역결정술어 : N_2-를 광고ㅎ다

명사어휘목록 : 경치(景致), 과거뎡지(科擧停止), 글데(-題), 긔도회문제, 례식절ᄎ(禮式節次), 명예(名譽), 모양, 방칙(方策), 법률, 별세(別世), 본의(本意), 셩명(姓名), 세츌(歲出), 쇼문, 쇼식(消息), 승하(昇遐), 신문갑, 지식(知識), 지죠, 찬미가(讚美歌), 쳐소(處所), 칙, 학문

대표용례 :

ㄱ. 학부로셔 글데를 광고ᄒ 후에 각 관찰ᄉ의게 훈령ᄒ여 (대한)

ㄴ. 그 더러운 모양을 외국에 광고ᄒ야 (독립)

'광고(廣告)ᄒ다'는 'N_1-이 N_2-를 (N_3-에) 광고ᄒ다'를 기본구문구조로 가진다. "만일 우리가 뎡부를 맛흐면 나라를 다시 이러케 훈번 만드러 보겟노라고 세계에 광고ᄒ고 (독립)"처럼 'N_1-이 S-고 N_3-에 광고ᄒ다' 구문도 문증된다. 드물게 "문에 광고를 붓치고 임자를 ᄎᄌ 쥬라 ᄒ기로 광고ᄒ엿더니 (신학 482)"처럼 'N_1-이 {S-기}-로 광고ᄒ다' 구문도 나타난다. 한편 "본샤에는 당초에 쇼개인을 쓰지 아니ᄒᄂᆫ고로 광고ᄒ오니 여러 동포는 특별히 주의ᄒ시와 (대한)"처럼 'S-ㄴ/ᄂᆫ고로 광고ᄒ오니 …' 구문도 나타나는데, 현대국어에서는 쓰이지 않는다는 점에서 개화기의 독특한 구문이다. <광고물>은 모두 신문·잡지에서만 추출되었다. 즉 <광고물>은 개화기 신문을 통해 광고되었던 사건 내용(과거, 긔도회, 별세 등)과 관련된 어휘들이 대부분이다. 따라서 이들은 개화기 실상의 일면을 직접 엿보게 하는 어휘들이다. <광고물>의 유의관계를 정리하면 '별세-승하', '쇼문-쇼식'을 들 수 있다. 한편 '찬미가'는 천주교/기독교 전문어로서 오늘날의 '찬송가'를 의미한다. 끝으로 '광고ᄒ다'

의 다의로서 현대국어에서 자주 쓰이는 '자랑하다'의 의미는 신문·잡지에서 확인되지 않는다.

3.3.2.3. 〈교역품(交易品)〉

영역결정술어 : N_2-를 무역ᄒ다

명사어휘목록 : 곡식, 담비, 돌, 량미(糧米), 물건, 물픔, 물화(物貨), 빅미(白米), 쏠, 죵ᄌ(種子), 칙력(冊曆)

대표용례 :

ㄱ. 목원학씨는 본년 <u>칙력 슈천 권을 무역ᄒ야</u> 각 면쟝에게 돌나 (대한)

ㄴ. 외국 각식 물화와 대한 각식 <u>물화를 무역ᄒ여</u> 놋코 파ᄂ디 (미일)

'무역(貿易)ᄒ다'는 'N_1-이 N_2-를 무역ᄒ다'를 기본구문구조로 갖는다. <교역품>은 모두 신문·잡지에서만 추출되었다. <교역품>은 개화기 주요 교역물품이 대체로 1차 산업물임을 여실히 드러내고 있다. 어휘관계를 정리하면, 유의관계로 '물건-물픔-물화', '량미-빅미-쏠'을 확인할 수 있고, 상위-하위관계를 보면, {곡식⊐량미-빅미-쏠}, {물건-물픔-물화⊐담비, 칙력}을 확인할 수 있다.

〈교역품〉 → 〈수입대상(輸入對象)〉

영역결정술어 : N_2-를 슈입ᄒ다

명사어휘목록 : 군긔(軍器), 도량형(度量衡), 말(言), 문명(文明), 쇼, 아편연, 외국물(外國物), 제조픔(製造品), 차(茶)

대표용례 :

ㄱ. 한국에는 서양 션비의 <u>말을 슈입홈이</u> 오히려 더디여 (대한)

ㄴ. 모든 다른 <u>제조픔은</u> 외국에서 <u>슈입ᄒᄂ</u> 거시 열에 팔구는 되건마는 (대한)

ㄷ. <u>도량형을 슈입ᄒ여</u> 풀고져 ᄒ면 엇지ᄒᄂ뇨 (경보 421)

'슈입(輸入)호다'는 'N$_1$-이 N$_2$-를 N$_3$-에셔 슈입호다'를 기본구문구조로 갖는다. <수입대상>이 추상명사 '말, 문명'과 나머지 구체명사로 나누어지는데, 현대국어에서는 추상명사가 '수입하다'의 논항 위치로 잘 오지 않는다는 점에서 개화기 <수입대상> 어휘의 특성에 대한 일면을 알 수 있다. 몇 가지 개별어휘를 살펴보면, '도량형'은 개화기 신문·잡지에서 23번 추출되었다. 현대국어와 마찬가지로 "길이, 부피, 무게를 재는 법"으로서의 '도량형'과 "길이, 부피, 무게를 재는 기구"로서의 '도량형'을 모두 확인할 수 있는데, (ㄷ)의 '도량형'은 기구로서의 그것이다.[106] 한편 '아편연'은 현대사회에서 밀수의 대상일 수는 있어도 '슈입'의 대상일 수는 없다. 그러나 개화기에는 '아편연'이 '슈입'의 대상이었다는 점에서 <수입대상>의 '아편연'은 현대 한국 사회의 '아편'과 다른 위상을 갖는 어휘임을 알 수 있다. 한편 원래 '문명(文明)'은 "文으로써 명성이 높다"는 의미로 쓰였던 어휘였다. 그러나 여기서 추출된 '문명'은 근대화된 개념으로 '개화(civilisation)'와 유의어이다(이병근 2001: 10).

⟨교역품⟩ → ⟨수출대상(輸出對象)⟩

영역결정술어 : N$_2$-를 슈츌호다

명사어휘목록 : 곡식, 금, 명쥬(明紬), 물건, 물픔, 미곡(米穀), 바늘, 비단(緋緞), 셕탄(石炭), 소, 슐(矢), 싱스/싱사(生絲), 쌀, 어물(魚物), 우피(牛皮), 차(茶), 해물(海物), 활(弓)

대표용례 :

ㄱ. <u>명쥬와 비단은</u> 미국으로 <u>슈츌호기</u> 어렵겟더라 (독립)

ㄴ. <u>셕탄을 슈츌호겟노라고</u> 외부에 허가쟝을 쳥원호다더라 (독립)

---

106) 같은 신문의 같은 면에 <u>도량형을 슈리호기</u> 위호야 특허를 밧으려면 엇지 호느뇨 (경보 421)"에서 '도량형'은 수리의 대상인바, 기구로서의 '도량형'임을 알 수 있다. '도량형'의 다의에 대해서는 제4장을 참조할 수 있다.

‘슈츌(輸出)ᄒ다’는 ‘N₁-이 N₂-를 N₃-로 슈츌ᄒ다’를 기본구문구조로 갖는다. <수출대상>을 보면, 개화기에 우리나라에서 외국으로 팔려나간 물품들을 확인할 수 있는데, 대부분이 제조물이라기보다는 1차산업 물임을 알 수 있다. 다시 말하면 개화기에 일본을 비롯하여 서구열강으로부터 기초산업 물품을 약탈당하듯이 했는데, <수출대상>을 통해 생존에 직접 관련된 수출 품목들을 구체적으로 확인할 수 있다.

<수출대상>의 어휘관계를 정리해 보면, 유의관계로 ‘어물-해물’, ‘미곡-쌀’, ‘물건-물픔’이 확인된다. 이 중에 ‘미곡(米穀)’은 일본에서 들어온 한자어인데, 현대국어에서는 ‘쌀’로 순화되었다. 상위-하위관계를 보면, 우선 ‘물건-물픔’은 <수출대상>의 총칭어로서 최상위어가 된다. 그 아래에 {곡식⊐미곡-쌀}을 확인할 수 있다. 한편 부분-전체관계를 보면 {소⊐우피}, {명쥬⊐싱ᄉ/싱샤}가 포착된다. 이 중 {소⊐우피}는 <거래대상>의 {소⊐쇼가죽}에서도 확인된 바 있는데, 여기서 ‘우피-쇼가죽’는 한자어와 고유어가 대응하는 유의어이다.

3.3.2.4. 〈교환대상(交換對象)〉

영역결정술어 : N₂-를 교환ᄒ다

명사어휘목록 : ㉮계약셔(契約書), 물건, 빅동화(白銅貨), 신화(新貨), 위조화폐(僞造貨幣)

㉯의견

대표용례 :

ㄱ. 라셩집 리면쥬 량씨가 <u>위조화폐를 교환ᄒ다가</u> 일본군ᄉ령부에 피칙ᄒ엿다더라 (대한)

ㄴ. 군디가 교젼ᄒᄂ 디경을 확쟝ᄒᄂ디 디ᄒ야 각국이 <u>의견을 교환ᄒ다더라</u> (대한)

‘교환(交換)ᄒ다’는 ‘N₁-이 N₂-를 교환ᄒ다’를 기본구문구조로 갖는다.

"셰계와 통샹ᄒ야 각쳐 물건을 본국 물건과 교환ᄒ고 (독립)"처럼 'N₁-이 N₂-를 N₃-와 교환ᄒ다' 구문도 문증된다. 드물게 "빅셩들이 … 신화 오십젼과 구은힝권 일환과 교환ᄒ야 (대한)"처럼 'N₁-이 {N₂-와 N₃}과 교환ᄒ다' 구문도 나타난다. <교환대상>의 상위-하위관계로는 {신화⊐ 빅동화}가 보인다. '빅동화'는 오늘날의 '백통화, 백통돈'에 대한 개화기 신생어이다.107) 한편 추상명사도 <교환대상>에 속하는데, ㉯의 '의견' 이 이러한 사실을 보여준다. 참고자료 신소설의 "남ᄌ들은 ᄌ조 상종ᄒ 야 지식을 교환ᄒ지마는 (자유종 3)"에서도 추상명사 '지식'이 '교환ᄒ-' 와 통합하는 예를 볼 수 있는데, 현대국어와 차이나지 않는다.

3.3.2.5. 〈귀중품(貴重品)〉

영역결정술어 : N₁-이 귀ᄒ다

명사어휘목록 : 곡식, 관원(官員), 구슬, 근본, 글, 글읏(器), 금, 금옥, 긔념 식(記念式), 긔명(器皿), 기롬/기름, 냥식/량식, 녀인, 녀편네, 덕, 돈, 동 물(動物), 령혼, 례물(禮物), 마음/ᄆ음, 말슴, 몸, 물, 물건, 밋음, 벼슬, 보믈, 보비, 보석, 보옥, 보화, 부인, 불, 비단, 사름, 생명, 서책(書冊), 셔양물건, 셩경, 셩심(聖心), 손(客), 손님/손임, 신부(神父), 스긔칙(史記 冊), 싱각, 쌀/ᄊᆞᆯ, 쌀/ᄊᆞᆯ, 아들, 약, 얼골, 육신, 은, 음식, 의복, 의식, 인 류, 인의, 일홈, 재물, 전답(田畓), 죡속(族屬), 쥬, 즘승, ᄌ식, ᄌ쥬독립 권리(自主獨立權利), 직졍(財政), 지죠, 치명쟈(致命者), 치식옷, 칙, 큰며 ᄂ리, 학문, 향유(香油), 향탑(香塔), 혼인례(婚姻禮)

대표용례 :

ㄱ. 그 고을 쟝시에 <u>쌀이 귀ᄒ기로</u> 송씨가 쌀쟝스를 효유ᄒ야 (대한)

ㄴ. 뭇노니 <u>재물이 귀하오 생명이 귀하오</u> (신학 471)

'귀(貴)ᄒ다'는 'N₁-이 귀ᄒ다'의 형용사 구문을 기본구문구조로 갖는

---

107) '백통'은 구리, 아연, 니켈의 합금이다. 은백색으로 화폐나 장식품 등에 쓴다.

다. <귀중품>의 어휘관계를 정리하면, 우선 유의관계로 '글읏-기명', '곡식-냥식/량식', '녀인-녀편네-부인', '금옥-보믈-보비-보셕-보옥-보화', '셔책-칙', '손-손님/손임', '몸-육신', '동물-즘승' 등을 확인할 수 있다. 이 가운데 '금옥-보믈-보비-보셕-보옥-보화'에서 '금옥'은 환유에 의해 어의 확장한 결과로 '보믈-보비-보셕-보옥-보화'와 유의어가 된 경우이다. 그리고 '셔책-칙', '손-손님/손임'은 단어족을 이루는 유의어이다. 반의관계를 보면, '물↔불', '몸-육신↔령혼', '쏠/쌀↔아둘' 등이 확인된다. 상위-하위관계를 보면 다음과 같다.

(23) ㄱ. {금옥-보믈-보비-보셕-보옥-보화ㅋ금, 은, 구슬, 향탑}

　　　ㄴ. {기롬/기름ㅋ향유}

　　　ㄷ. {ᄌ식ㅋ쏠/쌀, 아둘}

　　　ㄹ. {덕ㅋ인의}

　　　ㅁ. {사룸ㅋ관원, 신부, 치명쟈, 큰며느리}

(23ㄱ)의 '향탑'은 개화기 신문자료에서 오직 한번 추출되었는데, 그 의미는 "향기로운 탑"이다. "이 말슴은 미우 <u>귀혼 향탑</u> ᄀᆺ고 (신학 57)"의 '향탑'은 보배스러운 물건에 대한 은유적인 표현이다. (23ㅁ)에서 '치명쟈'는 오늘날의 '순교자'에 대한 개화기 어휘인데, 박해로 순교한 신자를 이르는 어휘이다. 끝으로 <귀중품>은 긍정 지향적 어휘라고 할 수 있다.

3.3.2.6. 〈도난대상(盜難對象)〉

영역결정술어 : N₂-를 도격질ᄒ다; 도적ᄒ다

명사어휘목록 : ㉮가산(家産), 강ᄋ지, 계집, 고려ᄌ긔(高麗瓷器), 교과셔칙(敎科書冊), 국고금(國庫金), 그릇, 금시계(金時計), 금전(金錢), 긔명(器皿), 긔화(瓦), 나귀, 나라, 나라공젼, 나라녹, 나라돈, 뎐긔철로줄, 도쟝, 돈,

돈젼딕, 루만금, 문권, 문셔(文書), 물건, 물픔, 밥, 병풍(屛風), 보조금(補助金), 부쳐(佛), 빅미(白米), 사룸, 소/쇼, 소금, 쇠못, 술, 시계(時計), 시톄(屍體), 신, 쏠, 쏭, 쏭입, 쑬, 안경(眼鏡), 양, 양산(洋傘), 양혜(洋鞋), 열쇠, 옷, 우피(牛皮), 월급(月給), 유긔(鍮器), 은시계(銀時計), 은젼(銀錢), 의복, 젼곡(田穀), 젼답(田畓), 죵(鍾), 즘승, 직물, 톄경(體鏡), 총, 탕건, 향로(香爐), 향합(香盒), 훈쟝(勳章), 히골(骸骨)

㉯권세, 마음, 리(利), 벼슬, 셩명, 일홈

대표용례 :

ㄱ. 훈 ᄋᆞ희가 일본 사룸 긔계 가가에셔 <u>시계을 도젹질ᄒᆞ다가</u> 들켜 (미일)

ㄴ. 이거슨 곳 <u>나라돈을 도젹질ᄒᆞᄂᆞᆫ</u> 것과 ᄀᆞ흠이라 (독립)

ㄷ. 쟝곡쳔 씨의 집에 들어가 <u>훈쟝을 도젹ᄒᆞ던</u> 젹한이라 (대한)

ㄹ. 담 허러진 곳에셔 <u>긔화 셕 쟝을 도젹ᄒᆞ여</u> 가지고 오는 길에 (미일)

ㅁ. 압살놈이 이스라엘 사람들의 <u>마음을 도젹하더니</u> (신학 30)

ㅂ. 그 경닉에 일홈잇는 사룸의 <u>셩명을 도젹ᄒᆞ여</u> 쓰고 (대한)

'도젹(盜賊)질ᄒᆞ다; 도젹ᄒᆞ다'는 'N₁-이 N₂-를 도젹질ᄒᆞ다; 도젹ᄒᆞ다'를 기본구문구조로 갖는다. 한편 관련되는 술어인 '도둑ᄒᆞ다'는 오늘날 쓰이지 않는데, 개화기 자료에는 "그 사룸의 힝ᄉᆞ를 보면 놉흔 벼슬과 후훈 월급이나 <u>도둑ᄒᆞ고</u> (독립)"에서 보듯이 위의 영역결정술어들과 유의관계를 이룬다.[108]

<도난대상>의 어휘관계를 정리하면, 유의관계로 '국고금-나라돈-나라녹', '그릇-긔명', '문권-문셔', '물건-물픔', '빅미-쏠', '향로-향합', '옷-의복', '셩명-일홈' 등을 확인할 수 있다. ㉯의 '권세, 마음, 리(利), 벼슬, 셩명, 일홈'은 영역결정술어의 다의성 때문에 <도난대상>에 포함된 경우이다. 가령, (ㅁ)에서 볼 수 있는 '마음을 도젹하다'는 "마음을 빼앗

---

108) 하지만 '도둑ᄒᆞ다'는 개화기 자료상으로 2번 추출되는 저빈도술어이기 때문에 여기서는 영역결정술어로 선정되지 않았다.

다"는 의미의 관용 표현이다. 또 대표용례 (ㅂ)에서 '셩명(혹은 일홈)'이 '도젹ㅎ다'와 연어관계를 이루고 있음을 확인할 수 있다. 이것은 '도젹ㅎ다'가 개화기 자료에 보이지 않는 오늘날의 '도용(盜用)하다'의 의미까지 포함하고 있음을 드러낸다. 한편 반의관계로는 '금시계↔은시계', '금젼↔은젼'을 확인할 수 있다. 상위-하위관계를 보면 다음과 같다.

(24) ㄱ. {즘승ㅋ강ㅇ지, 나귀, 소/쇼, 양}

　　 ㄴ. {신ㅋ양혜}

　　 ㄷ. {시계ㅋ금시계, 은시계}

　　 ㄹ. {돈ㅋ루만금, 보조금, 월급}

(24ㄱ)의 어휘집합을 통해 개화기 당시의 값나가던 집짐승을 파악할 수 있고, (24ㄴ)에서 하위어 '양혜'는 서양식 구두를 이르던 개화기 신생어이다. (24ㄷ)은 합성에 따른 개화기 당시 '시계'의 단어족을 보여준다. 끝으로 <도난대상>은 긍정 지향적 어휘집합이라고 할 수 있다.

〈도난대상〉→〈강탈대상(强奪對象)〉

영역결정술어 : N₂-를 늑탈ㅎ다

명사어휘목록 : 가산(家産), 고기, 곡식, 공젹(功積), 교군부비(轎軍浮費), 논, 뎐답(田畓), 돈, 문권(文券), 물, 빅미(白米), 산록(山麓),109) 셰젼(稅錢), 쇼츌(所出), 슈로비(水路費), 안ㅎ, 셰, 직물, 촌토(村土)

대표용례 :

　　 ㄱ. 류응규의 납폐ㅎ 안ㅎ를 늑탈ㅎ야 즈긔 쳡을 삼고 (미일)

　　 ㄴ. 산록을 늑탈ㅎ고 산쥬의게 알니지 못ㅎ게 ㅎ 끼둙에 (독립)

---

109) '산록'의 어의는 "산의 비탈이 끝나는 아랫부분"이다.

'늑탈(勒奪)ᄒ다'는 'N₁-이 N₂-를 늑탈ᄒ다'를 기본구문구조로 갖는다. <도난대상>의 하위 화제영역인 <강탈대상>은 모두 신문·잡지에서만 추출되었다. <강탈대상>의 어휘관계를 정리하면 상위-하위관계로 {돈⊐교군부비, 슈로비, 셰젼}, {쇼출⊐곡식⊐빅미}, {뎐답⊐논, 촌토, 산록}, {지물⊐가산}을 확인할 수 있다. 이 중에 '돈' 하위어로 '-비(費)' 관련 명사는 다음과 같다.

(25) 가스비, 거샤비, 건츅비, 경샹비, 경츅비, 고용비, 고문관비, 공공ᄉ업비, 공관비, 광고비, 교량비, 교셥비, 교육비, 교졉비, 교졔비, 구조비, 구미비, 군함비, 권쟝비, 급여비, 긔찰비, 뎐보비, 등유비, 디방비, 량식비, 량쟈뙤, 려힝비, 력셔비, 류거비, 류학비, 물품비, 방슈비, 방어비, 방역비, 번력비, 병원비, 보죠비, 보험비, 복쟝비, 봉급비, 부셜비, 샹쟝비, 셕교비, 셜치비, 소슈비, 쇼모비, 쇼입비, 숑덕비, 슈로비, 슈리비, 슈보비, 슈상비, 슈션비, 슈용비, 슈츅비, 슈호비, 슈기비, 슈미비, 슉식비, 슌검비, 식목비, 신건비, 신셜비, 신츅비, 약품비, 양복비, 연향비, 연회비, 영업비, 예방비, 예산비, 외교비, 외쟝비, 우톄비, 운동비, 운반비, 위싱비, 위싱쳥결비, 유학비, 융복비, 의료비, 의식비, 의원비, 의학교비, 이쟝비, 인건비, 인쇄비, 일어학비, 입쟝비, 쟈션비, 쟝례비, 제조비, 젼보비, 졉디비, 정탐비, 졔슈비, 졔향비, 졔ᄉ비, 죄슈비, 죵두비, 쥬죠비, 쥬찬비, 쥰뎐비, 즁건비, 즁슈비, 지공비, 지품비, 진뎡비, 진휼비, 집도비, 챠림비, 쳔복비, 쳘도비, 쳥결비, 츌쥬비, 측량비, 치도비, 치뢰비, 치료비, 치즁병비, 직량비, 탐졍비, 텰도비, 특별비, 포쇄비, 피복비, 하복비, 학교비, 학민비, 학ᄌ비, 항용비, 해고비, 향샤비, 향슈비, 호상비, 호송비, 호위비, 호젹비, 호쥬비, 화환비, 확쟝비, 환영비, 황실비, 회국비, 회환비, 훼쳘비, 긔슈비, 긔죠비, 긔츅비, 미쟝비, 미향비, ᄉ업비, 지판비 ; 식거비植炬費, 표민비漂民費

(25)를 통해 개화기의 다양한 비용을 확인할 수 있다. 이 중 사어가 된

'식거비植炬費'는 밤에 임금이 나들이할 때에, 길 양쪽에 횃불을 늘여 세우는데 드는 비용을 말하고, '호상비(犒賞費)'는 군인들에게 음식을 차려 먹이고, 상을 주는 비용을 말한다.

3.3.2.7. 〈분배물(分配物)〉

영역결정술어 : N_3-을 분비ᄒ다; 분급ᄒ다

명사어휘목록 : 경비(經費), 과즈(菓子), 과즈봉(菓子封), 교회(敎會), 논, 대궐(大闕), 돈, 례물, 리익금(利益金), 목스(牧師), 물건, 봉투(封套), 부셜비(附設費), 붓치, 샤진텹(寫眞帖), 상(償), 셩경찬숑가(聖經讚頌歌), 셩명셔(聲名書), 쇼미(小米),[110] 실과봉(實果封), 쌀, 역둔토(驛屯土), 연필(鉛筆), 열쇠, 이쥬민(移住民), 자본금(資本金), 전도인(傳道人), 전도장(傳道狀), 처소(處所), 탄환(彈丸), 토이긔(土耳其), 포상장(褒賞狀), 표본(標本), 풍범선(風帆船), 휼금(恤金), 비, 쩍, 칙

대표용례 :

ㄱ. 종도들이 각 방에 가샤 로마 일국에 쇽히 <u>교회를 분비ᄒ셧슬</u> 뿐 아니라 (경보 402)

ㄴ. 시란돈씨로 대한 즁감 회스롤 삼으시고 교즁 <u>목스와 전도인을 각각 분비ᄒ야</u> (신학 239)

ㄷ. 우등 졸업싱에게 긔념품으로 <u>샤진텹과 포상장을 분급ᄒ엿다더라</u> (대한)

ㄹ. 셩탄일 종지를 론셜ᄒ 후에 <u>실과봉과 연필과 칙과 봉투 등물을 분급ᄒ고</u> (신학 81)

'분비(分配)ᄒ다; 분급(分給)ᄒ다'는 'N_1-이 N_2-에게/의게 N_3-를 분비ᄒ다; 분급ᄒ다'를 기본구문구조로 갖는다. <분배물>의 어휘관계를 정리하면, 상위-하위관계는 다음과 같다.

---

110) '쇼미'의 어의는 "좁쌀"이다.

(26) ㄱ. {돈∋경비, 부셜비; 리익금, 자본금}

　　　ㄴ. {쳐소∋교회, 대궐}

　　　ㄷ. {비∋풍범선}

　　　ㄹ. {봉투∋과ᄌ봉, 실과봉}

　　　ㅁ. {칙∋셩경찬숑가, 샤진텹}

　　　ㅂ. {샹∋포샹쟝}

(26ㄷ)에서 '풍범선'은 "돛을 달고 바람을 받아서 가는 배"를 말한다. 이전 화제영역에서는 추출되지 않았던 어휘들로 (26ㄹ, ㅁ, ㅂ)의 '과ᄌ봉, 샤진텹, 셩경찬숑가, 실과봉, 포샹쟝'을 들 수 있다. 이 중에서 '샤진텹, 셩경찬숑가'는 개화기 신생어들이다.

3.3.2.8. 〈빚〉

영역결정술어 : N_3-을 갑흐다

명사어휘목록 : ㉮공치/공채(公債), 구전(舊錢), 구치(舊債), 국치/국채(國債), 권연갑(卷煙-), 돈, 리돈(利-), 건, 물픔, 배상/배샹(賠償), 배샹은(賠償銀),[111] 변리(邊利), 빗, 샤치(私債), 손히(損害), 슐갑, 식치(食債),[112] 지물, 차관(借款), 환전(換錢)

㉯공(功), 공덕(功德), 국은(國恩), 대텬지슈(戴天之讐), 덕, 샤혐/ᄉ혐(私嫌), 션, 션악, 셩은(聖恩), 슈고(受苦), 신셰(身世), ᄉ랑, 악, 애ᄌ지원(睚眦之怨),[113] 원(怨), 원수/원슈(怨讐), 은공(恩功), 은덕(恩德), 은혜(恩惠), 졍셩, 죄, 쥬은(主恩), 텬복(天福)

대표용례 :

---

111) '배샹은'은 개화기 신문·잡지에서 7번 검색되었다. 개화기 당시까지도 '은'이 화폐의 중요한 구실을 하였음을 알 수 있다.

112) '식치'의 어의는 "여관이나 음식점에서 음식을 먹고 갚지 못한 빚"이다.

113) '애ᄌ지원'의 어의는 "한 번 흘겨보는 정도의 원망" 즉 "아주 적은 원(怨)"이다.

ㄱ. 공인 등이 녯 <u>빗슬 갑흐랴고</u> (독립)

ㄴ. 은젼 일쳔원으로 <u>슈고를 갑흐리라</u> ᄒ얏다 ᄒ며 (미일)

ㄷ. 본군슈 리황죵씨의게 <u>원슈를 갑푸랴고</u> (미일)

'갑흐다'는 'N₁-이 N₂-에게 N₃-을 갑흐다'를 기본구문구조로 갖는다. <빗>은 명사어휘목록에서 보듯이, ㉮의 [+구체] 명사와 ㉯의 [-구체] 명사로 구별된다. 그 어휘관계를 정리하면, 유의관계로 '공-공덕', '리돈-변리', '은공-은덕-은혜', '원-애ᄌ지원', '국은-성은' 등을 확인할 수 있다. 반의관계로 '션↔악', '공치/공채↔샤치'를 확인할 수 있다. 이 중 '공치/공채↔샤치'는 경제 전문어로서 <빗>의 대표적인 명사 어휘인 셈이다. '한편 '권연갑, 리돈, 식치'는 현대국어에서는 거의 쓰이지 않는 개화기 어휘이다.

3.3.2.9. 〈수운물(水運物)〉

영역결정술어 : N₂-를 슈운ᄒ다

명사어휘목록 : 곡식, 공납(貢納), 군량(軍糧), 군물(軍物), 군병(軍兵), 목셕(木石), 물건, 물화, 벼, 병긔(兵器), 시톄, 아편/아편연(阿片煙), 안남미(安南米), 인삼(人蔘), 지목, 총갑(銃匣), 탄약(彈藥), 탄환(彈丸), 판지(板材), 화물(貨物)

대표용례 :

ㄱ. 셔북 텰도에 쓸 <u>지목과 군덕 총갑과 숑도 인삼 뎌젼과 안남미 슈운ᄒ덕</u> (경향)

ㄴ. <u>아편연을 슈운ᄒ야</u> 텨만 디방에 들어오던지 (미일)

'슈운(水運)ᄒ다'는 "강이나 바다를 이용하여 물건을 배로 실어 나르다."는 뜻의 영역결정술어이다. 'N₁-이 N₂-를 슈운ᄒ다'를 기본구문구조로 갖는다. <수운물>의 어휘관계를 정리하면, 유의관계로 '물건-물화-

화물', '아편-아편연', '탄약-탄환'을 들 수 있다. 상위-하위관계를 보면 다음의 어휘집합을 들 수 있다.

(27) ㄱ. {곡식⊐벼⊐안남미}

ㄴ. {군물⊐군량, 병긔, 탄약-탄환, 총갑}

ㄷ. {목셕⊐지목, 판지}

(27ㄱ)에서 '안남미'는 '인도차이나 반도의 베트남 지역에서 생산되는 쌀'이다. (27ㄴ)에서 '총갑'은 『표준국어대사전』에서 북한어로 규정하고 있다. 그러나 개화기에 이미 널리 쓰이던 어휘였다. '총갑'은 현대국어에서는 '총집'의 의미로 사전에 등재되어 있지만, 개화기국어에서는 '총'과 그 '집'을 아우르는 의미이거나 환유로서 '총' 자체를 의미하기도 했다.

3.3.2.10. 〈수집물(手執物)〉

영역결정술어 : N₂-를 들다

명사어휘목록 : 가락지, 거울, 국긔, 긔(旗), 기름병, ᄀᆞ방/가방(kaban
<kabas), 단도, 담비씨, 돌, 들장터,[114] 등(燈), 등ㅅ불, 릉쟝(稜杖),[115]
만리경(萬里鏡), 모츔, 목침, 몽동이/몽둥이, 몽치, 미, 바눌, 박아지, 밥
상, 방망이/방밍이, 방울, 병긔(兵器), 보검(寶劍), 보퉁이, 봉화, 부치,
불, 붓, 빈여, 빅긔(白旗), 사진(寫眞), 산슐칙(算術冊), 산통/손통,[116] 셔
양쳘(西洋鐵), 셩경(聖經), 소금, 슈쳡(手帖), 슐샹, 슐잔, 신문, 신문지, 신

---

114) '들장터'의 어의는 "가마를 메는 사람들이 쉬기 위하여 가마를 세워 놓을 때, 양 옆에서 가마채 밑을 받쳐 들어 주는 장대"이다.

115) '릉쟝'은 "밤에 순찰을 돌 때에 쓰던 기구"로서 150cm 정도의 나무 막대의 끝에 쇳조각 따위를 달아 소리가 나게 하였다.

116) '산통/손통'의 어의는 "장님이 점을 칠 때 쓰는, 산가지를 넣은 통"이다.

쌕, 십즈가(十字架), 십즈긔(十字旗), 십즈목(十字木), 연필, 옷보퉁이, 유
리병, 일산(日傘), 작뒥이, 져울끈, 조긔겁질, 족박, 집신, 집평이/집행이/
집힝이, 차그릇, 초롱불, 총, 총창, 쵹불, 취병(翠屏), 치도곤(治盜棍), 칙
(冊), 춋직, 칼, 칼즈루, 키(箕), 편지, 향불, 형구, 호외, 화로, 환도, 홰불
대표용례 :

　ㄱ. 텬국은 쳐녀 열이 <u>등을</u> 들고 신랑 마지러 나감과 ᄀᆞ흐니 (신학 138)

　ㄴ. 교우들은 뒤흘 ᄯᅡ라오며 가온대에 <u>일산을</u> 들고 (경향)

　ㄷ. 수십 관졸이 <u>룽쟝을</u> 들고 좌우에 버려 위엄을 ᄀᆞ초고 (경보 344)

'들다'는 'N$_1$-이 N$_2$-를 들다'를 기본구문구조로 갖는다. <수집물>의
어휘관계를 정리하면, 유의관계로 '몽동이/몽둥이-방망이/방밍이', '십즈
가-십즈목' 등을 들 수 있다. 상위-하위관계를 보면 {긔⊐국긔, 빅긔, 십
즈긔}, {칼⊐단도, 환도, 보검}, {칙⊐산슐칙}, {몽동이/몽둥이-방망이/
방밍이⊐들쟝디, 룽쟝, 미, 작뒥이, 집평이/집행이/집힝이, 치도곤}, {보
퉁이⊐옷보퉁이}, {불⊐등ㅅ불, 봉화, 초롱불, 쵹불, 향불, 홰불}, {박아
지⊐족박}, {병긔⊐총, 총창}을 확인할 수 있다. 이 중에 '긔(旗)' 합성
명사로는 '연디긔, 격십즈긔, 티극긔/태극긔, 태양긔, 팔괘국긔, 팔괘긔'
가 더 문증된다.
　한편 '-긔(機)' 관련 명사를 보이면 다음과 같다.

(28) 뎐어긔, 뎐화긔, 발동긔, 스진긔 ; 류셩긔留聲機, 비힝긔飛行機, 직포긔織布
　　　機, 활동긔活動機

이 중 '뎐어긔(傳語機), 뎐화긔(電話機)'는 유의어이며 '젼어긔, 전화긔'로
도 표기되는 일이 많았다. 개화기 신문·잡지에 9번 출현하는 '젼어통
(傳語筒)'도 이들과 유의어이다. 한편 군사용어 중에 '병쟝긔(兵仗器); 쇄
션긔碎船器'처럼 '-긔(器)' 관련 명사도 보인다. 원래 '器'는 악기 따위처

럼 어떤 의식에 사용되는 물건을 말하고,[117] '機'는 '兵器'였으나(송민 1999d: 131), 개화기에 오면 '器'는 '병기'의 의미를 하나 더 가지게 되고, '機'는 '근대화 이후에 서양 문명을 통하여 새로 알려진 고도의 과학적 장치'의 의미로 바뀌게 되었다. 이러한 사실은 『조선어사전』의 '器械'와 '機械'에서도 확인할 수 있다. 이 사전에서 '器械'의 의미정보로 "兵器"를, '機械'의 의미정보로 "機械, 機器"를 삼았다. 물론 오늘날에 와서는 '器'와 '機', '器械'와 '機械'는 동음이의관계에 있다(송민 1999d: 136). '-기(氣)' 관련 명사로는 '기름긔, 수증긔'가 나타난다. 부분-전체관계를 보면 {칼ㅋ칼ㅈ루}, {등ㅋ등ㅅ불}, {신문ㅋ신문지}, {형구ㅋ치도곤, 칫직, 미}를 확인할 수 있다. 이 중에 '신문지'처럼 '-지(紙)' 관련 명사로는 다음과 같다.

(29) 견본지, 문풍지, 봉투지, 신문지, 인찰지, 전도지, 챵호지

이 중 '신문지(新聞紙)'의 경우 일본에서 처음에는 news paper에 대한 번역어로 '신문지'가 쓰였기 때문에 개화초기 조선수신사들의 기록에는 '新聞紙'로만 나타난다. 그 후 한동안 '신문지, 신문'이 함께 쓰이다가 오늘날에 와서는 '신문'으로 굳어졌는데, 이는 일본어에서 일어난 어휘변회가 국어에도 그대로 투영된 결과이다(졸고 2004ㄱ: 234).

　이밖에 개화기 신생어로 'ㄱ방/가방, 만리경, 사진, 셔양쳘' 등을 들수 있다. 이 중에 '만리경'처럼 '-경(鏡)' 관련 명사로는 '현미경(顯微鏡), 천리경(千里鏡), 망원경(望遠鏡), 원시경(遠視鏡)'이 문증된다. 만리경(萬里鏡), 망원경(望遠鏡), 천리경(千里鏡)'은 유의어이며, '근시경(近視鏡), 원시경(遠視鏡)'은 '안경'의 하위어로서 반의어이다.

---

117) 개화기 신문·잡지에 보이는 '군악긔(軍樂器), 반샹긔(飯床器)'는 '器'의 전통적인 의미가 반영되어 내려온 예이다.

3.3.2.11. 〈운영대상(運營對象)〉

영역결정술어 : N_2-를 경영ᄒᆞ다

명사어휘목록 : 국채보상(國債報償),[118] 동양제국(東洋諸國), 만ᄉᆞ(萬事), 묘칙(妙策), 복락(福樂), 산업(産業), 상업(商業), 슈산(水産), ᄉᆞᄉᆞ욕심, ᄉᆞ업(事業), 싱업(生業), 싱활(生活), 쌍, 어업(漁業), 역ᄉᆞ(役事), 연안어업(沿岸漁業), 영화(榮華), 일, 쟝ᄉᆞ, 집, 주손, 천하, 텰광산(鐵鑛山), 회당짓기

대표용례 :

ㄱ. 은률군에 <u>텰광산을</u> 일본정부에셔 넘겨다가 <u>경영ᄒᆞ다</u> ᄒᆞᆷ은 (대한)

ㄴ. 공부를 ᄒᆞ든지 무슴 <u>싱업을 경영ᄒᆞ든지</u> (미일)

ㄷ. 미리 방비ᄒᆞ고 일용에 요긴ᄒᆞᆫ <u>묘칙을 경영ᄒᆞ여야</u> ᄒᆞᆯ 거시오 (경향)

ㄹ. 먼 리치롤 궁구치 안코 눈압혜 안기 ᄌᆞ흔 <u>영화롤 경영ᄒᆞ는도다</u> (신학 91)

'경영(經營)ᄒᆞ다'는 'N_1-이 N_2-를 경영ᄒᆞ다'를 기본구문구조로 갖는다. "봉텬에 잇는 군ᄃᆡ 데 이십 이진에셔는 쇼총을 사오기로 경영ᄒᆞᆫ다더라 (대한)"처럼 'N_1-이 {S-기}-로 경영ᄒᆞ다' 구문과 "정동 감메야 회샤에셔 … 물건을 싸게 속히 텰졈ᄒᆞ기를 경영ᄒᆞ니 (독립)"처럼 'N_1-이 {S-기}-를 경영ᄒᆞ다' 구문도 문증된다. 이들 구문은 현대국어에서 허용되지 않는다는 점에서 개화기국어 '경영ᄒᆞ다'의 독특한 구문 유형인 셈이다. 드물게 "총리 대신 리완용 씨는 븍장동으로 반아ᄒᆞ려고 경영ᄒᆞ다가 이등 공 ᄉᆞ건으로 니각이 변동될가 근심ᄒᆞ여 (대한), 경무청을 장ᄎᆞ 남별궁으로 옴기랴고 경영ᄒᆞ는ᄃᆡ (독립)"처럼 "N_1-이 S-려고/랴고 경영ᄒᆞ다' 구문도 나타난다. 〈운영대상〉의 어휘관계를 검토하기에 앞서 '경영ᄒᆞ다'가 취하는 논항의 의미역이 현대국어와 다름을 지적할 수 있다. 즉 '묘

---

118) 대한제국 때 일본으로부터 빌려 쓴 1,300만원을 갚기 위하여 벌인 거족적인 애국 운동이다. 융희 원년(1907)부터 이듬해까지 국권회복을 위한 투쟁의 일환으로, 대구의 서상돈 등이 주동하고 『뎨국신문』, 『황성신문』, 『만세보』 등이 적극 지지하여 모금 운동을 벌였으나, 통감부의 압력과 일진회의 방해로 중지되었다.

칙, 복락, ᄉᆞᆼ욕심, 싱활, 영화, 집, ᄌᆞ손'은 현대국어에서는 <운영대상>이 되지 못하지만, 개화기국어에서는 <운영대상>에 포함된다. 이 것은 개화기까지 '경영ᄒᆞ다'가 갖고 있던 어의가 변화를 겪은 결과이다. 다시 말하면, 개화기까지 '경영ᄒᆞ다'의 어의가 현대국어에서의 어의와 다르기 때문인데, '경영ᄒᆞ다'의 어의가 현대국어 시기로 오면서 점점 축소되었다.

<운영대상>의 어휘관계를 정리하면, 유의관계로 '복락-영화', '슈산업-어업'을 들 수 있다. 상위-하위관계를 보면, {슈산업-어업⊐연안어업}, {싱업⊐산업, 샹업, ᄉᆞ업, 슈산업-어업}을 들 수 있다. 이중 '슈산업'처럼 '-업(業)' 관련 명사로는 다음과 같다.

(30) 공쟝업, 광산업, 농공샹업, 농공업, 농샹업, 농ᄉᆞ업, 데죠업, 도슈업, 방적업, 샹공업, 슈산업, 양잠업, 이ᄉᆞ업, 쟝ᄉᆞ업, 젼도업, 직조업, 측량업, 슴림업, 희ᄉᆞ업 ; 디셔업代書業

이 중 '디셔업'의 경우, 『경향보감』에서 "문 디셔업(代書業)은 무엇이뇨 답 디셔업이라 홈은 눔의 위탁을 ᄯᅡ라 문서를 디신 써주는 업을 닐옴이니라 (경보4: 325)"라는 기사를 내보내기도 했다. 이것은 당시로서는 '디셔업'이 전문 지업명이었던 까닭이다.

3.3.2.12. 〈원조대상(援助對象)〉

영역결정술어 : N₂-를 달다₁

명사어휘목록 : ㉮갑/갚, 광산, 군슈젼(軍需錢),[119] 금광(金鑛), 긔념쟝(記念章), 긔디(基地), 기름, 담빅/담베, 돈, 동량(洞糧), 동산(動産), 디단갑(地段-),[120]

---

119) '군슈젼'의 어의는 "군사상 필요한 돈"이다.
120) '디단갑'의 어의는 "땅을 몇으로 나누어 가른 한 부분에 대한 값"이다.

로비(路費), 로즈(路資), 말(馬), 몸갑, 문권, 물, 물건, 미광(煤鑛),[121] 밥, 부젹(符籍), 빙표(憑票/憑標),[122] 삭, 생선/싱션, 샹여금(賞與金), 소갑, 손녀(孫女), 술, 슈유(受由),[123] 슉닝(熟冷),[124] 슌픽(巡牌),[125] 시톄, 신문샤(新聞社), 신발갑, 실과(實果), 쌍갑, 쩍, 쏭덩이, 아희, 알, 약, 여비(旅費), 월급(月給), 음식, 일본긔(日本旗), 졀동셩,[126] 책/칙, 철로(鐵路), 총모립(-毛笠), 측량갑, 탄환(彈丸), 텰로됴약(鐵路條約), 토지/토디, 허가쟝(許可狀), 호각(號角), 회룡총[127]

ⓝ명, 복(福), 용셔(容恕)

대표용례 :

ㄱ. 인민들이 오가쟉통을 ᄒ야 슌을 도는디 <u>호각과 슌픽를 달나고</u> (민일)

ㄴ. 일젼에 그 빅셩들이 <u>디단갑을 달나고</u> 니부에 호쇼ᄒ엿다더라 (대한)

ㄷ. 니부에 보고ᄒ기를 신병 치료홀 <u>슈유를 더 달나고</u> ᄒ엿다더라 (민일)

ㄹ. 무삼 보살 갓흔 등류를 경재탄녁하여 만드러 노코 <u>명과 복을 달나고</u> (신학 243)

'달다₁'는 'N₁-이 N₂-를 달다'를 기본구문구조로 갖는다. 개화기 신문·잡지에는 '달나' 활용형만 확인된다. 현대국어와 마찬가지로 불완전동사였다. <원조대상>의 어휘관계를 정리하면, 유의관계로 '로비-로즈-여비', '갑/갑-삭', '쏭덩이-토지/토디', '쌍갑-디단갑' 등을 들 수 있다.

---

121) '미광'의 어의는 "탄광"이다.

122) '빙표'의 어의는 "개화기에 통용되던 여행 허가증"이다.

123) '슈유'의 어의는 "직업이나 일에 매인 사람이 다른 일로 말미암아 얻는 겨를"이다.

124) '슉닝'의 어의는 "숭늉"이다.

125) '슌픽'는 "순장이 밤에 거리를 순회할 때에, 차고 다니던 둥근 모양의 패"인데, 한 면에 '巡牌' 다른 면에 '信'을 새기었다.

126) "의퇴리국이 쳥국 <u>졀동셩을 달나</u> ᄒ야 쳥국에서 쥬지 안이ᄒ미 (민일)".

127) '회룡총'은 "총"의 일종이다.

상위-하위관계를 보면, {광산⊐금광, 미광}, {갑/값-삭⊐군슈전, 몸갑, 샹여금, 소값, 신발갑, 측량값}, {음식⊐물, 밥, 생선/싱션, 술, 슉닝, 실과, 썩, 알}, {문권⊐긔념쟝, 부젹, 빙표, 텰로됴약, 허가쟝} 등을 확인할 수 있다. 한편 [-구체] 명사인 '명, 복(福), 용셔(容恕)'도 <원조대상>에 속해 있다.

3.3.2.13. 〈위조대상(僞造對象)〉

영역결정술어 : N₂-를 위조ᄒ다

명사어휘목록 : 가권(家券), 각지(覺紙), 계ᄌ표(啓字票), 공문(公文), 글, 덕동전(赤銅錢), 도장(圖章), 동쟝(銅章), 문권, 문셔, 밧문셔, 봉직슈셔(奉職手書), 빅픠(白牌), 샹표(商標), 셔간(書簡), 셔찰(書札), 쇼지(所志/訴紙), 수표/슈표(手標), 어음, 월급표(月給票), 유셔(遺書), 은젼(銀錢), 인(印), 인신(印信), 인쟝(印章), 제ᄉ(題辭),[128] 죠측(詔勅), 지전(紙錢), 지폐(紙幣), 차접(差帖), 칙지(勅旨), 텩문(斥文), 편지(便紙/片紙), 표(票), 화폐(貨幣)

대표용례 :

　ㄱ. 그 형데를 뮈위ᄒ야 해롭게 ᄒᄂ 쐬로 엇던 목ᄉ의 <u>각지를 위조ᄒ엿다</u> ᄒ며 (신학 124)

　ㄴ. 리징익씨의 <u>가권과 동쟝을 위조ᄒ다가</u> … 죠씨가 즁부 경찰셔로 잡혀갓다더라 (대한)

　ㄷ. 광쥬 집샤쳥 둔답말음 <u>차접을 위조ᄒ야</u> 주고 (미일)

　ㄹ. 머리 짝근 사름이 <u>계ᄌ표를 위조ᄒ야</u> 주면셔 (독립)

　ㅁ. 관찰부 인쟝을 도적ᄒ야 <u>텩문을 위조ᄒ얏다</u> ᄒ며 (독립)

'위조(僞造)ᄒ다'는 'N₁-이 N₂-를 위조ᄒ다'를 기본구문구조로 갓는다. <위조대상>의 어휘관계를 정리하면, 유의관계로 '셔간-셔찰-편지', '도

---

128) '제ᄉ'의 어의는 "관부에서 백성이 제출한 소장이나 願書에 쓰던 관부의 판결이나 지령"이다.

쟝-인-인신-인쟝', '죠측-칙지', '문권-문셔', '지젼-지폐' 등을 들 수 있다. 상위-하위관계를 보면 {문권-문셔⊐가권, 각지, 공문, 밧문셔, 빅푀, 봉직슈셔, 유셔, 쇼지, 차졉, 텩문}, {도쟝-인-인신-인쟝⊐동쟝}, {화폐⊐뎍동젼, 수표/슈표, 어음, 은젼, 지젼-지폐}, {훈령⊐제스}, {표⊐계ㅈ표, 샹표, 월급표}를 확인할 수 있다. 이 중에 '표'의 다른 하위어로 '개산표, 경계표, 경비표, 고과표, 관등표, 긔챠표, 년봉표, 뎐거표, 련락챠표, 령슈증표, 령슈표, 명젹표, 물금표, 물침표, 발착표, 봉급표, 봉치표, 부샹표, 비교표, 산뎡표, 셩명표, 슈형표, 시간표, 시험표, 영슈표, 예산표, 우톄표, 우표, 월별표, 월봉표, 위죠표, 일람표, 졈치표, 젹치표, 증거표, 직원표, 참연표, 참회표, 쳠례표, 통계표, 투표, 호젹표, 휼금표, 긔뎡표, 긔산표, 뎌금표' 등이 더 문증된다.

3.3.2.14. 〈전당물(典當物)〉

영역결정술어 : N₂-를 뎐당ᄒ다

명사어휘목록 : 가사(家舍), 가옥(家屋), 뎐답(田畓), 뎐토(田土), 몸, 문셔, 물건, 물건젹치표(物件積峙表), 물품/물품, 밀통사, 부동산문권(不動産文券), 쌍, 싱슈, 어음, 위죠셔(僞造書), 일진회관(一進會館), 쟝물(臟物), 집문셔, 토디, 판각문셔(板刻文書)

대표용례 :

ㄱ. <u>부동산문권</u>은 본국 인민의 긔셜ᄒ 뎐당포에쏜문 <u>뎐당홀</u> 일 (독립)

ㄴ. 그 쥬인의 <u>싱슈</u> 두 필과 <u>밀통사</u> 흔 필을 집어다가 <u>뎐당흔</u> 일이 탄로되여 (대한)

ㄷ. 참 평안흔 뎌로 나아가는 길은 곳 ᄌ긔 <u>몸을</u> 하느님씌 <u>뎐당ᄒ고</u> (신학 47)

'뎐당(典當)ᄒ다'는 'N₁-이 N₂-를 뎐당(典當)ᄒ다'를 기본구문구조로 갖는다. <전당물>의 어휘관계를 정리하면, 유의관계로 '가사-가옥', '뎐답-뎐토-쌍-토디', '물건-물품/물품' 등을 들 수 있다. 상위-하위관계를 보면 다음과 같다.

(31) ㄱ. {가샤가옥⊃일진회관}

ㄴ. {문셔⊃물건격치표, 부동산문권, 어음, 위죠셔, 집문셔, 판각문셔}

ㄷ. {쟝물⊃밀통사, 싱슈}

(31ㄱ)의 '일진회관'은 광무 8년(1904)에 일제의 대한제국 강점을 도와 준 친일적 정치 단체인 일진회가 건립한 회관이다. (31ㄴ)에서 '물건격치표'는 쌓아둔 물건에 대한 정리표를 말한다. (31ㄷ)의 '밀통사, 싱슈'는 1908년의 『대한민일신보』 기사에서 검색되었는데, 그 어의를 현재의 필자로서는 정확히 알 수는 없으나 단위명사가 '필'인 것으로 보아 옷감이나 실이 분명해 보인다.

3.3.2.15. 〈절약대상(節約對象)〉

영역결정술어 : N_2-를 앗기다

명사어휘목록 : ㉮국고금(國庫金), 군긔(軍器), 권리, 글ㅈ, 돈, 리익(利益), 만물, 말, 명예, 목슴/목숨, 몰건(物件), 몸, 미국, 미, 수고/슈고, 신명, 싱명(生命), 육신, 의복, 인명, 전곡(田穀), 지료(材料), 지물(財物), 지산(財産), 칙(冊), 필묵(筆墨), 하문, 혈육

㉯광음(光陰), 셰월(歲月), 시각, 시간, 때, 촌음(寸陰)

대표용례 :

ㄱ. <u>국고금을 앗김인지</u> 그 정치를 알 수 업고 (대한)

ㄴ. 조고ㅁ훈 <u>슈고와 필묵을 익기지</u> 말고 (독립)

ㄷ. <u>미를 앗기면</u> ㅇ희를 ㅂ린다 (독립)

ㄹ. <u>촌음을 앗겨</u> 실심으로 공부ㅎ면 옥과 ㄱㅊ치 련마되여 (대한)

'앗기다'는 'N_1-이 N_2-를 앗기다'를 기본구문구조로 갖는다. <절약대

상>의 어휘관계를 정리하면 유의관계로 '학문-글ᄌ-필묵', '몸-육신', '지물-지산', '목슴/목숨-싱명', '광음-셰월-시각-시간-째-촌음' 등을 들 수 있고, 상위-하위관계를 보면 {돈⊇국고금}, {신명⊇목슴/목숨-싱명, 몸-육신}을 확인할 수 있다. 한편 ⓙ의 '광음, 셰월, 촌음'은 비유적인 표현으로 <절약대상>이 되었는데, 원의미는 '시각, 시간, 째'이다. '{광음, 셰월, 시각, 시간, 째, 촌음}-을 앗기다'는 "시간을 잘 활용하다"의 의미로 현대국어에서도 마찬가지로 쓰인다. <절약대상>은 긍정 지향적 어휘들이다.

3.3.2.16. 〈종사분야(從事分野)〉

영역결정술어 : N₂-에 종ᄉᄒ다

명사어휘목록 : 교육(敎育), 기슐(技術), 농업(農業), 샹업(商業), 셔무(庶務), 슈리(修理), ᄉ무(事務), 약업(藥業), 외입(外入), 운동(運動), ᄌ션ᄉ업(慈善事業), 측량기슐(測量技術), 치굴(採掘), 텰도건설(鐵道建設), 빅통젼교환(白銅錢交換), 학업(學業), 협회(協會), 회계(會計)

대표용례 :

　ㄱ. 잠시간 방탕훈 쯧을 니긔지 못ᄒ고 <u>외입에 종ᄉᄒᄂ</u> 쟈는 크게 조심홀 바ㅣ 라더라 (대한)

　ㄴ. 농공은힝원 등을 각도 즁요 디방에 파송ᄒ야 구 <u>빅통젼교환에 종ᄉᄒ다</u> <u>더라</u> (대한)

　'종ᄉ(從事)ᄒ다'는 'N₁-이 N₂-에 종ᄉᄒ다'의 자동사 구문을 기본구문 구조를 갖는다. <종사분야>는 모두 신문·잡지에서 추출되었다. '외입'을 제외한 모든 <종사분야>는 생산적인 경제활동이다. '외입'은 아내가 아닌 여자와 성관계를 가지는 의미의 '오입(誤入)'과 유의어이다. 개화기 시대 상황을 엿보게 하는 어휘로는 '빅통젼교환'이 눈에 띈다. 개화기에 있었던 화폐개혁으로 구화를 신화로 교환했던 적이 있는데,

그 당시 대표적인 구화인 '빅통전'을 교환하는 종사분야가 생긴 것이다. 한편 유의관계로 '셔무-스무'를 들 수 있다.

3.3.2.17. 〈지출금(支出金)〉

영역결정술어 : N₂-를 지츌ᄒ다

명사어휘목록 : 경비(經費), 구휼금(救恤金), 돈, 디방비(地方費), 례산/예산(豫算), 루블(rubl), 봉급(俸給), 불(弗), 슈리비(修理費), 여비(旅費), 예비금/례비금(豫備金), 용비(用費), 원(圓), 위로금(慰勞金), 유족금(遺族金), 은ᄉ금(恩賜金), 자본금(資本金), 잡비(雜費), 푸렁크(franc), 확쟝비(擴張費), 환, 회중돈(會中-)

대표용례 :

　ㄱ. 죽은 일슌사 십여 명의 <u>유족금을 지츌ᄒᄂ</u> 것과 (대한)

　ㄴ. 불란셔 해군 대신이 의회원에 쳥ᄒ고 팔억만 <u>푸렁크를 지츌ᄒᆞ</u> (독립)

'지츌(支出)ᄒ다'는 'N₁-이 N₂-를 지츌ᄒ다'를 기본구문구조로 갖는다. <지출금>은 모두 신문·잡지에서 추출되었다. <지출금>의 어휘관계를 정리하면, 유의관계로 '경비-용비', '례산/예산-예비금/례비금'을 들 수 있다. 상위-하위과계를 보면 <지출금>에서 우선 '돈'이 최상위어가 된다. 내표직인 성위-히위관계로는 {슈리비⊃확쟝비}, {위로금⊃구휼금, 유족금, 은ᄉ금}을 확인할 수 있다. 한편 {루블, 불, 원, 푸렁크, 환}은 화폐 단위들로서 등위관계를 이룬다. '루블'은 러시아의 화폐단위이고, '불(弗)'은 달러의 한자음차어이며, '푸렁크'는 프랑스, 스위스, 벨기에의 화폐 단위이다. '원, 환'은 개화기의 화폐단위로 '원'은 오늘날에도 이어지고 있는 화폐단위이며, '환'은 대한제국 때의 화폐단위였다.[129]

---

129) 우리나라의 옛 화폐 단위인 '환'은 1전(錢)의 100배이다. 1953년 2월 15일부터 1962년 6월 9일까지 통용되었던 화폐단위 '환'과 구별된다.

3.3.2.18. 〈차용대상(借用對象)〉

영역결정술어 : N₃-을 빌니다

명사어휘목록 : 가옥, 관보(官報), 광산(鑛山), 광이, 군ᄉ(軍土), 긔계(器械/機械),130) 긔디(基地), 나귀, 담비디, 대연만(大連灣), 돈, 량뎨궁(良娣宮), 례복, 루방(陋房), 륙혈포(六穴砲), 마챠(馬車), 면허증(免許證), 뫼ᄌ리, 문서, 믈, 방(房), 병뎡(兵丁), 산야(山野), 셕탄고(石炭庫), 셕탄고터, 셤, 신문, 신쥬(神主), ᄉ관, 슴림, 쌍, 안경(眼鏡), 안쟝(鞍裝), 여슌구(旅順區), 역둔토(驛屯土), 의복, 일홈, 졀영도(絶影島), 지디(地誌), 집, 텰로, 토디, 하인, 학교, 함디(艦隊), 항구(港口), 회관, 힘

대표용례 :

ㄱ. 월미도에 <u>셕탄고터를 빌닐</u> 째에 (독립)

ㄴ. 하인도 쿵쿵이라 ᄒ는 말이 닉에셔 쿵 싱원님끠 쿵 <u>안쟝을 쿵 빌니시라</u>고 (대한)

ㄷ. 김대비가 … <u>량뎨궁(良娣宮)을 빌녀</u> 도아주던 두 부인을 죽이기로 판단ᄒ야 (경보 341)

'빌니다'는 'N₁-이 N₂-에(셔)/의게 N₃-을 빌니다'를 기본구문구조로 갖는다. <차용대상>의 어휘관계를 정리하면, 유의관계로 '가옥-집', '군ᄉ-병뎡', '쌍-토디'를 들 수 있다. 상위-하위관계를 보면, {의복⊐례복}, {셤⊐졀영도}, {문서⊐면허증}, {쌍-토디⊐긔디, 셕탄고터, 역둔토}를 확인할 수 있다. 부분-전체관계를 보면, {가옥-집⊐루방, 방}, {마챠⊐

---

130) 당초 중국고전에 나온 '器械'와 '機械'는 서로 다른 의미의 어휘였다. 그런데 일본이 서양문물을 수용하면서 'machine, machinery'에 대한 번역어로 처음에는 '器械'를 쓰다가 신생어 '機械'와 혼용되었고, 마침내 '機械'를 택하게 되었다. 이런 어휘 생성 절차를 통해서 일본어에 정착된 '機械'는 국어와 중국어에도 혼용 양상과 채택 양상이 반영되었다. 실제로 『한불ᄌ뎐』(1880)에는 '器械'만 보인다는 점과 현대국어에서는 '器械'와 '機械'가 동음이의어로 쓰이고 있다는 점이 이것을 방증한다(송민 1999d: 136).

물, 안쟝}, {산야ⴺ광산, 뫼즈리, 슙림}을 확인할 수 있다.

3.3.2.19. 〈헌납대상(獻納對象)〉

영역결정술어 : N₃-을 바치다

명사어휘목록 : 결세(結稅), 결전(結錢), 경문(經文), 고발쟝(告發狀), 구실돈, 국서(國書), 뇌물(賂物), 려힝권(旅行券), 령혼, 례물, 륜션(輪船), 목숨, 몸, 문서, 물세(-稅), 벌금(罰金), 보픽(寶貝), 부세(府稅), 비샹금(賠償金), 샤환미(社還米), 샹쇼(上疏), 성교칙(聖敎冊), 세, 세납/세랍(稅納), 세전(稅錢), 슈공금(手工金), 시계(時計), 실과(實果), 심스보고셔(審査報告書), 십일죠(十一租), 스직소(社稷訴), 싱명, 꽃, 땅, 쏠, 어물, 요금(料金), 요비(料費), 원수(怨讐), 월봉(月俸), 월세금(月貰金), 의견셔(意見書), 익명셔(匿名書), 잡세(雜稅), 쥰허금(準許金), 즈식, 청원셔(請願書), 칙, 편지, 호포(戶布), 홍패/홍픽(紅牌)

대표용례 :

　ㄱ. 귀국홀 때에는 그 <u>려힝권을 도로 바칠</u>지니라 (경보 389)

　ㄴ. 계약을 물시ᄒᄂ 경우에는 <u>월세금을 바친</u> 슈샹의 보증금은 곳 환송ᄒ라 (대한)

　ㄷ. 제쥬 목스가 <u>잡세를 밧치라고</u> 인민을 잡아다 가두고 (독립)

　ㄹ. 계우 <u>고발쟝을 밧치고</u> 물너갓더니 그시령에 측임관은 몬져 알외고 (미일)

‘바치다’는 ‘N₁-이 N₂-의게 N₃-을 바치다’를 기본구문구조로 갖는다. <헌납대상>의 어휘관계를 정리하면, 유의관계로 ‘결세-결전’, ‘목숨-싱명’, ‘요금-요비’, ‘구실돈-세-세납/세랍-세전’을 들 수 있고, 반의관계로 ‘령혼↔몸’을 들 수 있다. 상위-하위관계를 보면 {세ⴺ물세, 부세, 월세금, 잡세}, {문서ⴺ고발쟝, 국서, 려힝권, 샹쇼, 심스보고셔, 스직소, 의견셔, 익명셔, 청원셔}, {벌금ⴺ비샹금}, {즈식ⴺ쏠}, {칙ⴺ성교칙}을 확인할 수 있다. 한편 ‘슈공금, 요비, 쥰허금’ 등은 현대국어에서 쓰이지 않는 개화기 어휘들이다.

〈헌납대상〉 → 〈양도물(讓渡物)〉

영역결정술어 : N_3-를 내주다/내여주다

명사어휘목록 : 공전(工錢), 돈, 디가(代價), 모즈(帽子), 문셔, 물건, 방문(方文), 슈리금(修理金), 슌검경비(巡檢經費), 스법권(司法權), 옷, 외교권(外交權), 은스금(恩賜金), 강토(疆土), 즈립지권(自立之權), 춍, 환도(環刀)

대표용례 :

  ㄱ. 죠씨가 그 <u>문셔를 곳 도로 내주라고</u> 호엿스되 (독립)

  ㄴ. <u>스법권을 눔 내주니</u> 뷘 일홈만 가졋고나 (대한)

  ㄷ. 우편국은 쳥구훈 쟈의게 그 <u>디가롤 내여주고</u> (경향)

  ㄹ. 의원이 <u>방문을 내여주며</u> 굴으디 이 약을 먹으면 (미일)

'내주다/내여주다'는 'N_1-이 N_2-의게 N_3-를 내주다/내여주다'를 기본 구문구조로 갖는다. <양도물>의 어휘관계를 보면 상위-하위관계로 {돈 ∋ 공젼, 슈리금, 슌검경비, 은스금}, {즈립지권 ∋ 스법권, 외교권}, {물건 ∋ 모즈, 방문, 옷, 춍, 환도}를 들 수 있다. <양도물> 중에 '은스금'은 윗사람이 아랫사람에게 내려주는 돈을 의미하며, 대표용례 (ㄹ)의 '방문(方文)'은 '약방문(藥方文)'의 축약어이다.

3.3.3. 산업

개화기 신문·잡지에서 추출된 고빈도 술어 중에서 산업 관련 주요 화제영역을 결정하는 영역결정술어에는 '경징(競爭)호다; 닷토다, 관리(管理)호다, 도착(到着)호다, 도박(到泊)호다, 눗다, 가져가다;가져오다, 발달(發達)호다; 발달되다, 문허지다, 설립(設立)호다, 기르다, 붓다, 타다, 침몰(沈沒)호다, 제조(製造)호다, 슈리(修理)호다, 켜다, 건축(建築)호다, 터지다'가 선정되었다. 이어서 개화기 신문에서 산업 관련 영역결정술어에 따라 통합관계를 보이는 명사 어휘를 화제영역별로 제시하고, 특징적인 언어 사실과 어휘론적 특징, 특히 영역 내에서 관계 지을 수 있는 어휘관계를 정리한다.

3.3.3.1. 〈경쟁물(競爭物)〉

영역결정술어 : N$_2$-를 경징ᄒ다; 닷토다

명사어휘목록 : 계데(階梯), 공(功), 광산, 광업, 교육, 구슬, 군비, 권리, 권세(權勢), 리익(利益), 벼슬, 부강문명, 산업, 샹리(商利), 샹표(商標), 선후(先後), 승벽(勝癖), 승부(勝負), 승픽(勝敗), 식민디(植民地), 싱존(生存), 썍다긔, 어업, 자리, 지식, 지물(財物), 토디(土地), 학문, 힘

대표용례 :

　ㄱ. 뎌 셕류황쟝ᄉ나 담비쟝ᄉᄭ지도 오히려 그 <u>샹표롤 경징ᄒ거든</u> (대한)

　ㄴ. 지금 각국들이 영국 <u>군비를 경징홀</u> 목뎍으로 이ᄀᆺ치 랑비ᄒᄂᆫ 폐단이 잇슨즉 (대한)

　ㄷ. ᄌ식이 아비를 속여 지물을 도적ᄒ며 형뎨간에 <u>산업을 닷토아</u> 우의가 업셔지며 (독립)

　ㄹ. 됴코 언잔은 거슬 비교ᄒ야 <u>승벽을 닷토아</u> 볼 계졔가 업고 (미일)

‘경징(競爭)ᄒ다; 닷토다’는 ‘N$_1$-이 N$_2$-를 경징ᄒ다; 닷토다’를 기본구문구조로 갖는다. “인류와 물류가 시시에 셔로 경징ᄒ며 (대한)”처럼 “{N$_1$-과 N$_2$}-가 N$_3$-에 경징ᄒ다’ 구문도 문증된다. <경쟁물>의 어휘관계를 정리하면, 유의관계로 ‘광산-광업’, ‘승벽-승부-승픽’를 들 수 있고, 상위-하위관계를 보면 {산업∋광업, 어업}, {토디∋신민디}를 확인할 수 있다. 이 중 ‘산업’의 하위어로 ‘횡ᄉ업, 측량업, 직조업, 전도업, 쟝ᄉ업, 이ᄉ업, 양잠업, 슴림업, 슈산업, 샹공업, 방젹업, 디셔업, 더긔업, 도슈업, 뎨죠업, 농ᄉ업, 농샹업, 농공업, 광산업, 공쟝업, 농공샹업’ 등이 더 문증된다. 끝으로 ‘토디’의 하위어 ‘신민디’처럼 ‘-디(地)’ 관련 명사로는 다음과 같다.

　　(32) 건축디, 경작디, 공공디, 공원디, 관공디, 관유디, 국유디, 군용디, 근거디,
　　　　농작디, 목뎍디, 민유디, 분묘디, 셕탄디, 소유디, 시가디, 신민디, 신뎐디,
　　　　죠계디, 중립디, 진황디, 황무디, 기항디, 민장디, 스유디

이 중에 '진황디(陳荒地)'는 '황무디(荒蕪地)'와 유의관계에 있다. '시가디
(市街地)'는 행정구역 명칭인 '시(市)'의 개념이 확립된 이후에 생길 수
있는 파생어이다. 그러나 오늘날도 널리 쓰이는 행정구역 명칭인 '군
(郡), 읍(邑), 리(里), 동(洞)'은 개화기에 존재했으나, '시(市)'는 존재하지
않았다. 그러나 신문·잡지에 쓰인 외국지명 '가사푸랑가 시, 북미 가쥬
프레노 시, 덕국 부레멘 시' 등을 통해서 '시(市)'의 개념 자체는 개화기
에 형성되었음을 확인할 수 있다. 따라서 '시가디'는 개화기 신생어임이
틀림없다.

3.3.3.2. 〈관리물(管理物)〉

영역결정술어 : N₂-를 관리ᄒ다

명사어휘목록 : 디하(地下), 만국(萬國), 민졍(民政), 스무(事務), 숨림(森林),
　　쌍, 역둔토(驛屯土), 죠계사무(租界事務),¹³¹⁾ 텬샹(天上), 텰도(鐵道)

대표용례 :

　ㄱ. 셔북 영림창은 압로강과 두만강 연안에 <u>숨림을 관리ᄒ는</u> 스무ㅣ니 (경향)

　ㄴ. 하ᄂ님의 전능ᄒ신 셩졍이 다만 <u>텬샹과 디하를 관리ᄒ시는</u> 권세만 잇슬
　　　쑨 (신학 72)

　'관리(管理)ᄒ다'는 'N₁-이 N₂-를 관리ᄒ다'를 기본구문구조로 갖는다.

---

123) '죠계'는 19세기 후반에 영국, 미국, 일본 등이 침략 근거지로 삼았던, 개항 도시
　　의 외국인 거주지인데, 외국이 행정권과 경찰권을 행사하였다. 우리나라에는 '증
　　남포목포조계장정'이 이러한 사실을 시사한다.

<관리물>의 어휘관계를 정리하면, 반의관계로 ‘디하↔텬상’을 들 수 있다. ‘디하’는 ‘디옥’을, ‘텬상’은 ‘텬국-텬당’을 비유하는 어휘이다. 상위-하위관계를 보면 {스무ⱻ죠계사무}, {쌍ⱻ역둔토}를 확인할 수 있다.

3.3.3.3. 〈도착지(到着地)〉

영역결정술어 : N₂-에 도착ᄒ다

명사어휘목록 : 경성(京城), 군항(軍港), 늬우요크(New York), 덕국빅림(德國伯林), 뎡거쟝(停車場), 도셩(都城), 동경(東京), 려슌구(旅順區), 룡산(龍山), 마트리트부(Madrid), 목포, 부산, 부산항, 북경(北京), 산지아쯔, 샹희(上海), 셔울, 안동현, 워셩돈(Washington), 읍닉쟝(邑內場), 이태리국(伊太利國), 인도, 인쳔항, 일본횡빈(日本橫濱), 졔물포(濟物浦), 카스빈, 칼다도, 칼늬포늬아, 태평양, 평양, 합이빈(哈爾賓), 항구, 향항(香港, 홍콩), 호놀룰루(Honolulu), 화긔면

대표용례 :

　ㄱ. 관세국쟝과 홍룡 슈로 과쟝이 <u>합이빈에 도착ᄒ여</u> (대한)

　ㄴ. 아라스 군더는 이믜 <u>카스빈에 도착ᄒ엿다더라</u> (대한)

‘도착(到着)ᄒ다’는 ‘N₁-이 N₂-에 도착ᄒ다’의 자동사 구문을 기본구문 구조로 갖는다. “키치나 쟝군은 본월 이십 칠일에 향항을 도착ᄒ야 (대한), 본월 칠일에 부산을 도착ᄒ고 (대한)”처럼 ‘N₁-이 N₂-를 도착ᄒ다’ 구문도 함께 문증된다. <도착지>의 어휘관계를 정리하면, 유의관계로 ‘경셩-셔울’을 들 수 있고, 상위-하위관계로 {항구ⱻ군항; 목포, 부산항, 신호항, 인쳔항, 제물포, 향항}을 확인할 수 있는데, ‘군항’을 제외한 하위어들은 고유지명 어휘이다.

　<도착지>에는 고유지명이 많이 포함되어 있는데, 개화기에는 외국 지명의 경우에 크게 두 가지 표기 경향이 있음을 알 수 있다. 하나는 원음주의에 입각한 표기인데, ‘늬우요크, 마트리트부, 산지아쯔, 워셩돈,

카스빈, 칼다도, 칼늬포늬아, 호놀룰루’가 그것이다. 다른 하나는 한자의 음을 빌려 표기한 ‘(덕국)빅림, 려슌구, 이태리국, 합이빈’ 등이 있다. 이 들은 각각 ‘(독일) 베를린, (중국) 뤼순, 이탈리아, (중국) 하얼빈’에 대한 중국 한자어를 동음식으로 음차한 외래어이다.[124]

〈도착지〉→〈정박지(碇泊地)〉

영역결정술어 : N_2-에 도박ㅎ다

명사어휘목록 : 광석포, 달다리아, 대동강, 뎡거쟝, 룡산, 미국, 본진, 부산, 부산항, 산동각영성, 샹항, 서울, 섬, 영국, 우연도, 원산도, 인쳔, 인쳔항, 인항, 제물포, 평양성, 항구

대표용례 :

ㄱ. 미국 함디가 금년 일월 이십일에 … 발셔 <u>샹항에 도박ㅎ지라</u> (경보 275)

ㄴ. 의친왕뎐끠셔 직작일 하오 구시 삼십분에 남문 밧 <u>뎡거쟝에 도박ㅎ셔셔</u> (대한)

ㄷ. 문감목끠셔 사월 금음졍게 대한 <u>서울에 도박하시고</u> (신학 236)

‘도박(到泊)ㅎ다’는 ‘N_1-이 N_2-에 도박ㅎ다’를 기본구문구조로 갖는다. <정박지>는 신문·잡지에서만 추출된다. <정박지>의 어휘관계를 정리하면 유의관계로 ‘부산-부산항’, ‘인쳔-인쳔항-인항-제물포’를 들 수 있고, 상위-하위관계로 {뎡거쟝ㅋ항구}, {섬ㅋ우연도, 원산도}를 확인할 수 있다. 한편 ‘뎡거쟝’은 현대국어에서 ‘버스나 열차 등 육상 교통 수단이 머무는 곳’인데, 개화기에는 ‘배가 정박하는 항구’까지 ‘뎡거쟝’으로 표현하고 있어 특기할 만하다. 즉 개화기에는 ‘항구’도 ‘뎡거쟝’의

---

124) 한편 『표준국어대사전』에는 ‘횡빈, 합이빈, 향항’ 등을 각각 ‘요코하마, 하얼빈, 홍콩’의 잘못된 표기로 간주하고 있는데, 위와 같은 개화기의 표기 전통을 생각해 볼 때, 이것은 올바른 사전처리가 아니다. 아울러, 동일한 표기 전통을 가지고 있 는 ‘불란서, 이태리, 화성돈’ 등에는 ‘잘못’의 정보를 주지 않고 있다는 점은 명확한 모순이다.

하위어임을 자료를 통해 알 수 있다.

3.3.3.4. 〈무기(武器)〉

영역결정술어 : N_2-를 놓다

명사어휘목록 : 경축포(慶祝砲), 단발(單發),[125] 단총(短銃), 대포/디포, 례포(禮砲), 륙혈포(六穴砲), 방슈, 불, 짝총(-銃),[126] 오포(午砲), 지포(紙砲), 춍/총, 츅포(祝砲), 헛춍/헛총[127]

대표용례 :

ㄱ. 청국 샹민이 일전에 <u>지포를 놋는더</u> 그 소리가 셩늬에 진동호지라 (독립)

ㄴ. 빅셩이 도망호는 지둙에 일병이 <u>불을 놋는다고</u> 말을 호니 (경향)

ㄷ. 청국인 강도 삼명이 졸디에 돌츌호야 <u>륙혈포를 노왓는더</u> (대한)

ㄹ. 병뎡이 통진군에 와셔 <u>헛총을 노화</u> 인민을 위협호며 (대한)

'놋다'는 "무기의 뇌관 심지에 불을 질러서 쏘다."는 뜻의 영역결정술어이다. 'N_1-이 N_2-를 놋다'를 기본구문구조로 갖는다. 현대국어에서는 허용되지 않는 '놋다'와 <무기> 관련 명사 어휘의 통합관계는 대표용례 (ㄴ)에서 보듯이, 원래는 '불을 놓다'에서 유래하였다. 초기의 총기들은 뇌관 심지에 불을 질러서 쏘게 만들어졌기 때문이다. 현대에는 이런 원시적인 점화방법이 총기에 쓰이지 않기 때문에 현대국어에서는 <무기> 관련 명사 어휘와 '놓다'의 통합관계가 성립하지 않는다. <무기>의 어휘관계를 정리하면, 유의관계로 '경축포-츅포', '짝총-지포' 등을 들 수 있다. 상위-하위관계를 보면 {춍/총⊃단발, 단총, 륙혈포, 헛춍},

---

125) '단발'은 "단발총"의 준말이다.

126) '짝총'. "개화기에 화약을 종이나 대통 같은 것의 속에 싸 넣고 그 끝에 심지를 달아 불을 댕겨 터지게 만든 놀이 기구"인데, 큰 소리가 나게 하거나 불꽃이 퍼지게 하는 등 여러 종류가 있다. '지포(紙砲)'의 유의어이다.

127) '헛춍/헛총'의 어의는 "실탄을 넣지 않고 소리만 나게 하는 총질"이다.

{대포/디포⊒레포, 오포}를 확인할 수 있다.

3.3.3.5. 〈물건(物件)〉

영역결정술어 : N₂-를 가져가다; 가져오다

명사어휘목록 : ㉮거문고, 고기, 곡식, 군물, 그릇, 긔계(器械/機械), 나무, 대뎐통편(大典通編), 돈, 두루막이, 돍, 례물(禮物), 멀이(頭), 물건, 물건값, 물고기, 물병, 병(瓶), 비상(砒霜), 쇼쥬(燒酒), 술, 슛, 시테(屍體), 썩, 쌀, 양총, 옷, 외(瓜), 웃옷, 유성긔(留聲機), 음식, 인쟝(印章), 잔, 져울, 즙물/집물(什物), 지필(紙筆), 지물(財物), 졔물(祭物), 차(茶), 창, 책/칙, 칼, 편지, 향촉(香燭), 화로, 화페, 흐푼
㉯소문, 소식/쇼식

대표용례 :

ㄱ. 도젹이 쏘 젼 경안 감샤 김간식씨의 집에 둘녀들어 <u>집물을 만히 가져갓 논더</u> (독립)

ㄴ. 쥬스 톡긔드려 <u>져울과 칼을 가져오라</u> 흐니 (경향)

ㄷ. 짜윗이 웨 사람을 보내여 <u>창을 가져가라</u> 하엿나뇨 (신학 492)

ㄹ. 왕이 그 사람을 볼 째에 반다시 죠흔 <u>소식을 가져오난</u> 줄 안지라 (신학 39)

'가져가다; 가져오다'는 'N₁-이 N₂-를 N₃-에/로 가져가다; 가져져다'를 기본구문구조로 갖는다. <물건>에 포착된 명사어휘목록이 크지는 않지만 그 어휘관계를 정리하면, 유의관계로 '소문-소식/쇼식', '돈-화페'를 들 수 있고, 상위-하위관계를 보면 {곡식⊒쌀}, {술⊒쇼쥬}, {책/칙⊒대뎐통편}, {군물⊒양총, 창, 칼}, {병⊒물병}, {옷⊒두루막이}, {음식⊒고기, 물고기, 썩, 외, 차}, {졔물⊒향촉}을 확인할 수 있고, 부분-전체관계를 보면 {옷⊒웃옷}을 확인할 수 있다.

3.3.3.6. 〈발달대상(發達對象)〉

영역결정술어 : N_1-이 발달ᄒ다; N_1-이 발달되다

명사어휘목록 : 공업, 광산업, 광업, 교육/교휵, 기예, 기명ᄉ업, 농업, 롱공업(農工業), 산업, 샹업(商業), 셔점(書店), 신지식, 신학문, 실업, ᄉ업, ᄉ상/ᄉ샹, 숨림업(森林業), 영업, 우편, 의슐(醫術), 의약기슐(醫藥技術), 의학, 인지, 익국ᄉ상, 종교, 지식, 지혜, ᄌ유권(自由權), 학문, 학슐(學術), 학업

대표용례 :

ㄱ. 문명공긔 흡슈키로 <u>신학문이 발달ᄒ고</u> 단톄력이 견고런가 (대한)

ㄴ. 경찰 학교에 학도가 일빅 륙십 여인인디 <u>교휵이 일층 발달ᄒ야</u> (대한)

ㄷ. <u>공업이 발달되여야</u> 나라와 빅셩이 빈약홈을 능히 면ᄒ며 (대한)

ㄹ. 부녀의 덕힝이 긔묘히 <u>발달되엿다</u> ᄒ엿스니 (경보 43)

'발달(發達)ᄒ다; 발달되다'는 'N_1-이 발달ᄒ다' 혹은 'N_1-이 발달되다'의 자동사 구문을 기본구문구조로 갖는다. 그러나 "무릇 조종의 젼릭ᄒ는 풍속과 습관과 법률과 제됴가 <u>그 국가를 발달ᄒ는더</u> (대한), 화려ᄒ ᄉ샹을 비양ᄒ야 팔역에 <u>롱공업을 발달ᄒ면</u> 불쥴긔년에 닉국에 물산이 극동쟝시에 편만홀지니 (숑뢰금 432)"처럼 'N_1-이 N_2-를 발달ᄒ다'의 타동사 구문도 문증된다. 『표준국어대사전』에 따르면, 현대국어에서 '발달하다'는 자동사이지만, 개화기에는 자타동 공용 동사였다. 〈발달대상〉의 어휘관계를 보면, 유의관계로 '광산업-광업', '지식-지혜', '학문-학슐-학업' 등을 들 수 있다. 상위-하위관계를 보면 {산업⊐실업⊐공업, 광산업-광업, 농업, 롱공업, 샹업, 숨림업}, {ᄉ상/ᄉ샹⊐익국ᄉ상}, {ᄉ업⊐기명ᄉ업}, {지식-지혜⊐신지식}, {학문-학슐-학업⊐신학문⊐의학}을 확인할 수 있다.

3.3.3.7. 〈붕괴대상(崩壞對象)〉

영역결정술어 : N_1-이 문허지다

명사어휘목록 : ㉠가옥, 광산, 교량, 교회당, 군막, 굴, 기와집, 녀단(癘壇),128) 다리, 담, 대구셩(大邱城), 뎨왕릉침(帝王陵寢), 도로, 동리, 둑, 란간(欄干), 릉침(陵寢), 만리쟝셩(萬里長城), 무덤, 방츅(防築),129) 보(洑), 산, 산악, 샤쵸(莎草), 셕탄광(石炭鑛), 셕탄굴(石炭窟), 셩곽(城郭/城廓), 셩당(聖堂), 신방(神房), 언덕, 옥문, 울타리, 종각(鐘閣), 집, 집문, 집웅, 쳘교(鐵橋), 탑, 텰로굴(鐵路窟), 토담, 포도동산

ㄴ나라, 도덕, 명분, 법규, 법령, 법률, 본심, 샤직(社稷), 오쟝(五臟), 인심, 졍부(政府), 텬디(天地), 풍쇽/풍속, 하눌

대표용례 :

ㄱ. 이번 쟝마비에 두 <u>보가</u> 다 <u>문허진지라</u> (대한)

ㄴ. 그 고을 <u>샤직과 녀단과 신방이</u> 쟝마에 <u>문허지고</u> (미일)

ㄷ. 인능 능상에 <u>샤쵸가 문어진</u> 것을 그릇 란간 돌이 움작여 물너낫다고 (독립)

ㄹ. 각 병문에 하인비가 걸어안져 담비터를 물고 … <u>명분이 문어지눈지라</u> (독립)

'문허지다'는 'N_1-이 문허지다'의 자동사 구문을 기본구문구조로 갖는다. <붕괴대상>의 어휘관계를 보면, 유의관계로 '교량-다리', '가옥-집', '둑-방츅', '법규-법령-법률', '산-산악' 등을 들 수 있다. 상위-하위관계를 보면 {담⊒토담}, {굴⊒셕탄굴, 텰로굴}, {교량-다리⊒쳘교}, {릉침⊒뎨왕릉침}, {셩곽⊒대구셩, 만리쟝셩}, {광산⊒셕탄광}, {언덕⊒포도동산}, {가옥-집⊒교회당, 군막, 기와집, 셩당, 신방}, {텬디⊒하눌}을 확인할 수 있고, 부분-전체관계를 보면 {보⊒둑-방츅}, {가옥-집

---

128) '녀단'은 "나라에 역질이 돌 때에 여귀에게 지내던 제사를 위해 쌓은 단"인데, 서울과 각 고을에 있었다. '癘祭壇'이라고도 한다.

129) 현대국어의 '방죽'은 개화기까지 쓰이던 '방츅(防築)'이 변한 어휘이다.

ㅋ란간, 울타리, 집문, 집웅}, {무덤ㅋ샤쵸}를 확인할 수 있다. 한편 명사어휘목록에서 ㉯의 '나라, 도덕, 법규, 법령, 법률, 본심, 샤직(社稷), 인심, 정부(政府), 텬디(天地), 풍속/풍쇽, 하늘' 등은 비유적인 표현으로서 <붕괴대상>에 포함되었다. 이들은 '문허지다'의 다의성과도 관련 있다. 즉 '문허지다'의 주의미인 "붕괴되다"가 "없어지다, 망하다"의 어의로 확장되었다. 참고자료 신소설의 "욱지르는 거슬 보면 닉 <u>오장이 무너지는</u> 듯ㅎ지마는 (은세계 92), 틱산갓치 밋고 기다리더니 <u>공든 탑이 문허지고</u> 밋는 나모에 곰이 퓌인다고 (구마검 57)"에서도 '문허지다'의 연어를 보여주고 있는데, 특히 '공든 탑이 문허지고'는 속담으로 쓰인 예이다.

3.3.3.8. 〈설립물(設立物)〉

영역결정술어 : N₂-를 설립ㅎ다

명사어휘목록 : 강당, 강습소, 개통학교, 고등녀학교(高等女學校),130) 고ㅇ원(孤兒院), 고해원(孤孩院), 공업학교, 공원디(公園地), 공진학교(共進學校), 광동학교, 광명의슉, 광한학교, 교육회, 교회, 국문학교, 금역소(檢疫所), 금융부지소, 긔호흥학회(畿湖興學會), 기진야학교(開進夜學校), 녀즈학교(女子學校), 녀학교(女學校), 농림모범쟝(農林模範場), 농무회(農務會), 농상강습소(農商講習所), 농ᄉ조합소(農事組合所), 농업조합소(農業組合所), 누룩회샤, 단셩사(團成社), 대챵야학교(大昌夜學校), 대학교, 대한로동회(大韓勞動會), 도서관(圖書館), 동명야학교, 례배당, 로동야학교(勞動夜學校), 로동조합사(勞動組合社), 롱아원(聾啞院), 룡쳔학교, 리과대학교(理科大學校), 리발소(理髮所), 면샹조합(麵商組合),131) 명도회, 명륜학

---

130) 일제강점기에 중등 교육을 실시하던 4~5년제의 여학교였다.

131) 1910년 『대한민일신보』 기사 "한셩닉 각쳐에 국슈쟝ᄉ들이 회집ㅎ여 의론ㅎ기를 지금 시딕에 불가불 셔로 단합ㅎ여 위싱에 해되는 거슬 금지ㅎ고 물건갑도 균일케 ㅎ여 영업샹에 신용이 잇게 홀 ᄎ로 <u>면샹조합을 셜립ㅎ다더라</u>"에서 개화기 신생어 '면샹조합'을 확인할 수 있다.

교(明倫學校), 명진학교, 무릉의슉, 문진학교, 민회, 법률강습소, 법정학교(法政學校), 병원, 보뎡녀학교, 보문학교, 보성학교, 보통학교(普通學校), 보호녀회(保護女會), 부흥학교, 사호원, 샹공학교(商工學校), 샹무지사(商務支社), 샹무학교(商務學校), 성경회(聖經會), 션샹회사(船上會社), 성신녀즁학교(聖神女中學校), 소경학교(--學校), 소학교/쇼학교, 시험쇼(試驗所), 신명의슉, 신문사(新聞社), 신학교(神學校), 신학학교(神學學校), 신흥학교(新興學校), 실업학교, 亽립학교(私立學校), 亽범강습소(師範講習所), 亽범학교(師範學校), 야학교, 양로원(養老院), 양성소(養成所), 여각(旅閣), 여슉관(旅宿館), 우피회사(牛皮會社), 운성학교, 유치원(幼稚園), 은힝(銀行), 음악학교, 의슉(義塾), 인쇄소, 일어학교, 작잠회사(柞蠶會社), 장막, 죵람회(縱覽會), 죵친부(宗親府), 즁학교(中學校), 주션병원(慈善病院), 주치회(自治會), 지명야학교, 챵명학교, 천문학(天文學), 청일녀슉, 측량강습소, 측량학교, 톄육구락부(體育俱樂部), 토디됴사국(土地調査局), 학교, 학회, 함흥학교, 협성학교(協成學校), 활판소, 회당, 회사(會社), 회의소(會議所), 회회교(回回教)

대표용례 :

ㄱ. 노불 쟝로亽가 별위원을 션뎡ᄒ야 <u>대학교를</u> 평양에 <u>설립홀</u> 뜻스로 진슐ᄒ매 (신학 99)

ㄴ. 증산 덕마루와 부암리에는 새로 <u>례배당을</u> <u>설립하엿고</u> (신학 291)

ㄷ. 쥬 신부ㅣ 죠션에도 <u>명도회를</u> <u>설립홈</u>이러라 (경보 406)

ㄹ. 인쳔항에다 롱亽와 슈산(水産)의 <u>시험쇼를</u> <u>설립홀</u> 계획이라ᄂ더 (독립)

ㅁ. 한국에서 슈츌ᄒᄂ 쇼의 <u>금역소롤</u> <u>설립ᄒ고</u> 규측을 뎡뎡ᄒ엿더니 (대한)

ㅂ. 박규슌씨와 김병훈씨가 <u>사호원을</u> <u>설립ᄒ기</u>로 즁츄원에 헌의ᄒ 지가 오랜지라 (대한)

'설립(設立)ᄒ다'는 'N$_1$-이 N$_2$-를 설립ᄒ다'를 기본구문구조로 갖는다. <설립물>의 어휘관계를 정리하면, 유의관계로 '고ᄋ원-고해원', '녀주

학교-녀학교’, ‘농ᄉ조합소-농업조합소’, ‘신학교-신학학교’, ‘인쇄소-활판소’, ‘교회-례배당-회당’, ‘도셔관-죵람회’를 들 수 있다. 상위-하위관계를 보면 {회샤⊐누룩회샤, 션샹회샤, 신문샤, 우피회샤, 작잠회샤}, {학교⊐개통학교, 공진학교, 광동학교, 광한학교, 국문학교, 룡쳔학교, 명륜학교, 명진학교, 문진학교, 법정학교, 보문학교, 보셩학교, 보통학교, 부흥학교, 소경학교, 소학교/쇼학교, 신흥학교, ᄉ립학교, ᄉ범학교, 운셩학교, 음악학교, 일어학교, 챵명학교, 함흥학교, 협셩학교}, {녀학교⊐고등녀학교, 보덩녀학교}, {야학교⊐기진야학교, 대챵야학교, 동명야학교, 로동야학교, 지명야학교}, {대학교⊐리과대학교} {즁학교⊐셩신녀즁학교}, {실업학교⊐공업학교, 샹공학교, 샹무학교, 측량학교}, {의슉⊐광명의슉, 무릉의슉, 신명의슉, 쳥일녀슉}, {병원⊐ᄌ션병원}, {학회⊐긔호흥학회}, {강습소⊐농샹강습소, 법률강습소, ᄉ범강습소, 측량강습소}를 확인할 수 있다.

  개화기 신문・잡지에서 ‘회샤(會社)’의 하위어로 ‘가메야회샤, 구릇푸회샤, 대륭어업회샤, 동양쳑식회샤, 동양쳑식쥬식회샤, 만텰회샤; 기싱회샤, 던거회샤, 던긔회샤, 륜션회샤, 박문회샤, 보험회샤, 샹션회샤, 슈도회샤, ᄉ탄회샤, 실업회샤, 양잠회샤, 연초회샤, 염직회샤, 와ᄉ회샤, 용달회샤, 이민회샤, 인등회샤, 전보통신회샤, 젼신회샤, 조직회샤, 쥬식회샤, 질슙회샤, 피물회샤, 합ᄌ회샤, ᄉ긔회샤, 슘림회샤’ 등이 더 문증된다. 기타 개화기에 대한 시사성이 높은 <설립물>로는 ‘공원디, 교육회, 금융부지소, 농림모범쟝, 단셩샤, 대한로동회, 로동조합샤, 롱아원, 리발소, 면샹조합, 명도회, 민회, 사호원, 셩경회, 양로원, 여슉관, 유치원, 은힝, ᄌ치회, 천문학, 톄육구락부, 토디됴사국’ 등을 들 수 있는데, 모두 개화기의 시대상을 반영하는 신생어들이다.

3.3.3.9. 〈성장대상(成長對象)〉

영역결정술어 : N₂-를 기르다

명사어휘목록 : ㉮가쇽(家屬), 개, 고기, 곡식, 군ᄉ(軍士), 군ᄌ(君子), 기ᄉᆡᆼ(妓生), 나무, 누에, 담비, 도야지, 도적, 둙, 륙츅(六畜),132) 머리(頭), 모종, 몸, 물고기, 병졸, 빅ᄆᆞ(白馬), 빅셩(百姓), 사름, 사슴, 샤탕(砂糖), 션비, 쇼, 슈림(樹林), 슈양, 슌검(巡檢), 슬과(實果), ᄉᆡ랑,133) 식구, 신톄(身體), 신하, 실과나무, ᄉᆞ관(士官), 싱명, 쫄, ᄶᅧ, 양, 양무리, 어린ᄋᆞ히, 염쇼, 영ᄒᆞᆫ(嬰孩), 우ᄆᆞ(牛馬), 육신, 인민, 즘승, ᄌᆞ녀(子女), ᄌᆞ손(子孫), ᄌᆞ식(子息), 천쳡(賤妾), 쳡(妾), 츄잠(秋蠶), 흑ᄆᆞ(黑馬)

㉯긔운(氣運), 념치(廉恥), 도, 령혼, 셩품(性品), 슈족(手足), 츙셩(忠誠), 학식, 화, 히(害)

대표용례 :

ㄱ. 돈을 모화 흥업회샤라 셜시ᄒᆞ고 <u>둙과 도야지를 기르는</u> 일에 착슈ᄒᆞ며 (경향)

ㄴ. 빅셩들이 문문ᄒᆞ다고 이러케 극진히 몹시 디졉ᄒᆞᄂᆞᆫ 거슨 국중에 <u>화를 기르는</u> 거시니 (독립)

ㄷ. ᄌᆞ긔 몸과 ᄌᆞ긔 나라에 큰 <u>히를 기르는</u> 걸노 우리는 아노라 (독립)

'기르다'는 'N₁-이 N₂-를 기르다'를 기본구문구조로 갖는다. '기르다'의 다의성으로 인해 ㉯의 추상명사 '긔운, 념치, 도, 령혼, 셩품, 슈족, 츙셩, 학식, 화, 히'도 함께 추출되었다. 이중에 '슈족'은 비유적인 표현으로 "자신의 손과 발 역할을 하는 믿을 수 있는 사람"을 의미한다. <성장대상>의 어휘관계를 정리하면, 유의관계로 '가쇽-식구', '군ᄉ-병졸', '몸-육신-신톄', '빅셩-인민', '어린ᄋᆞ히-영ᄒᆞᆫ', 'ᄌᆞ녀-ᄌᆞ식', '화-히'를 들 수 있고, 반의관계로 '몸-육신-신톄↔령혼'을 들 수 있다. 상위-하위관계를 보면 {사름⊒군ᄌ, 기ᄉᆡᆼ, 도적, 션비, 슌검, 신하, ᄉᆞ관, 쫄, 천쳡, 쳡}, {즘승⊒륙츅⊒개, 도야지, 둙, 빅ᄆᆞ, 쇼, 양, 흑ᄆᆞ}, {나무⊒실과나

---

132) '륙츅'은 "집에서 기르는 대표적인 여섯 가지 가축" 즉 '소, 말, 양, 돼지, 개, 닭'을 이른다.

133) 'ᄉᆡ랑'은 '승냥이'와 '이리'를 아울러 이르는 말이다.

무}, {우무⊐쇼, 빅무, 흑무}, {누에⊐츄잠}, {양무리⊐양⊐슈양}을 확인할 수 있다. 위의 상위어 '즘승'에 대한 하위어이면서 '륙츅'이 아닌 것으로 '사슴, 쇠랑, 염쇼'를 더 들 수 있다. 끝으로 전체-부분관계를 보면 {몸-육신-신톄⊐머리, 슈죡, 쎠}, {슈림⊐나무⊐슬과}를 확인할 수 있다.

3.3.3.10. 〈액체(液體)〉

영역결정술어 : N_3-을 붓다

명사어휘목록 : 거름, 기람/기롬/기름, 독쥬(毒酒), 막걸니, 물, 셕유(石油), 소쥬(燒酒), 쇠, 술/슐, 꿀, 쳥쥬(淸酒)

대표용례 :

　ㄱ. 풀무에 <u>쇠를 부어</u> 물건을 지으매 (신학 263)

　ㄴ. <u>슐을 부어</u> 김씨의게 드리니 김씨가 슐 잔을 들고 (독립)

　ㄷ. 샹류에 잇든 쳥인의 비에 <u>셕유를 부어</u> 불스로기를 시작ᄒᆞ미 (대한)

'붓다'는 'N_1-이 N_2-에 N_3-를 붓다'를 기본구문구조로 갖는다. <액체>의 어휘관계를 정리하면, 상위-하위관계로 {술/슐⊐독쥬; 막걸니, 소쥬, 쳥쥬}, {기람/기롬/기름⊐셕유}를 확인할 수 있다.

3.3.3.11. 〈운송수단(運送手段)〉

영역결정술어 : N_2-를 타다

명사어휘목록 : 가마, 경긔구(輕氣球), 교군(轎軍), 교ᄌ(轎子), 구루마, 구룸, 군함, 군함루릭, 군함아이린, 긔션(汽船), 길타호, 나귀/나구, 남여(藍輿), 노새/노시, 다무쳔환, 당나귀, 뎐거(電車), 뎐긔거(電氣車), 뎐긔츠(電氣車), 람예, 륜션(輪船), 몰/말(馬), 마츠(馬車), 명양환, 목션(木船), 목중쳔환, 미쟝환, ᄆᆞ거(馬車), 박어환, 박이환, 병함, 보교(步轎), 부담말(負擔-), 불라치미아, 비후환, 빅도리아일벗, 빈후환, 비/배, 비후환, 삼

판션(三板船), 샹션(商船), 쇼교(小轎), 수레, 수ᄆ환, 슌가리호, 스인교(四
人轎), 알넥산드린, 약대, 어션(漁船), 어용션(御用船), 엘도라도호, 엠쑤
레쓰어프차이나, 연락션(連絡船), 우편션(郵便船), 인력거/일력거(人力車),
자힝거/ᄌ힝거(自行車), 쟝독교(帳獨轎), 쟝문환, ᄌ뎐거(自轉車), 챵룡호,
철도(鐵道), 쳥ᄉ디, 트랜톤, 팔인교(八人轎), 풍운구,[134] 현희환, 화륜거
(火輪車), 화륜션(火輪船)

대표용례 :

ㄱ. 한죵렬씨가 도포를 닙고 <u>쳥ᄉ디를 타고</u> 돈화문 압헤와셔 말ᄒ기를 (대한)

ㄴ. 졔쥬셤 근디에셔 일인들이 일본 젹은 <u>화륜션을 타고</u> 가다가 파션ᄒ야 (경향)

ㄷ. 법국 사롬 데이와듸보량씨가 <u>경긔구(輕氣球)를 타고</u> 아비리가 닉디를 유람ᄒ랴 (독립)

ㄹ. 제물포에 내려가 공ᄉ 부인은 <u>현희환을 타고</u> 삼십일에 일본 쟝긔로 가고 (독립)

'타다'는 'N₁-이 N₂-를 타다'를 기본구문구조로 갖는다. <운송수단>의 어휘관계를 정리하면, 유의관계로 '구루마-수레', '긔션-륜션-화륜션', '나귀/나구-당나귀', '뎐거-뎐긔거-뎐긔츠', '마츠-ᄆ거', '군함-병함', '자힝거/ᄌ힝거-ᄌ뎐거'를 들 수 있다. 이중 '구루마'는 일본에서 차용한 외래어이다. '-거(車)' 관련 명사로는 다음과 같다.

(33) 독륜거, 븍힝렬거, 인력거, 자힝거/ᄌ힝거, 직통렬거, 화륜거, ᄌ뎐거; ᄌ
동거自動車

이 중 '화륜거'는 오늘날의 "기차/열차"이며, '븍힝렬거, 직통렬거'는 오

---

134) '풍운구'는 "기구"의 일종으로 추정된다. '풍운구'는 (독립)에 두 번 검색되었는데, 예문 "북극을 갓는디 ᄆ춤 남풍이 부러 <u>풍운구</u>가 잘 올나갓다더라"을 통해 "기구"임을 짐작할 수 있다.

늘날 "열차(列車)"의 하위어인 셈이다. 한편 참고자료 신소설의 "동경 ᄀ 는 긔츠를 타고 가다가 쳔우신죠ᄒ야 (혈의누 74), 경부철도 즉힝츠를 타고 ᄒ로 닉에 셔울로 드러닥치더니 (귀의성 75)"에서 개화기 신생어 '긔츠, 즉힝츠'가 '타다'와 통합관계를 보이고 있다. '긔츠'는 '화륜거'와 유의관계임은 물론이다. 'ᄌ동거'는 오늘날의 '자동차'를 말한다.

상위-하위관계를 보면 {가마ㅋ교군, 교ᄌ, 남여, 람예, 보교, 쇼교, 스인교, 쟝독교, 쳥ᄉ뎌, 팔인교}, {경긔구ㅋ풍운구}, {비/배ㅋ군함-병함, 목션, 삼판션, 샹션, 어션, 어용션, 연락션, 우편션, -호, -환}, {몰/말ㅋ노새/노싀, 부담말}을 확인할 수 있다. 개화기 〈운송수단〉에는 '배'와 관련된 어휘 중에 외래어가 많이 포함되어 있다는 점과, 현대국어에서 '배' 이름에 '-호'가 주로 통합하는 것과 달리 개화기에는 '-호'보다는 '다ᄆ쳔환, 명양환, 목즁쳔환, 미쟝환, 박어환, 박이환, 비후환, 빈후환, 비후환, 수ᄆ환, 쟝문환, 현희환'처럼 주로 '-환'이 통합한다는 점이 특징이다.135) 이것은 일본 한자어 '-丸'에서 차용된 것임은 분명하다. 오늘날에는 배 이름에 '-환'을 붙이지 않는다는 점에서 보면 '-환'은 사라진 차용 파생 접미사인 셈이다.

〈운송수단〉 → 〈선박(船舶)〉

영역결전술어 : N₁-이 침몰ᄒ다

명사어휘목록 : 군함, 륜션(輪船), 비, 샹션(商船), 어션(漁船), 어용션(御用船), 우톄션(郵遞船)

대표용례 :

ㄱ. 우톄션 일쳑이 침몰ᄒ엿눈딕 ᄲ져 죽은 사롬이 이십 오명이라더라 (대한)

ㄴ. 바회에 걸닌 군함은 아조 침몰ᄒ어 둣디만 물우혜 뵈이고 (대한)

---

135) 대체로 선박의 이름이 외국어일 때는 '-호'를 붙였고, 한자어일 때는 '-환'을 붙였던 듯하다. "긔션 우쓰트반 호, 군함 세치쓰 호, 영국군함 쏘로라 호, 좀슈뎡 푸리유푸오이스 호".

'침몰(沈沒)호다'는 'N₁-이 침몰호다'의 자동사 구문을 기본구문구조로 갖는다. <선박>의 최상위어는 '비'이며, 나머지 어휘들은 등위관계를 이루고 있다. 한편 '-션(船)' 관련 명사로는 다음과 같다.

(34) 경비션, 고용션, 뎡병션, 디뢰포션, 방비션, 비힝션, 삼판션, 셕탄션, 슈뢰션, 슈뢰포션, 슈송션, 슌라션, 슌량션/슌양션, 슌희션, 식물션, 어망션, 어용션, 어작션, 어치션, 연락션, 우테션, 우편션, 운반션, 운숑션, 유람션, 죠계션, 쳘갑션/텰갑션, 혜륜션, 화륜션

이 중에 '비힝션(飛行船)'은 '비힝긔'와 유의관계에 있는 개화기 신생어이다. '어용션(御用船)'은 '임금이나 왕실에서 쓰는 배'를 이르는데, 현대국어에서는 쓰이지 않는 死語이다. 한편『표준국어대사전』에는 '우테션(郵遞船)'이 등재되어 있지 않다. 개화기에 '우테션'과 '우편션(郵便船)'이 유의어로 경쟁관계에 있었다가 오늘날 '우편션'이 살아남은 것으로 파악된다.[136]

3.3.3.12. 〈제조물(製造物)〉

영역결정술어 : N₂-를 제조호다

명사어휘목록 : 구루마, 구츅함(驅逐艦), 국긔(國旗), 군긔(軍器), 군함, 금병풍, 긔계(機械), 긔념비(記念-), 긔념장(記念章), 담비셜합(--舌盒),[137] 대포, 뎐거(電車), 뎐션(電線), 뎐화(電話), 동부쳐, 동상, 등잔, 마챠(馬車), 모즈(帽子), 물건, 물픔(物品), 물화(物貨), 병긔(兵器), 비힝긔(飛行機), 비힝션

---

136) 참고로 "줄"의 의미인 '-션(線)' 관련 명사로는 '경위션(經緯線), 뎐긔션/젼긔션/전긔션, 뎐보션, 뎐화션'이 더 문증되고, "길"의 의미인 '-션(線)' 관련 명사로는 '경원션, 텰도션'이 더 문증된다.

137) '셜합(舌盒)'은 '서랍'에 대한 한자어인 셈인데,『표준국어대사전』에서는 '서랍'의 잘못으로 처리하고 있다.

(飛行船), 샹션(商船), 소금, 슈뢰뎡(水雷艇), 신식탄환, 아편연, 약, 원료, 은솟, 은화폐, 인력거, 전방장(?房帳), 전투함(戰鬪艦), 질그릇, 질삼(길쌈), ᄌ동거(自動車), 총, 총포, 탄약, 함디(艦隊), 화폐

대표용례 :

ㄱ. <u>동상을 제조홀</u> 초로 경비 삼만원을 예산ᄒ고 (대한)

ㄴ. 그 디방 교도들이 긔념장을 은으로 <u>제조ᄒ야</u> 주엇다더라 (대한)

ㄷ. 덕국에셔는 려힝ᄒ는디 툴 <u>비힝션을 제조ᄒ야</u> 향쟈에 비힝션 긔사식을 거힝ᄒ고 (대한)

ㄹ. 폐하끠 밧치기 위ᄒ야 <u>금병풍과 은솟과 전방장을</u> 방금 제조ᄒᄂ 중이라더라 (대한)

‘제조(製造)ᄒ다’는 ‘N$_1$-이 N$_2$-를 제조ᄒ다’를 기본구문구조로 갖는다. <제조물>은 신문・잡지에서만 추출된다. <제조물>의 어휘관계를 정리하면, 유의관계로 ‘군긔-병긔’, ‘물건-물품’, ‘비힝긔-비힝션’, ‘총-총포’를 들 수 있다. 상위-하위관계를 보면 {물화⊒물건-물품, 화폐}, {화폐⊒은화폐}, {함디⊒군함⊒구츅함, 슈뢰뎡, 전투함}, {동상⊒동부쳐}, {탄약⊒신식탄환}, {군긔-병긔⊒대포, 총-총포}를 확인할 수 있다. ‘-함(艦)’ 관련 명사로는 다음과 같다.

(35) 구츅함, 슌양함, 슌라함, 전투함, 텰갑함

(35)의 예들은 ‘군함’의 하위어들이다. ‘슌양함(巡洋艦)’은 ‘슌량션/슌양션(巡洋船)’과 유의어이지만 오늘날에는 ‘-함’ 계열만 살아 있다. ‘슌라함(巡邏艦)’은 ‘슌라션(巡邏船)’과 유의어지만 오늘날에는 ‘-선’ 계열만 살아 있다. ‘텰갑함(鐵甲艦)’은 ‘쳘갑션/텰갑션(鐵甲船)’의 유의어이다. 오늘날에는 ‘-선’ 계열과 ‘-함’ 계열이 모두 살아 있으나 ‘-선’ 계열은 남한어로, ‘-함’ 계열은 북한어로 인식되고 있다. ‘군함’의 하위어로 ‘좀슈함(潛水艦)’은

문증되지 않는다. 다만 '좀슈뎡(潛水艇)'이 문증된다.

〈제조물〉→〈수리대상(修理對象)〉

영역결정술어 : N_2-를 슈리ᄒ다

명사어휘목록 : 경운궁, 경찰셔(警察署), 고등지판쇼(高等裁判所), 교당, 교
  슈(校舍), 교양/교량(橋梁), 길, 단, 대궐, 도량형, 도로, 동산길, 동헌, 무
  덤, 병쟝기(兵仗器), 셕물(石物), 션화당(宣化堂), 셩뎐(聖殿), 슈비영(守備
  營), 종각(鐘閣), 집, 창덕궁, 쳐소(處所), 쳔변(川邊), 칠셩당(七星堂), 탄환
  (彈丸), 텬황궁(天皇宮), 학교, 학당, 해변등디(海邊燈臺)

대표용례 :

  ㄱ. 셩안 셩밧 <u>도로와 교양과 쳔변 슈리홀</u> 일노 (독립)

  ㄴ. 여호와의 <u>단을 슈리햇다</u> 함은 녜젼에 하나님의 단이 거긔 잇는 거슬 아
    합이다 (신학 463)

  ㄷ. <u>도량형을 슈리ᄒ기</u> 위ᄒ야 특허를 밧으려면 엇지 ᄒᄂ뇨 (경보 421)

  ㄹ. <u>교슈를 슈리ᄒ고</u> 학교의 셔격과 졔구를 모다 담당ᄒ얏다더라 (대한)

'슈리(修理)ᄒ다'는 'N_1-이 N_2-를 슈리ᄒ다'를 기본구문구조로 갖는다.
<수리대상>의 어휘관계를 정리하면, 유의관계로 '길-도로', '학교-학
당', '교당-셩뎐'을 들 수 있다. 상위-하위관계를 보면 {쳐소⊐경찰셔,
고등지판쇼, 교슈, 대궐, 슈비영, 종각, 집, 칠셩당, 해변등디}, {대궐⊐
경운궁, 창덕궁, 텬황궁}, {동헌⊐션화당}, {길-도로⊐동산길}을 확인할
수 있으며, 부분-전체관계를 보면 {무덤⊐셕물}, {병쟝기⊐탄환}을 확
인할 수 있다.

3.3.3.13. 〈조명(照明)〉

영역결정술어 : N_2-를 켜다

명사어휘목록 : 광명촉, 등, 등불, 등잔불, 등화(燈火), 만슈향(萬壽香),[138]

불, 석유등, 성양(<石硫黃), 쟝명등(長明燈),139) 초불, 촉불/쵹불

대표용례 :

　ㄱ. 음력 정월 쵸八일에 <u>만슈향을 켜셔</u> 손에 들고 (독립)

　ㄴ. 이 집도 옥누 되여 우리 민인 놉히 안져 <u>광명촉을 켜여</u> 노코 (독립)

　'켜다'는 'N₁-이 N₂-를 켜다'를 기본구문구조로 갖는다. <조명>의 어휘관계를 정리하면, 유의관계로 '등불-등화', '초불-촉불/쵹불'을 들 수 있고, 상위-하위관계를 보면 {등⊇석유등, 쟝명등}, {불⊇등불-등화, 등잔불, 초불-촉불/쵹불}을 확인할 수 있다. '등' 관련 명사로는 '젼긔등, 와샤등'이 더 있다.

3.3.3.14. 〈축조물(築造物)〉

영역결정술어 : N₂-를 건축ᄒ다

명사어휘목록 : 가옥, 관샤(官舍), 관청(官廳), 교당, 궁궐, 긔념각(記念閣), 닉각(內閣), 담, 대궐, 대학교, 독립관, 동물원, 례비당(禮拜堂), 루각(樓閣), 면쥬젼(綿紬廛), 목욕실, 버니엘셩, 별궁, 보언, 부두, 불교당, 셩읍/셩웁, 셕탄고(石炭庫), 셩(城), 셩곽(城廓), 셩당(聖堂), 셩치(城砦), 신당, 스당(祠堂), 양셩소(養成所), 양옥집, 어필각(御筆閣), 연회장(宴會場), 영문(營門), 왕묘, 죠경단소, 죠션쇼(造船所), 지실(齋室), 지판소(裁判所), 쳥년회관(靑年會館), 축셩(築城), 층집(層-), 텬황궁(天皇宮), 텰도(鐵道), 특허국(特許局), 평리원(平理院),140) 포더(砲臺), 학교, 학교집, 함더(艦隊), 황뎨단(皇帝壇), 회당(會堂)

대표용례 :

---

138) '만슈향'의 어의는 "부처 앞에 태우는 향"이다.

139) '쟝명등'의 어의는 "대문 밖이나 처마 끝에 달아 두고 밤에 불을 켜는 등"이다.

140) 대한제국 때에 재판을 맡아보던 중앙 관청인데, 최고 법원에 해당하는 것으로, 광무 3년(1899)에 고등 재판소를 고쳐 두었다가 융희 1년(1907)에 없앴다.

ㄱ. 황뎨 혼 짜흘 긔간ᄒ고 <u>셩곽과 보언을 건츅ᄒ며</u> (미일)

ㄴ. 포구롤 긔항ᄒ며 <u>텰도롤 건츅ᄒ거나</u> (경보 66)

ㄷ. 맥길년이가 신문 외에 <u>층집을 건츅ᄒᄂ딕</u> (대한)

'건츅(建築)ᄒ다'는 'N₁-이 N₂-를 건츅ᄒ다'를 기본구문구조로 갖는다. <축조물>의 어휘관계를 정리하면, 유의관계로 '궁궐-대궐', '양옥-양옥집', '례비당-셩당', '학교-학교집' 등을 들 수 있다. 상위-하위관계를 보면 {교당∋례비당, 불교당}, {셩치∋셩∋버니엘셩, 축셩}, {궁권-대궐∋텬황궁, 별궁}, {지판소∋평리원}, {가옥∋양옥-양옥집, 관샤, 층집}, {회당∋청년회관}, {루각∋긔념각, 어필각}, {신당∋ᄉ당}을 확인할 수 있고, 부분-전체관계를 보면 {셩∋셩곽, 보언}, {집∋담, 목욕실, 지실}을 확인할 수 있다.

3.3.3.15. 〈폭발물(爆發物)〉

영역결정술어 : N₁-이 터지다

명사어휘목록 : 대포알, 셕유ㅅ통, 슈뢰포(水雷砲), 총환(銃丸), 탄환(彈丸), 폭발약, 폭발탄, 화약, 화약고, 화학약

대표용례 :

ㄱ. 여러 <u>화학약이 터지면</u> 그 형용을 우리가 말ᄒ는 거시라 (대죠션)

ㄴ. 그 대포의 힘을 발할 수 업고 만일 <u>대포알이 터져</u> 나가지 아니하면 (신학 246)

'터지다'는 'N₁-이 (N₂-에서) 터지다'의 자동사 구문을 기본구문구조로 갖는다. <폭발물>의 어휘관계를 정리하면, 유의관계로 '총환-탄환', '폭발약-폭발탄', '화약-화화약' 등을 들 수 있다.

3.3.4. 사회

개화기 신문·잡지에서 추출된 고빈도 술어 중에서 사회 관련 주요 화제영역을 결정하는 영역결정술어에는 '기량(改良)ᄒ다, 금지(禁止)ᄒ다; 금(禁)ᄒ다, 긔부(寄附)ᄒ다, 랑자(狼藉)ᄒ다, 답지(遝至)ᄒ다, 대치(大熾)ᄒ다, 문명(文明)ᄒ다, 비쳑(排斥)ᄒ다, 보호(保護)ᄒ다, 슈졍(修正)ᄒ다, 실시(實施)ᄒ다, 양성(養成)ᄒ다, 예비(豫備)ᄒ다, 퍼지다, 옴기다, 부러지다, 됴사(調査)ᄒ다, 조직(組織)ᄒ다, 기셜(開設)ᄒ다, 비셜(排設)ᄒ다, 첨부(添附)ᄒ다, 부슈다, 평론(評論)ᄒ다, 페지(廢止)ᄒ다, 쇼화(燒火)ᄒ다; 불지르다, 확장(擴張)ᄒ다'가 선정되었다. 이어서 개화기 신문·잡지에서 사회 관련 영역결정술어에 따라 통합관계를 보이는 명사 어휘를 화제영역별로 제시하고, 특징적인 언어 사실과 어휘론적 특징, 특히 영역 내에서 관계 지을 수 있는 어휘관계를 정리한다.

3.3.4.1. 〈개량대상(改良對象)〉

영역결정술어 : N₂-를 기량ᄒ다

명사어휘목록 : 관부(官府), 군수, 규모(規模), 논, 농ᄉ방침(農事方針), 농업, 누룩, 뒤ㅅ간, 디방힝졍(地方行政), 련락(連絡/聯絡), 루습(陋習), 마필(馬匹), 말, 밧, 방법(方法), 병원(病院), 사회(社會), 선거법(選擧法), 셰무규측(稅務規則), 슈산업(水産業), 슌셔(順序), 슐, 슐맛, 악습(惡習), 연희(演戱), 인쇄(印刷), 전답(田畓), 정치, 총긔(銃器), 토디, 풍속(風俗), 픔셩(品性)

대표용례 :

ㄱ. 한셩 쥬조조합소에서 <u>슐과 누룩을 기량홀</u> 츠로 데ᄉ츠 연구회를 ᄒ다더라 (대한)

ㄴ. 한셩니 <u>뒤ㅅ간을 기량훈</u> 후에 븍부 인민의 집에셔는 쏭통이 넘쳐셔 (대한)

'기량(改良)ᄒ다'는 'N₁-이 N₂-를 기량ᄒ다'를 기본구문구조로 갖는다.

<개량대상>의 어휘관계를 정리하면, 유의관계로 '루습-악습', '말-마필'을 들 수 있다. 상위-하위관계를 보면 {풍속⊐루습-악습}, {토디⊐전답⊐논, 밧}을 확인할 수 있다. 한편 <개량대상>은 대부분이 일본이나 서구의 사고나 문화에 힘입어 근대화의 일차 대상이 된 어휘집합인 셈인데, 개화기 이전의 사회 체제를 보여주는 어휘인 '관부, 군슈, 논, 농ㅅ방침, 농업, 누룩, 뒤ㅅ간, 디방힝정, 련락, 루습, 마필, 말, 밧, 사회, 세무규측, 슈산업, 슐, 악습, 연희, 전답, 정치, 총긔, 토디, 풍속' 등은 말할 것도 없고 개화기에 근대화를 상징하는 신생어인 '병원, 션거법, 인쇄'도 개량의 대상이 되었다.

3.3.4.2. 〈금지대상(禁止對象)〉

영역결정술어 : N₂-를 금지ᄒ다; 금ᄒ다

명사어휘목록 : 간음(姦淫), 검슐(劍術), 구경군, 구람쟈(購覽者), 군물수입(軍物輸入), 귀신화상(鬼神畵像), 금광(金鑛), 노예매매(奴隷賣買), 담졔(禫祭), 대상(大祥), 도적(盜賊), 독립협회(獨立協會), 란류(亂類), 란류비(亂類輩), 로동소(勞動所), 모상(模像), 무녀(巫女), 무당(巫堂), 무명잡셰수렴(無名雜稅收斂), 물, 밍셰(盟誓), 발믹반포/발매반포(發賣頒布), 복장(服裝), 본업(本業), 사쥬전(私鑄錢), 산양ᄒ기, 산포슈(山砲手), 샹쇼(上疏), 셩교(聖敎), 슐, ㅅ변(事變), ㅅ업(事業), ㅅ치(奢侈), 아편(阿偏), 아편연(阿偏煙), 악습(惡習), 악풍(惡風), 연셜회(演說會), 연희장(演戲場), 옥식젼복(玉色戰服), 외국돈, 우상(偶像), 월권(越權), 유의유식(遊衣遊食), 작난(장난), 잡류(雜類), 잡셜(雜說), 잡인(雜人), 쟝ㅅ(葬事), 전염병(傳染病), 졔조(製造), 조상봉ㅅ(祖上奉祀), 좌판(坐板), 죄(罪), 진검승부(眞劍勝負), 쳠치기, 츌입, 텬쥬교(天主敎), 토론회(討論會), 통용(通用), 판슈,[141] 편싸홈, 평복(平服), 폐단(弊端), 핍박(逼迫), 학졍(虐政), 협잡(挾雜), 혼인(婚姻), 화투판

---

141) 남자 무당.

(花鬪-), 힝동, 힝실

대표용례 :

ㄱ. 외국에 의뢰홈을 결단코 요힝으로 알지 말며 <u>유의유식을 금지ᄒ며</u> (대한)

ㄴ. 신한민보 빅이십칠 호는 치안에 방해라 ᄒ야 <u>발매반포를 금지ᄒ엿다더라</u> (대한)

ㄷ. 우리 텬쥬교 즁의셔 모샹을 믄둘지라도 이단의 <u>모샹을 엄히 금홀</u> 쑨 아니라 (경보 340)

ㄹ. 비록 인산 전이라도 사샤 집에 <u>쟝〈와 대샹과 담졔를 금ᄒ지</u> 말나고 ᄒ엿더라 (독립)

'금지(禁止)ᄒ다; 금(禁)ᄒ다'는 'N₁-이 N₂-를 금지ᄒ다; 금ᄒ다'를 기본 구문구조로 갖는다. <금지대상>의 어휘관계를 정리하면, 유의관계로 '란류-란류비-잡류-잡인', '무녀-무당', '악습-악풍', '아편-아편연', '모샹-우샹', '힝동-힝실' 등을 들 수 있다. 상위-하위관계를 보면 {복쟝∋옥식 전복, 평복}, {모샹-우샹∋귀신화샹}, {조샹봉〈∋담졔, 대샹}, {검슐∋진검승부} 등을 확인할 수 있다. 여기서 '진검승부'는 일본에서 들어온 차용어인데 원래는 일본무사(사무라이)들의 칼싸움을 이르는 말이었다. 이런 이유로 현재 '진검승부'는 『표준국어대사전』에 등재되어 있지 않은 어휘이다.

한편 <금지대상>에 속한 몇 가지 개별 어휘를 살펴보면, '구람쟈'는 현대국어의 '구독자(購讀者)'를 의미하는 개화기 어휘이다. '담졔'는 대샹(大祥)을 치른 다음다음 달 하순의 정일(丁日)이나 해일(亥日)에 지내는 제사를 의미한다.[142] '대샹'은 사람이 죽은 지 두 돌만에 지내는 제사를 의미한다. '로동소'는 현대국어의 '노동조합소'에 해당하는 어휘이다.[143]

---

142) '담졔'는 초상으로부터 27개월 만에 지내나, 아버지가 생존한 모상이나 처상일 때에는 초상으로부터 15개월 만에 지낸다.

143) '로동소'는 개화기 신문 자료에 1번 검색된다. 1907년의 『대한민일신보』 기사

‘사쥬젼’은 개인이 사사로이 주조한 돈을 의미하는 어휘이며, ‘옥식젼복’은 조선후기에, 무관들이 입던 옷인데 깃, 소매, 섶이 없고 등솔기가 허리에서부터 끝까지 트여 있다. 고종 때에 소매가 넓은 옷을 못 입게 하면서 문무 관리들이 평상복으로 입게 되었다.

끝으로 ‘금하다’는 현대국어에서처럼 개화기국어에서도 “감정을 억누르거나 참다.”는 어의가 포착된다. 여기서 묶이는 어휘집합으로 {칠정(七情)ㅋ욕심ㅋ스욕(私慾), 육욕(肉慾), 탐심}을 들 수 있다. 넓게는 이들도 <금지대상>에 포함시킬 수 있겠다.

3.3.4.3. 〈기부장소(寄附場所)〉

영역결정술어 : N_3-에 긔부ᄒ다

명사어휘목록 : 고아원/고ᄋ원(孤兒院), 교회(敎會), 국민대연셜회(國民大演說會), 국채보상(國債報償), 극명유치학교(克明幼稚學敎), 농샹공부(農商工部), 대동교근친회(大同敎懇親會), 동양교육스업(東洋敎育事業), 모국대학교(母國大學校), 병원(病院), 본사(本社), 신궁봉경회(神宮封境會), 실업샤(實業社), 실업젼업소(實業專業所), 자션병원(慈善病院), 쟝훈학교(獎訓學校), 학교(學校), 호남학회(湖南學會), 홍스단(興士團), 히동학교(海東學校)

대표용례 :

　ㄱ. 일본 황태ᄌ 뎐하끠셔 <u>홍스단에</u> 돈 십만 원을 <u>긔부ᄒ셧ᄂ디</u> (대한)

　ㄴ. 히 씨가 각 <u>실업샤에 긔부ᄒ</u> 돈이 이쳔 오빅만 방 이상에 달ᄒ엿ᄂ디 (대한)

‘긔부(寄附)ᄒ다’는 ‘N_1-이 N_2-를 N_3-에 긔부ᄒ다’를 기본구문구조로 갖는다. <기부장소>에는 개화기 사회상의 일면을 엿보게 하는 어휘들이 많이 포함되어 있다. 그 중에서 ‘호남학회’는 1907년에 전라도 지방에서 조직된 애국계몽 운동단체이다. 호남지역의 교육과 산업의 발전을

“미국 샹항 경무청에셔 일인의 <u>로동소를</u> 금지ᄒ고 문픽ᄭ지 쎄여 ᄇ리는 고로”를 참조할 수 있다.

위하여 힘썼으며 1910년까지 기관지를 발간하기도 했다.[144) '흥ᄉ단'은
흔히 1913년 안창호가 미국 샌프란시스코에서 창립한 민족부흥 운동단
체로 알고 있으나 이미 한일합방 이전에 유길준을 부의장으로 조직되었
다.[145) '신궁봉경회'는 일본의 죽은 왕이나 왕족의 시조를 모시던 단체
이다. 이 곳에서 제단을 세우기도 했는데, 각지에서 1909년에 기부금을
거두었다. <기부장소>의 어휘관계를 정리하면, 상위-하위관계로 {학교
⊐극명유치학교, 모국대학교, 쟝훈학교, 해동학교}, {병원⊐자션병원}
을 확인할 수 있다.

3.3.4.4. 〈낭자물(狼藉物)〉

영역결정술어 : N₁-이 랑자ᄒ다

명사어휘목록 : 곡셩(哭聲), 공론(公論), 돈, 민원(民怨), 비평(批評), 소문/쇼
문(所聞), 쇼리, 쎠, 원망(怨望), 원셩(怨聲), 유혈/류혈(流血), 음식(飮食),
인원(人怨), 잡기(雜技), 젼셜(傳說), 쳥문(聽聞), 칭숑(稱頌), 칭원(稱寃), 풍
셜(風說), 피, 항셜(巷說), 호원(呼寃)

대표용례 :

　ㄱ. 엄쥬항은 평창 군슈로 잇슬 쩌에 비증호 <u>돈이 극히 랑자ᄒ다는</u> (믜일)

　ㄴ. 빈한호 사름을 세 번이나 진휼ᄒ엿다고 <u>칭숑이 랑자ᄒ다더라</u> (대한)

　ㄷ. 북채로 머리를 상하와 <u>류혈이 랑자하여</u> 목불인견이라 (신학 133)

'랑자(狼藉)ᄒ다'는 'N₁-이 랑자ᄒ다'의 형용사 구문을 기본구문구조
로 갖는다. <낭자물>의 어휘관계를 정리하면, 유의관계로 '민원-인원',

---

144) '호남학회' 이외에도 '서북학회(西北學會), 긔호흥학회(畿湖興學會), 교남교육회(嶠
　　南敎育會)' 등이 각 지방인사를 중심으로 설립되어 매월 학회보를 발행하는 한편
　　교과서 집필 등 각종 학술활동도 전개하였다(김봉희 1999: 22).

145) 개화기 신문자료에 '흥ᄉ단'이 1907년부터 1910년까지 총 7번 검색되었다. 위의
　　내용은 기사를 확인한 결과이다.

'칭원-호원', '유혈/류혈-피', '소문/쇼문-청문-풍셜-항셜' 등을 들 수 있다. 한편 반의관계로 '비평↔칭숑'을 들 수 있다. 상위-하위관계를 보면 {원망∋칭원-호원}, {쇼리∋곡성, 원성}을 확인할 수 있다.

3.3.4.5. 〈답지물(遝至物)〉

영역결정술어 : N_1-이 답지ᄒ다

명사어휘목록 : 공ᄉ(公事), 기셔(寄書), 남녀로쇼(男女老少), 몽둥이, 민소(民訴), 사름, 소문, 쳥원(請願), 쳥쵹(請囑), 투셔(投書), 호소(呼訴), 호원(呼冤)

대표용례 :

　ㄱ. 진도 등 군 빅셩들의 <u>호원이</u> 관찰도에 <u>답지ᄒ다더라</u> (대한)

　ㄴ. 쟉년 팔월에 온 공문을 엇지 지금ᄭ지 두엇ᄂ지 <u>공ᄉ가 답지ᄒ야</u> (미일)

　ㄷ. 쟝담ᄒ던 입으로 <u>몽둥이가 답지ᄒ민</u> 이고이고 날 살녀 (대한)

'답지(遝至)ᄒ다'는 'N_1-이 N_2-에 답지ᄒ다'의 자동사 구문을 기본구문 구조로 갖는다. 〈답지물〉의 어휘관계를 정리하면 유의관계로 '기셔-투셔', '호소-호원', '쳥원-쳥쵹'을 들 수 있다. 상위-하위관계를 보면 {사름∋남녀로쇼}를 확인할 수 있다 .

3.3.4.6. 〈대치주체(大熾主體)〉

영역결정술어 : N_1-이 대치ᄒ다

명사어휘목록 : 강도(强盜), 괴질(怪疾), 군난(軍亂), 도젹/도적(盜賊), 려긔(沴氣), 려역(癘疫), 마적(馬賊), 악질(惡疾), 염병(染病), 염질(染疾), 우질(牛疾), 의병(義兵), 적경(賊警), 전염병(傳染病), 좀도적, 화젹/화적(火賊)

대표용례 :

　ㄱ. 슌조신ᄉ(純祖辛巳)년에 <u>괴질이 대치ᄒ야</u> 사름이 무수히 죽으매 (경보 312)

　ㄴ. 근일에 셔강과 무쇠막과 검은돌 근쳐에 <u>화젹이 대치ᄒ민</u> 밤이면 송구ᄒ

야 (미일)

ㄷ. 제쥬셤에 <u>려긔(沴氣)가 대치ᄒ야</u> 스오일 닉에 혼 집에셔만 열네 사롬이 죽
고 (경향)

‘대치(大熾)ᄒ다’는 “기세가 아주 성하다”는 뜻의 영역결정술어이다. ‘N₁-이 대치ᄒ다’의 형용사 구문을 기본구문구조로 갖는다. <대치주체>의 어휘관계를 정리하면, 유의관계로 ‘려역-염병-염질-전염병’, ‘괴질-악질’을 들 수 있다. 상위-하위관계를 보면 {도적/도격∋강도, 마적, 좀도적, 화적/화격}을 확인할 수 있다. 여기서 {도적/도격∋좀도적}은 파생에 따라 단어족을 이루는 경우이다.

3.3.4.7. 〈문명대상(文明對象)〉

영역결정술어 : N₁-이 문명ᄒ다

명사어휘목록 : 경츅회(慶祝會), 교ᄉ(敎師), 국가(國家), 규칙, 긔계(器械/機械), 기예(技藝), 강국(强國), 기화국(開化國), 나라, 대한(大韓), 명예(名譽), 민족(民族), 법률(法律), 부인, 빅셩, 사롬, 샤회(社會), 세계, 세샹, 싀골, 신학문(新學問), 싱각, 인민, 정치, 졔도(制度), 풍긔(風紀), 풍속(風俗), 학도(學徒), 학문, 학식

대표용례 :

ㄱ. 백성도 잘 다사려 <u>정치가 문명하고</u> 나라히 크게 흥왕하엿시며 (신학 94)

ㄴ. <u>나라가</u> 자연이 <u>문명ᄒ고</u> 부강혼 나라 되기가 쉬울터이니 (미일)

‘문명(文明)ᄒ다’는 ‘N₁-이 문명ᄒ다’의 형용사 구문을 기본구문구조로 갖는다. ‘문명ᄒ다’는 현대국어에서는 한정적 용법만 보인다. 예컨대, ‘문명한 나라, 문명한 사회, 문명한 생활을 영위하다’ 등과 같은 관형사형 구문으로만 쓰인다. 그러나 개화기국어에서는 이런 한정적 용법뿐만 아니라 서술적 용법도 생산적으로 쓰였다. <문명대상>의 명사어휘목

록을 이루는 어휘들의 대표용례가 이러한 사실을 잘 보여준다. <문명대상>의 어휘관계를 보면, 유의관계로 '국가-나라', '세계-셰상', '풍긔-풍속', '빅셩-인민' 등을 들 수 있다. 상위-하위관계를 보면, {국가-나라⊇ᄌ국, 긔화국}, {사롬⊇교ᄉ, 부인}, {학문⊇신학문}을 확인할 수 있다. 개화기에 근대화를 이루기 위해 우선적으로 중요한 개념을 <문명대상> 어휘를 통해 확인할 수 있다.

3.3.4.8. 〈배척대상(排斥對象)〉

영역결정술어 : N_2-를 비쳑ᄒ다

명사어휘목록 : 가능(可能), 거즛말, 긔독교(基督敎), 단군(檀君), 도리(道理), 동양인(東洋人), 령젹(靈績), 레법(禮法), 로동쟈(勞動者), 매민(賣買), 무돈챡쥬의(無頓着主義Indifferentismus),[146] 부활(復活), 북미국(北美國), 샤망(死亡), 션견안비(先見按排), 셩경(聖經), 셩교(聖敎), 영국(英國), 예언(豫言), 오국, 외국, 외국인, 우상(偶像), 유물론(唯物論), 유물진화(唯物進化), 일본, 일본국민, 일본물픔, 일본역부, 일본인, 일본학동, 일진회, 존지(存在), 종교(宗敎), 중지(仲裁), ᄌ싱지셜(自生之說), 친부(親父), 텬쥬교(天主敎), 통치, 학싱(學生), 허망지셜(虛妄之說)

대표용례 :

ㄱ. 이 예언의 <u>가능(可能Possibilitas)을 비쳑ᄒᄂ</u> (경보 274)

ㄴ. 친ᄌ식이 <u>친부롤 비쳑홈</u> (경향)

ㄷ. 합방이 된 이후에는 <u>단군을 비쳑ᄒ고</u> 텬죠 대신을 밧들 거시오 (대한)

---

146) '頓着'은 일본어이여서『표준국어대사전』에는 등재되어 있지 않다. 물론『조선어사전』의 '頓' 조항에도 '頓着'은 등재되어 있지 않다. 사전에 언어현실이 남김없이 충실하게 반영되기를 기대할 수는 없지만, 위와 같은 사실로 미루어 볼 때『조선어사전』은 당시의 언어현실을 충실하게 반영한 사전이라기보다 문자 그대로 '조선어'의 사전이라고 볼 수 있다. 즉 일본어에는 있었는데, 조선어에는 없으면, 표제어로 선정되지 않았던 것이다.

'비척(排斥)ᄒ다'는 'N₁-이 N₂-를 비척ᄒ다'를 기본구문구조로 갖는다. 성경 레지스터에서 추출된 '샤망'을 제외한 <배척대상>은 모두 신문·잡지에서만 추출되었다. <배척대상>의 어휘관계를 정리하면 반의관계로 '부활↔샤망'을 들 수 있다. 상위-하위관계로 {외국⊇북미국, 영국, 오국, 일본}, {외국인⊇동양인⊇일본인}, {종교⊇긔독교, 텬쥬교}를 확인할 수 있다. 신문·잡지에 나타난 '-교(敎)' 관련 명사를 보이면 다음과 같다.

(36) 긔독교, 텬쥬교, 회회교, 태극교(大極敎), 증산교(甑山敎), 인도교, 복타교, 시텬교(侍天敎), 빅빅교(白白敎), 대동교(大同敎), 공즈교, 공밍교

'회회교(回回敎)'는 오늘날의 '이슬람교'를 말한다. 회회교의 경전을 개화기에 '과연경(1회 출현)'이라고 불렀는데 오늘날 '코란'을 의미한다. 신문·잡지에 '고란경(8회 출현)'으로 표기되기도 한다. '인도교(印度敎)'와 '복타교(伏陀敎)'는 유의어이며, 오늘날의 '힌두교'를 말한다. '공즈교'와 '공밍교'도 유의어이다.

부분-전체관계로 {일본⊇일본국민, 일본물픔, 일본역부, 일본인, 일본학동}을 확인할 수 있다. 기타 눈에 띄는 개화기 신생어로 '무둔챡쥬의, 유물론, 유물진화, 일진회' 등이 추출되었다. 끝으로 '유물론(唯物論 Materialismus)'처럼 '-론(論)' 관련 명사로는 다음과 같다.

(37) 경츅론, 공화론, 교육론, 다신론, 독립론, 령혼론, 민권론, 불평론, 속죄론, 슉명론, 시셰론, 식리론, 실톄론, 양력론, 예비론, 우두론, 우상론, 우쥬즉신론, 유물진화론, 유신론, 음력론, 인죵다원론, 전긔론, 정치론, 준힝론, 즉신론, 진화론, 합방론, 화폐론, 긔벽론, 긔화론 ; 결국론(結局論), 교회론(敎會論), 그리스도론(基督論), 뎡명론(定命論, Determinismus), 무신론(無神論, Atheismus), 실험론(實驗論, Positivismus), 유물론(唯物論, Materialismus), 인류

론(人類論), 쥬신론(主信論), 쥬젼론(主傳論, Traditionalismus), 증거론(證據論)

개화기 신문·잡지에서는 '-론' 관련 명사들을 상당히 고급 전문 어휘로 판단한 듯하다. 그래서인지 해당 어휘에 한자를 노출시키거나 경우에 따라서 번역 원어까지 병기한 것이 다른 파생어들에 비해 많은 편이다.

3.3.4.9. 〈보호대상(保護對象)〉

영역결정술어 : N_2-를 보호ᄒ다

명사어휘목록 : 가권, 가산, 거류디(居留地), 거류민(居留民), 고을, 공ᄉ관(公使館), 공업(工業), 교민(敎民), 국가, 군슈(郡守), 권리, 그리스도인, 나라, 나무, 넘탐군(廉探軍), 농업쟈(農業者), 님군, 대궐, 뎡부(政府), 독립권(獨立權), 돌, 동리, 령혼(靈魂), 망명쟈(亡命者), 목숨, 몸, 민회(民會), 범어ᄉ(梵魚寺), 베드로(Petrus), 비(舟), 빅셩, 사롬, 산림, 샤관, 샹민(商民), 샹업(商業), 신부(神父), 싱명(生命), 안해, 예수, 외국인, 육신, 이삭(Isaac), 인민, 일본인, 일신(一身), ᄋ희, 죠션(朝鮮), 집, 집안, 주녀(子女), 주손(子孫), 지산(財産), 쳐주(妻子), 쳘도(鐵道), 총리, 통감, 폐하, 풀, 한국, 향리, 황실, 희랍(希臘)

대표용례 :

　ㄱ. 기셩 나합이 그 <u>넘탐군을 잘 보호ᄒᆫ</u> 고로 (신학 210)

　ㄴ. <u>샹업과 공업을 보호ᄒ야</u> 써 궁곤ᄒᆫ 쟈를 구제ᄒ며 (경보 10)

'보호(保護)ᄒ다'는 'N_1-이 N_2-를 보호ᄒ다'를 기본구문구조로 갖는다. <보호대상>의 어휘관계를 정리하면, 유의관계로 '가권-집안', '고을-동리', '몸-육신-일신', '목숨-싱명', '국가-나라', '빅셩-인민', '죠션-한국', '가산-지산' 등을 들 수 있고, 반의관계로 '몸-육신↔령혼'을 들 수 있다. 상위-하위관계를 보면 {쳐주⊃안해, 주녀}, {빅셩-인민⊃거류민, 교민,

샹민}, {사롬ㅋ군슈, 그리스도인, 념탐군, 농업쟈, 님군, 망명쟈, 베드로, 신부, 이삭, 아희, 즈손, 총리, 폐하, 향리}, {외국인ㅋ일본인}, {거류디ㅋ광스관, 대궐, 범어스, 집, 통감, 황실}, {권리ㅋ독립권}을 확인할 수 있다. 이 중에 '-권(權)' 관련 명사로는 다음과 같다.

(38) 경찰권, 관할권, 광업권, 남녀권, 대한국권, 독립권, 동등권, 보호권, 부결권, 부셜권, 부인ㅅ권, 상힝권, 샹업권, 션거권, 소유권, 쇼치권, 슈공권, 시죵권, 악당권, 어업권, 인허권, 자쥬권, 전매권, 정치권, 조계권, 종교권, 치외권, 토벌권, 통치권, 투표권, 특립권, 특허권, 평등권, 포셜권, 피션거권, 항힝권, 스유권, 싱명권, 즈유권, 즈치권, 지정권, 지판권, 치굴권, 힝뎡권

개화기에는 권리에 대한 인식이 널리 팽창되었던 듯, 신문·잡지에 '-권' 파생어가 눈에 띄게 나타난다. 특히 '등등권(同等權), 자쥬권(自主權), 투표권(投票權), 평등권(平等權), 싱명권(生命權), 즈유권(自由權)' 등을 통해 개화기에 민주주의나 천부인권에 대한 사상이 보급되고 있었음을 알 수 있다. 한편 "표"를 의미하는 '-권(券)' 관련 명사로는 '경품권, 고본권, 은힝권, 입쟝권, 쥬식권 ; 려힝권旅行券' 등이 문증된다.

　부분-전체관계를 보면 {산림ㅋ나무, 돌, 풀}을 확인할 수 있다. 한편 '그리스도인(Kristos人), 베드로(Petrus), 이삭(Isaac)'은 음차 외래어이고, '희랍(希臘, Greece)'은 중국 한자어에 대한 동음식 한자어이다. 기타 <보호대상>에서 '민회, 쳘도'가 개화기 신생어로 눈에 띈다.

3.3.4.10. ⟨수정대상(修正對象)⟩

영역결정술어 : N₂를 슈정ᄒ다

명사어휘목록 : 공문(公文), 규칙, 년월일(年月日), 도로(道路), 량안(量案),[147] 로인보호법안(老人保護法案), 리력셔(履歷書), 법률, 부본(副本), 션고셔(宣

告書),148) 원본(原本), 주본/쥬본(奏本),149) 통표(洞表), 합격쟈(合格者), 환전법(換錢法)

대표용례 :

　ㄱ. 법부쥬ᄉ 김남졔는 관보에 게지혼 <u>션고셔를 슈졍홀</u> 쩌에 (미일)

　ㄴ. 샹부에 보고홀 째에 <u>원본과 부본을 슈졍ᄒᆞᆫ듸</u> 부본은 쓸듸가 업다 (대한)

'슈졍(修正)ᄒᆞ다'는 'N₁-이 N₂-를 슈졍ᄒᆞ다'를 기본구문구조로 갖는다. <수정대상>의 어휘관계를 정리하면 반의관계로 '부본↔원본'을 들 수 있다. 상위-하위관계로 {공문⊐량안, 로인보호법안, 션고셔, 주본, 통표}, {법률⊐환전법}을 확인할 수 있다.

3.3.4.11. 〈실시대상(實施對象)〉

영역결정술어 : N₂-를 실시ᄒᆞ다

명사어휘목록 : 가옥셰(家屋稅), 기쳑(開拓), 담비ㅅ셰(--稅), 됴례(條例), 디방셰(地方稅), 디방ᄌᆞ치(地方自治), 민젹법(民籍法),150) 법률, 부분립법(部分立法), 셰금(稅金), 슐셰(-稅), 신뎡식(新定式),151) ᄉᆞ무국(事務局), 양줌젼습소(養蠶傳習所), 어업법(漁業法), 우두법(牛痘法), 의무교육(義務敎育), 쟝졍(章程), 즁츄원(中樞院), 즁학교(中學校), 집셰(-稅), 징병령(徵兵令), ᄌᆞ위단(自衛團),152) ᄌᆞ치졔도(自治制度), 쳥결법(淸潔法), 츄잠(秋蠶), 츈잠(春

---

147) '량안'의 어의는 "조선시대에 조세 부과를 목적으로 논밭을 측량하여 만든 토지대장"이다.

148) '션고셔'는 "법원이 판결을 내린 사실, 이유 및 판결 주문 따위를 적은 문서"인데, 오늘날의 '판결문'에 해당하는 개화기 어휘이다.

149) '주본/쥬본'의 어의는 "임금에게 올리는 문서"이다.

150) '민젹법'은 "대한제국 때에 시행한, 호적에 관한 법률"이다. 1909년에 공포하고 실시하였다.

151) '신뎡식'의 어의는 "새로 정한 규정"이다.

152) 'ᄌᆞ위단'은 "일진회에서 의병을 진압하고 치안을 유지할 목적으로 조직한 무장단체"였다.

蠶), 측량ᄉ무(測量事務), 호구됴사(戶口調査), 호적법(戶籍法)

대표용례 :

ㄱ. 츄긔 우두법을 ᄎᄎ 실시홀 터인디 (대한)

ㄴ. 오십 명을 보내여 온갓 셰납 신뎡식을 실시ᄒ기로 작뎡ᄒ엿다더라 (경향)

'실시(實施)ᄒ다'는 'N$_1$-이 N$_2$-를 실시ᄒ다'를 기본구문구조로 갖는다. <실시대상>은 개화기 사회상의 일면을 엿보게 하는데, 특히 개화기 사회 제도에 관한 신생어들이 상당수 포함되어 있다. <실시대상>의 어휘 관계를 정리하면, 유의관계로 '민젹법-호적법', '가옥셰-집셰', '디방ᄌ치-ᄌ치졔도'를 들 수 있고, 반의관계로 '츄잠↔츈잠'을 들 수 있다. 상위-하위관계를 보면, {셰금⊃디방셰⊃가옥셰-집셰, 담비ㅅ셰, 슐셰}, {법률⊃민젹법-호적법, 부분립법, 어업법, 우두법, 징령령, 청결법}을 확인할 수 있다.

3.3.4.12. 〈양성대상(養成對象)〉

영역결정술어 : N$_2$-를 양성ᄒ다

명사어휘목록 : 강장력(剛腸力), 국민, 긔력(氣力), 기능(技能), 능력, 독립, 성질(性質), 성픔(性品), 신졍신(新情神), 실력, 싱각, 악긔(惡氣), 역적, 인목(人目), 졍신(情神), 지식, 측량학도(測量學徒), 풍습, 학도, 혁명쥬의(革命主義), 환란(患亂)

대표용례 :

ㄱ. 익국가를 크게 불너 신졍신을 양성홀 졔 일심으로 진보ᄒ니 (대한)

ㄴ. 오늘날은 일본의 보호를 밧으나 다른 날에는 독립을 양성ᄒ리라 (대한)

ㄷ. 졈졈 악긔를 양성ᄒ고 긔강을 문란케 ᄒ니 분ᄒ고 붓그럽도다 (독립)

ㄹ. 청국 학부에서는 일본학교는 혁명쥬의를 양성ᄒ는 것이라 ᄒ야 (대한)

'양셩(養成)ᄒ다'는 'N$_1$-이 N$_2$-를 양성ᄒ다'를 기본구문구조로 갖는다.

<양성대상>은 신문·잡지에서만 추출되었다. <양성대상>의 어휘관계를 정리하면, 유의관계로 '셩질-셩픔', '능력-실력', '강쟝력-긔력'을 들 수 있다. '강쟝력'처럼 '-력(力)' 관련 명사로는 다음과 같다.

(39) 감각력, 감동력, 감화력, 강쟝력, 강졔력, 교육력, 긔억력, 단톄력, 단합력, 련합력, 물질력, 샤회력, 압졔력, 운동력, 유셰력, 인지력, 인니력, 젼긔력, 젼투력, 즉각력, 증긔력, 지혜력, 싱식력, ᄌ강력, ᄌ연력 ; 개념력槩念力, 분화물력分化物力, 의ᄉ력意思力Voluntas, 쳑극력刺戟力,153) 쵸셩력超性力, 활동력活動力Activitas, 지단력裁斷力

한편 '-력(曆)' 관련 명사로는 '그리고리력, 률리력, 신구력, 음양력, 태음력, 태양력'이 문증된다. 상위-하위관계를 보면 {정신∋신정신}, {학도∋측량학도}를 확인할 수 있는데, 이들은 각각 파생과 합성에 따라 단어족을 이루는 경우이다. 한편 '혁명쥬의'는 개화기 자료에서 1번 추출되는 예인데, 대표용례 (ㄹ)을 통해 확인할 수 있다. 개화기 신문·잡지에 나타난 '-쥬의' 관련 명사로는 다음과 같다.

(40) 계급쥬의, 국가쥬의, 민족쥬의, 문명쥬의, 문호기방쥬의, 락텬쥬의, 염셰쥬의, 의식고슈쥬의, 혁명쥬의, 계급쥬의, 국가쥬의, 뎨국쥬의, 젼톄쥬의, ᄌ유쥬의 ; 쥬리쥬의主理主義Rationalismus, 견인쥬의堅忍主義Stoicismus, 무돈착쥬의無頓着主義Indifferentismus

무돈챡쥬의(無頓着主義)'는 원리나 원인에 대해서는 무관심하고, 결과에만 신경쓰는 현상, 더나아가 전문어로서 천주교/기독교의 깊은 원리는

---

153) "비컨대 포슈가 총을 노흘시 덤불 뒤헤 안즌 사룸을 보지 못ᄒ고 상해ᄒ매 이에 피츠간 알지 못ᄒ고 익이히 살해ᄒ엿스니 우연히 샹해ᄒ 것이라 ᄒ나 이도 쏘ᄒ 조물쟈의 임의 뎡ᄒ신 바 쳑극력(刺戟力)의 결과ㅣ 니라 (경보2: 321)"

알아보지도 않고 맹목적을 비판하는 풍조를 의미하는 개화기 신생어이다. 한편 '민쥬'의 개념은 개화기에 형성되어 있었으나 '민쥬쥬의'는 문증되지 않는다. '략텬쥬의(樂天主義)'와 '염세쥬의(厭世主義)'는 반의어이다.

3.3.4.13. 〈예비대상(豫備對象)〉

영역결정술어 : N₂-를 예비ᄒ다

명사어휘목록 : ㉮겻구녕, 고기, 곡식, 군긔(軍器), 군디(軍隊), 군막(軍幕), 궁뎐(宮殿), 기름, 길, 나모, 다과(茶菓), 다락방(--房), 대변통(大便桶), 대포(大砲), 돌, 동복(冬服), 량식(糧食), 면루관/면류관(冕旒冠), 목션(木船), 물, 물건, 물약/몰약(沒藥), 밥, 방(房), 법, 병뎡(兵丁), 비, 사다리, 샹, 셔칙(書冊), 셩만찬(聖晩餐), 송아지, 수레, 술, 슈뢰포(水雷砲), 시복식(諡福式),154) 시셩식(諡聖式),155) 신학회(神學會), 실과(實果), 꿀, 약, 양, 양잠긔계(養蠶機械), 연셕(宴席), 옷, 유월졀(逾越節),156) 음식, 음식상, 잔치, 재목(材木), 제물(祭物), 쥬머니, 쥬육(酒肉), 집, 직물(財物), 쳐소(處所), 편지, 포도즙(葡萄汁), 학당, 향(香), 향노(香爐)

㉯강도(强盜), 림죵(臨終), 복, 션힝(善行), 심판, 스후(死後), 싸홈, 안식(安息), 은혜, 쟝리일(將來-), 젼징(戰爭), 진복(眞福), 치명(致命), 후셰(後世)

대표용례 :

ㄱ. 거월 십이삼일브터 <u>동복을 예비홀</u> 츠로 피물을 모ᄒ며 (대한)

ㄴ. 즉금 잇는 측간은 폐지ᄒ고 <u>대변통을 예비ᄒ덕</u> (경향)

ㄷ. 우리 각 사롬이 <u>치명을 예비홀</u> 것이나 (경보 23)

---

154) '시복식'의 어의는 "죽은 사람의 덕행과 신앙을 증거하여 공경의 대상이 될 만하다고 교황청에서 공식적으로 지정하여 발표한 사람을 높여 이르는 복자의 품계에 올릴 때 행하는 예식"이다.

155) '시셩식'의 어의는 "성인의 품계에 오를 때에 드리는 예식"이다.

156) '유월졀'의 어의는 "이스라엘 민족이 이집트에서 탈출한 일을 기념하는 유대교의 축제일"이다.

'예비(豫備)ᄒ다'는 'N₁-이 N₂-를 예비ᄒ다'를 기본구문구조로 갖는다. 해당 명사 어휘의 통합관계를 보면 '예비ᄒ다'의 다의성이 포착된다. "준비하다"와 "대비하다"가 그것이다. 결과로 개화기에 '예비하다'는 주로 "준비하다"의 어의로 쓰였고, ㉯의 '강도(强盜), 림죵(臨終), 복, 션힝(善行), 심판, ᄉ후(死後), 싸홈, 안식(安息), 은혜, 쟝릭일(將來-), 전징(戰爭), 진복(眞福), 치명(致命), 후셰(後世)' 등과 통합할 때, "대비하다"의 어의로 쓰였다.

<예비대상>의 어휘관계를 정리하면, 유의관계로 '곡식-량식', '림죵-치명', '연석-잔치', '싸홈-전징'을 들 수 있다. 상위-하위관계를 보면 {음식⊃고기, 다과, 물, 밥, 술, 실과, 쓸, 약, 쥬육, 포도즙}, {옷⊃동복}, {비⊃목션}, {대포⊃슈뢰포}, {방⊃다락방}, {복⊃진복}, {나모⊃재목}, {쳐소⊃군막, 궁뎐, 집, 학당} 등을 확인할 수 있다. 한편 천주교 전문어들이 <예비대상>에 유독 많이 포함되어 있는데, '셩만찬, 시복식, 시셩식, 신학회, 안식, 유월졀' 등이 그것이다. 한편 '시복식, 시셩식'처럼 '-식(式)' 관련 명사로는 다음과 같다.

> (41) 가례식, 경츅식, 긔렴식, 락셩식, 발회식, 방학식, 상량식, 슈도긔통식, 슈업식, 슈여식, 슈믹식, 장례식, 제막식, 졸업식, 진급식, 창립긔념식, 츄됴식, 친임식/친림식, 하긔방학식, 긔관식, 긔교식, 긔당식, 긔사식, 긔업식, 긔원식, 긔쟝식, 긔쳥식, 긔통식, 긔학식, 긔회식, 딕관식 ; 시복식(諡福式 Beatificatio), 시셩식(諡聖式 Canonizatio), 진슈식(進水式)

이중에 '경츅식(慶祝式), 방학식(放學式), 상량식(上梁式), 졸업식(卒業式), 긔교식(開校式), 긔통식(開通式)'은 각각 개화기 신문・잡지에서 문증되는 '경츅례식(慶祝禮式), 방학례식, 상량례식(上樑禮式), 졸업례식(卒業禮式), 긔교예식(開校禮式), 긔통례식(開通禮式)'과 유의어이다. 이것은 오늘날 널리 쓰이는 '-식(式)' 파생 명사의 형성 기제를 보여준다. 즉 원래 '××-례식'처럼 합성어가 널리 쓰였으나, '××-례식'이 점점 절단(truncation) 과정을 겪으면서 '××-식' 파생 명사가 형성된 것이다. 오늘날에 와서는 사전에 '경축식, 방학식, 상량식, 신혼식, 졸업식, 기교식, 기통식' 등만 표제어로 등재되어 있다.

3.3.4.14. 〈유행주체(流行主體)〉

영역결정술어 : N₁-이 퍼지다

명사어휘목록 : 괴질(怪疾), 교육, 교회, 냄시, 덕화(德化), 도적, 독긔(毒氣), 독약(毒藥), 말(言), 말슴, 밋음, 버러지, 병, 병독(病毒), 불도(佛道), 셩교(聖敎), 쇼문/소문, 소식, 신문, 신화(新貨), 우역(牛疫), 칙(冊), 풍속(風俗)

대표용례 :

　ㄱ. <u>신화논</u> 넉넉히 <u>퍼지지</u> 못흠으로 민심이 황황흠을 보고 (경향)

　ㄴ. 비린 <u>냄시가</u> 스면으로 <u>퍼져셔</u> 그 근처에논 사롬이 살지도 못흐고 (대한)

'퍼지다'는 'N₁-이 N₂-로/에 퍼지다'를 기본구문구조로 갖는다. <유행주체>의 어휘관계를 정리하면 유의관계로 '말-말슴', '쇼문/소문-소식'을 들 수 있다. 상위-하위관계로 {독긔⊒병독}, {병⊒괴질, 우역}을 확인할 수 있다.

3.3.4.15. 〈이동대상(移動對象)〉

영역결정술어 : N₂-를 옴기다

명사어휘목록 : 가산즙물(家産什物), 가속(家屬), 감옥셔(監獄署), 거름/거룸, 경무쳥(警務廳), 곡식, 공동소학교(共同小學校), 관사/관샤(官舍), 교우(敎友), 구류간(拘留間), 군스(軍士), 권속(眷屬), 궤(櫃), 그릇, 긔계(器械/機械), 기쳔(-川), 나라, 나무, 니불, 니각(內閣), 대포, 뎐션샤, 뎐토(田土), 뎐환국/전환국(典圜局), 도셩(都城), 도읍, 돌, 뒤간, 돍, 련보(蓮步), 롱샹공부(農商工部), 만민공동회, 무덤/뭇엄, 물품(物品), 발자국, 법관양셩소(法官

養成所), 법궤, 법부, 벼기, 벼슬, 빈뎐(殯殿), 빈민, 빈소(殯所), 비, 비소 (配所), 빅셩, 사립광흥슉, 사무쇼(事務所), 산, 샹의스(尙衣司), 션린상업 학교(善隣商業學校), 선화당(宣化堂), 셰간, 셰간즙물(--什物), 슈구(水口), 슈원관찰도(水源觀察道), 슈원유슈(水源留守), 시지은(私財銀), 시톄(屍體), 시험실(試驗室), 신문사(新聞社), 신톄(시체), 짜, 언약, 여호(狐), 영희뎐 (永禧殿), 오예지물(汚穢之物), 옷, 외국통신, 우톄사(郵遞司), 월보사(月報 社), 은화, 이스짐(移徙-), 자리, 쟉인(作人), 쟝(場), 쟝악과(掌樂課), 뎐션 목(電線木), 죄슈(罪囚), 즁츄원(中樞院), 진뎐(眞殿), 진민소(診民所), 집, 집물(什物), 지산(財産), 지판쇼(裁判所), 챵희궁(昌喜宮), 쳐소(處所), 촌보 (寸步), 츌쟝소(出張所), 학교, 협회회쇼(協會會所), 활판쇼(活版所), 회샤 (會社)

대표용례 :

ㄱ. <u>뒤간을 급히 옴김이</u> 위싱에 죠흘 듯ᄒ더라 (독립)

ㄴ. 그 집은 군악디니 <u>쟝악과를 옴긴다더라</u> (대한)

ㄹ. <u>샹의스는</u> 전혜국 죠방으로 <u>옴기라고</u> 황칙이 계시다더라 (미일)

ㄹ. 한 쳥량국은 <u>슈구를 옴기지</u> 못ᄒ야 우환이 ᄌ죠 이르니 (미일)

'옴기다'는 'N$_1$-이 N$_2$-를 (N$_3$-에셔 N$_4$-로) 옴기다'를 기본구문구조로 갖는다. '옮기다'는 문증되지 않는다. 다만 '옮다'는 "너희 등이 경무쳥 압흐로브터 공등지판소 압흐로 <u>올마스며</u> (미일)" 등의 예문에서 확인되 는바, '옴기다'에 대한 형태음소적인 표기인 '옮기다'도 기대된다. <이 동대상>의 어휘관계를 정리하면, 유의관계로 '가산즙물-셰간즙물', '가 속-권속', '감옥셔-구류간', '도성-도읍', '시톄-신톄', '물픔-집물' 등을 들 수 있다. 상위-하위관계를 보면 다음과 같다.

(42) ㄱ. {거름/거롬 ⊒ 런보, 촌보}

　　ㄴ. {관사/관샤 ⊒ 경무쳥, 니각, 뎐션샤, 뎐환국/전환국, 롱샹공부, 법관양

　　셩소, 법부, 빈뎐, 샹의수, 션화당, 슈원관찰도, 슈원유슈, 영희뎐, 우
　　톄샤, 쟝악과, 즁츄원, 진뎐, 진민소, 지판쇼, 챵희궁}
ㄷ. {학교ㅋ공동소학교, 사립광흥슉, 션린상업학교}
ㄹ. {쳐소ㅋ뒤간, 빈소, 비소, 사무쇼, 실험실, 신문샤, 월보샤, 집, 츌쟝
　　소, 협회회쇼, 활판쇼, 회샤}
ㅁ. {셰간ㅋ궤, 그릇, 니불, 벼기, 옷, 이스짐}
ㅂ. {빅셩ㅋ교우, 군수, 빈민, 쟉인, 죄슈}

등을 확인할 수있다. '쳐소'의 하위어로 '츌쟝소, 활판쇼'처럼 '-쇼(所)'
관련 명사로는 다음과 같다.

(43) 감독쇼, 감시소, 감옥쇼, 강습소, 건츅소, 검역쇼, 경무소, 경비쇼, 경찰쇼,
　　공셰쇼, 공업쇼, 공의쇼, 공쟝소, 공진소, 공회쇼, 관리소, 관샹소, 관측소,
　　관포쇼, 광업소, 교뎡쇼, 교번쇼, 교변쇼, 교본쇼, 교습쇼, 교젼쇼, 교환쇼,
　　군긔쇼, 근무쇼, 금광소, 금융부지소, 긔계소, 긔도쇼, 기로쇼, 농샹소, 데
　　됴쇼, 도회쇼, 독련소, 됴사소, 됴약쇼, 둔병소, 련습소, 로동소, 류슉소,
　　리발소, 리용쇼, 만인쇼, 명원쇼, 모집소, 목역소, 민회소, 발매쇼, 발힝소,
　　방역소, 병참쇼, 보험쇼, 부셕쇼, 분견소, 분파소, 사금소, 사무소, 산역쇼,
　　상무쇼, 샤령쇼, 샹회소, 셥무쇼, 세무소, 숙위쇼, 슈역소, 슈험소, 시은소,
　　시험소, 식즈쇼, 양셩소, 양잠소, 업무소, 역쟝소, 연구소, 연탄소, 염민쇼,
　　영건쇼, 영졉쇼, 용졍소, 우검역쇼, 우쟝소, 우쳬소, 우편계립소, 우편교환
　　소, 우편소, 우편취급소, 월보쇼, 은결쇼, 은힝소, 의병소, 인쇄소, 인찰쇼,
　　입직소, 작잠소, 전도소, 젹치쇼, 젼도쇼, 젼습소, 젼화쇼, 졉슈쇼, 정리소,
　　정무소, 정미소, 정지쇼, 정비쇼, 제약쇼, 제쟉쇼, 제죠소, 조션쇼, 조합소,
　　죠계쇼, 죵건쇼, 죵계쇼, 죵두쇼, 쥬뎡소, 쥬번소, 쥬졈쇼, 쥬젼소, 쥬지소,
　　즁건쇼, 즁견쇼, 즁계소, 즁의소, 지부소, 진렬소, 진만쇼, 진민쇼, 진복쇼,
　　진슈쇼, 진휼소, 창립소, 챵의소, 청결소, 쳔샤쇼, 쳘도쇼, 총합소, 취급소,

취흡소, 츌쟝소, 치도쇼, 치료소, 치목쇼, 뎔도쇼, 파츌소, 판미쇼, 향약소,
헌병소, 화쟝쇼, 활인소, 활판쇼, 회계쇼, 회의쇼, 휴계쇼, 휴식쇼, 뎌셔쇼,
미탄소, 스레쇼, 즈렬소, 즈명소, 즈인쇼, 지판쇼, 취급소, 취반쇼, 취흡소 ;
정구쇼(停柩所)

개화기 신문·잡지에서 '-쇼(所)' 파생어가 가장 많이 추출되었다. 그만
큼 개화기 공시태에서 출현빈도가 높은 접미사가 '-쇼(所)'이다.

3.3.4.16. 〈절단대상(切斷對象)〉

영역결정술어 : N_1-이 부러지다

명사어휘목록 : 가지, 갈비쩌, 나무, 날, 다리, 대들보(大--), 뎐보뎌(電報-),
돗뎌(돛대), 들보, 릉쟝(稜杖), 목, 몸, 미다지살(미닫이살), 발톱, 비(舟),
손가락, 숑판(松板), 쎠, 응덩이(엉덩이), 이(齒), 치(舵), 칼, 칼집, 팔쑥,
풀/팔, 허리, 형쟝(刑杖), 활

대표용례 :

ㄱ. <u>형쟝이 부러지도록</u> 마졋스며 삼일 후에 쏘 다른 관원의게 잡혀가매 (경보 382)

ㄴ. 그 잇흔 날 밤에는 <u>치가 부러지고</u> 돗이 찍여져셔 (경보 288)

ㄷ. 칼이라도 이것을 맛나면 그 <u>날이 부러지며</u> (대한)

'부러지다'는 'N_1-이 부러지다'의 자동사 구문을 기본구문구조로 갖
는다. <절단대상>의 어휘관계를 정리하면, 상위-하위관계로 {들보⊐대
들보}를 확인할 수 있는데, 이것은 파생에 따른 단어족을 이룬다. 부분-
전체관계를 보면, {나무⊐가지}, {칼⊐날, 칼집}, {비⊐돗뎌, 치}, 신체
명 {몸⊐갈비쩌, 다리, 목, 발톱, 손가락, 쎠, 응덩이, 이, 팔쑥, 풀/팔, 허
리}를 확인할 수 있다. 특히 최상위어 '몸'에 대해서 다시 {다리⊐발
톱}, {풀/팔⊐손가락, 팔쑥}의 부분-전체관계를 확인할 수 있다. 한편
참고자료 신소설의 "쏘 롭흔 가지가 부러지기 쉽다는 말도 잇스니 (설

중매 34), 대포 소리가 연긔나는 곳에 들니며 오영환 고물이 <u>응덩이 불</u>
<u>어진 긔 잡바지듯</u> 원산 압 바다에 가라안지며 (숑뇌금 390)"와 같은 관
용 표현도 나타나는데, '롭흔 가지가 부러지기 쉽다'는 "정도에 지나치
면 예기치 못한 악재가 생긴다"는 뜻이며, '응덩이 불어진 긔 잡바지듯'
은 "배 등이 볼품없이 뒤집히다"는 뜻이다.

3.3.4.17. 〈조사대상(調査對象)〉

영역결정술어 : N₂-를 됴사ᄒ다

명사어휘목록 : 가호수(家戶數), 거쥬(居住), 경비, 공전흠포(公錢欠逋), 관
유디(官有地), 관제(官制), 괴질, 구습(舊習), 국채보샹금(國債補償金), 군긔
고(軍器庫), 군ᄉ(軍士), 군용디(軍用地), 금익(金額), 긔지(基地), 담비, 대
쟝경원판(大藏經原板), 뎐토(田土), 리력(履歷), 면젹(面積), 무덤, 문부(文
簿), 물건, 밀매음녀/밀메음녀(密賣淫女), 박람회ᄉ무(博覽會事務), 변경,
병긔(兵器), 부동산(不動産), 사룸, 셩명(姓名), 셰금(稅金), 식민졔도(植民
制度), ᄉ건(事件), ᄉ무(事務), ᄉ업(事業), 짱, 양약국(洋藥局), 역둔토, 연
극쟝(演劇場), 우편, 우편국(郵便局), 우편물, 우편취흡소(郵便取扱所), 위
치, 유학싱(遊學生), 은결(隱結), 인구, 인명, 인ᄉ(人蔘), 임원, 젼례(前例),
정황(情況), 죽음, 쥬모쟈(主謀者), 즘승, 진샹(眞相), 집, 지산(財産), 직졍
(財政), 총액, 텰도디(鐵道地), 토지/토디, 형편, 호구, 호젹(戶籍), 흑ᄉ병
(黑死病), 히군(海軍), 힝동(行動)

대표용례 :

ㄱ. <u>대쟝경원판 십만 개를 됴사홀</u> 츠로 (대한)

ㄴ. 한셩부에셔 … 각 학회의 <u>임원과 문부를 됴사ᄒ다더라</u> (대한)

ㄷ. 닉부에셔 각 읍에 훈령ᄒ고 <u>부동산을 조사ᄒ야</u> 보ᄒ라 (금슈회의록 21)

'됴사(調査)ᄒ다'는 'N₁-이 N₂-를 됴사ᄒ다'를 기본구문구조로 갖는다.
<조사대상>의 어휘관계를 정리하면, 유의관계로 '가호수-호구', '정황-

진샹-형편', '셩명-인명' 등을 들 수 있다. 상위-하위관계를 보면, {부동산⊃쌍⊃토디/토지⊃관유디, 군용디, 긔지, 뎐토, 변경, 역둔토, 은결, 텰도디}, {부동산⊃무덤, 양약국, 연극쟝}, {군ㅅ⊃회군}, {ㅅ무⊃박람회ㅅ무}, {관제⊃식민제도}, {괴질⊃흑ㅅ병}, {사룸⊃밀매음녀/밀메음녀, 유학싱, 임원, 쥬모쟈, 군ㅅ}, {우편⊃우편국, 우편물, 우편취흡소}, {군긔고⊃병긔}를 확인할 수 있다.

3.3.4.18. 〈조직체(組織體)〉

영역결정술어 : N₂-를 조직ᄒ다

명사어휘목록 : 가쾌회(家儈會), 강습회(講習會), 강연회(講演會), 결ㅅ디(決死隊), 계(契), 계삭회(計朔會), 공구회(攻究會), 공업회(工業會), 관광단(觀光團), 관민연회(官民聯會), 관션조합소(官選組合所), 교회, 국회, 군디(軍隊), 노샹조합ᄉᆞ(路上組合社), 농무회(農務會), 농부회(農夫會), 닉ㄱ(內閣), 단, 단톄(團體), 담화회(談話會), 당(黨), 대한동지회(大韓同志會), 대한협회(大韓協會), 동원계(動員契), 동지회(同志會), 둘ㅅ방, 디미동지회(大美同志會), 디일동지회(大日同志會), 로동학회(勞動學會), 로동회(勞動會), 방역단(防疫團), 보명녀ᄌᆞ교육회(普明女子教育會), 보부샹(褓負商), 보션회샤(保線會社), 부인회(婦人會), 사경회(査經會), 사회당(社會黨), 산림협회(山林協會), 셕가여리회(釋迦如來會), 선교회(宣教會), 쇼년동지회(少年同志會), 신닉각(新內閣), 신ㅅ회(紳士會), 실업단톄(實業團體), 시함디(-艦隊), 어업회샤(漁業會社), 역군(役軍), 예비병(豫備兵), 운슈련합의회(運輸聯合議會), 원죡회(遠足會), 위원회(委員會), 의학강의회(醫學講義會), 의회(議會), 일본관광단, 일신회(一新會), 임원, 잠업회(蠶業會), 정당회(政黨會), 정부(政府), 지회(支會), 진보당(進步黨), ᄌᆞ선회(慈善會), ᄌᆞ위단(自衛團), 청년회(靑年會), 초상계(初喪契), 친목회(親睦會), 텰도회샤(鐵道會社), 토벌디(討伐隊), 특별위회(特別委會), 학우회(學友會), 학회(學會), 한국중앙농회(韓國中央農會), 협회(協會), 회(會), 회샤(會社), 흥공단(興工團), 흥업

회(興業會), 흥학회(興學會), 히군셩(海軍省)

대표용례 :

　ㄱ. 역부십쟝들이 <u>역군을 조직ᄒ다더라</u> (대한)

　ㄴ. 한일인을 논호와 <u>둘ㅅ방을 조직ᄒ기로</u> 지금 연구 즁이라더라 (대한)

　ㄷ. 유지ᄒ 신ᄉ들이 <u>공구회를 조직ᄒ엿ᄂ더</u> (대한)

‘조직(組織)ᄒ다’는 ‘N_1-이 N_2-를 조직ᄒ다’를 기본구문구조로 갖는다. <조직체>의 어휘관계를 정리하면, 유의관계로 ‘단-단톄’, ‘농무회-농부회’ 등을 들 수 있고, 반의관계로 ‘부인회↔신ᄉ회’, ‘관션조합소↔노샹조합샤’ 등을 들 수 있다. 상위-하위관계를 보면 다음과 같은 어휘집합을 확인할 수 있다.

　(44) ㄱ. {동지회⊐대한동지회, 뎌미동지회, 뎌일동지회, 쇼년동지회}

　　　ㄴ. {협회⊐대한협회, 산림협회}

　　　ㄷ. {학회⊐로동학회, 흥학회}

　　　ㄹ. {회샤⊐보션회샤, 어업회샤, 텰도회샤}

　　　ㅁ. {단⊐관광단, 실업단톄, 일본관광단, 쥬위단, 방역단, 흥공단}

　　　ㅂ. {의회⊐운슈련합의회}

　　　ㅅ. {당⊐사회당, 진보당}

　　　ㅇ. {계⊐동원계, 초상계}

　　　ㅈ. {군디⊐시함디, 예비병, 토벌디}

　　　ㅊ. {회⊐가쾌회, 강습회, 강연회, 결ᄉ디, 계삭회, 공구회, 공업회, 관민
　　　　　연회, 농무회, 농부회, 담화회, 로동회, 보명녀쥬교육회, 사경회, 셕가
　　　　　여리회, 션교회, 원죡회, 위원회, 의학강의회, 일신회, 잠업회, 정당회,
　　　　　쥬션회, 청년회, 친목회, 특별위회, 학우회, 한국즁앙농회, 흥업회}

‘-단(團)’ 관련 명사를 더 보이면 다음과 같다.

(45) 긔쟈단, 방역단, 시찰단, 쓰름단, 연셜단, 유세단, 조합단, 청년단, 홍공단,
　　　홍ᄉ단, ᄌ본단, ᄌ위단 ; 의화단(義和團)

한편 개화기에 또 다른 '-단' 관련 명사가 있는데, "학질에 유명이 신효
ᄒ 보화단이라 ᄒᄂᆞᆫ 약을 쳘물교 아리 남편 쳣골목 드러 셔셔 위싱관이
라고 괘픠ᄒᆞᆫ 집에서 발미ᄒᆞ고 (미일), 근일 류힝ᄒᄂᆞᆫ 괴질에 디ᄒᆞ야 보
명슈와 회싱단을 새로 발명ᄒᆞ엿ᄂᆞᆫ디 (대한)"에서 알 수 있듯이, '보화단,
회싱단(回生丹)' 등과 같은 약품명이 그것이다.
　　'당(黨)'의 관련 명사로는 다음과 같이 더 나타난다.

(46) 개진당, 공화당, 국립당, 국민당, 급진당, 급진인민당, 남북당, 농무당, 농
　　　민당, 뎡부당, 뎡치당, 도적당, 독립당, 로동당, 로쇼론당, 매국당, 무정부
　　　당, 민권당, 민쥬당, 반디당, 보슈당, 보호당, 불평당, 샤회당, 샤회민쥬당,
　　　쇼년당, 슈구당, 슈적당, 역적당, 인민당, 자유당, 정부당, 정치당, 즁앙당,
　　　진보당, 청년당, 통일당, 합즁당, 허무당, 혁명당, 화적당, 황뎨당, 흑긔당,
　　　긔진당, 긔화당, 비일당, 익국당, ᄌ유당, ᄌ쥬당 : 긔혁당(改革黨)

대부분이 개화기 국내외에 존립하던 '정당'의 하위어들로 정치 전문 용
어로 볼 수 있으나 '도적당(盜賊黨), 매국당(賣國黨), 반디당(反對黨), 불평
당(不評黨), 슈적당(讎敵黨), 역적당(逆賊黨), 화적당(火賊黨)' 등은 "그러한
무리"의 의미를 갖는 일반어이다.
　　'-계(界)' 관련 명사를 더 보이면 다음과 같다.

(47) 공업계, 교육계, 농업계, 로동계, 롱상계, 동물계, 상업계, 셔학계, 식물계,
　　　실업계, 어업계, 유림계, 정당계, 정치계, 쳥년계, 종교계 ; 텬연계(天然界),
　　　환상계(幻像界), ᄌ연계(自然界)

개화기의 '-계(界)'는 "세계" 혹은 "분야"의 의미를 갖는 접미사이다. 현대국어에서는 행정명에 붙어서 "경계"의 의미를 갖기도 하나(도계(道界), 군계(郡界), 시계(市界)) 개화기 신문·잡지에서는 그러한 예가 확인되지 않는다.[157]

〈조직체〉 → 〈개설대상(開設對象)〉

영역결정술어 : N₂-를 긔셜ᄒ다

명사어휘목록 : 경츅연(慶祝宴), 경츅회(慶祝會), 관민공동회(官民共同會), 국문연구회(國文研究會), 국회(國會), 긔념식(記念式), 긔념원유회(記念園遊會), 근친회(懇親會), 농ᄉ총회(農事總會), 만민공동회(萬民共同會), 박람회(博覽會), 발긔회(發起會), 복음회(福音會), ᄉ경회(查經會), 의회(議會), 지회(支會), 협의회(協議會), 회의(會議)

대표용례 :

ㄱ. 일본 신호에셔 … <u>박람회를 긔셜ᄒᄂᆞᆫ디</u> (독립)

ㄴ. 학부에셔 작일 상오 십시에 <u>국문연구회를 긔셜ᄒ고</u> (대한)

'긔셜(開設)ᄒ다'는 'N₁-이/에셔 N₂-를 긔셜ᄒ다'를 기본구문구조로 갖는다. <개설대상>은 신소설에서 '가부회'가 추출되는 경우를 제외하면, 신문·잡지에서만 추출된다. 따라서 <개설대상>에도 그만큼 개화기 사회에 대해 시사성을 띤 어휘들이 다수 포함되어 있다고 하겠다.

<개설대상>의 어휘관계를 정리하면, 유의관계로 '경츅연-경츅회',

---

157) 한편 "모임"의 의미를 갖는 '계(契)'는 개화기에도 자립어였다. 그 합성 명사를 보면 다음과 같다. '동원계, 만인계, 부인계, 산통계, 잡박계, 초상계, 한량계, 향약계, 홍학계' 등이 그것이다. 개화기의 '계(契)' 관련 명사들은 "슈원군 륙줏 사ᄂᆞᆫ 셔상츈이가 <u>향약계를 셜시ᄒ고</u> (독립), 뇌각 법졔국쟝 유셩쥰 씨와 고등관 모모씨가 발긔ᄒ고 <u>동원계를 조직ᄒ엿다ᄂᆞᆫ디</u> (대한)"와 같이 '셜시ᄒ다' 혹은 '조직ᄒ다'와도 연어관계(collocation)를 이룬다.

'관민공동회-만민공동회'를 들 수 있다. '관민공동회'는 독립협회 주최로 서울 종로 네거리에서 열린 민중 대회로 잘 알려진 '만민공동회'의 유의어이다. '-회(會)' 관련 명사를 더 보이면 다음과 같다.

> (48) 가쾌회, 강습회, 강연회, 결수디, 경츅회, 계삭회, 공구회, 공업회, 관민공동회, 관민연회, 국문연구회, 긔념원유회, 농무회, 농부회, 농수총회, 다과회, 담화회, 로동회, 만민공동회, 만찬회, 발긔회, 보명녀즈교육회, 복음회, 셕가여리회, 선교회, 오찬회, 운동회, 원유회, 원족회, 위원회, 의학강의회, 일신회, 잠업회, 정당회, 청년회, 친목회, 토론회, 특별위회, 학우회, 한국즁앙농회, 협의회, 홍업회, 근친회, 수경회, 즈션회 ; 박람회博覽會

'복음회(福音會), 수경회(査經會)'는 천주교/기독교 전문 용어들이다. '복음회'는 현대국어에서도 널리 쓰이는 어휘이며, '수경회'는 일정한 기간 동안 교인들이 성경공부를 하거나 성경에 대한 강의를 듣기 위하여 모이는 모임을 의미한다.

〈조직체〉 → 〈배설대상(排設對象)〉

영역결정술어 : N₂-을 비셜ᄒ다

명사어휘목록 : 가무장(歌舞場), 간친회(懇親會), 경무청(警務廳), 경츅연(慶祝宴), 공수관(公使館), 교우촌(敎友村), 교전쇼(校典所),[158] 국립은힝(國立銀行), 기악(器樂), 농업쇼(農業所), 대교, 디연(大宴), 략셩연/낙셩연(落成宴), 만국박람회(萬國博覽會), 만찬회(晚餐會), 목욕간(沐浴間), 셕탄고집, 쇼쳥/쇼텽(疏廳), 슈역쇼(水疫所), 순검, 시위디(侍衛隊), 신문샤, 어학교, 여슉관(旅宿館), 연셕(宴席), 연셜장(演說場), 연회(宴會), 영즈신문(英字新

---

158) "ᄒ 쳐쇼를 비셜ᄒ야 새와 녯젹 법식을 졀츙ᄒ여 모든 법규를 일통으로 이루게 ᄒ되 의정ᄒ 인원을 각별히 쏩아 써 드릴 일노 명이 나리옵신지라 쳐쇼는 즁츄원으로 베프러 <u>교젼쇼</u>라 칭ᄒ옵고 (독립)".

聞), 우편국(郵便局), 원유회(園遊會), 유괴졈(誘拐店), 은힝(銀行), 음식, 잔치/잔치, 잡긔판(雜技-), 젼당국(典當局), 젼문학교(專門學校), 젼별회(餞別會), 제죠쇼(製造所), 지점(支店), 지판쇼(裁判所), 츅하연(祝賀宴), 태평연(太平宴),159) 학교, 학당, 형구(刑具), 혼연(婚宴), 활판쇼(活版所), 회의쇼(會議所), 희랍교당(希臘敎堂)

대표용례 :

ㄱ. 아라샤에셔는 이 싸에다 셕탄고집을 비셜ᄒ다더라 (독립)

ㄴ. 엇더ᄒ 사룸들은 동리에 공립 목욕간을 만니 비셜ᄒ야 (독립)

ㄷ. 잡긔판를 비셜ᄒ야 그 동리 사룸들과 다른 곳 사룸들을 모하 놋코 (독립)

ㄹ. 임의디로 토식이 무쌍ᄒᆯ쑨더러 유괴졈을 비셜ᄒ고 송츄를 무란작벌ᄒ야 (미일)

'비셜(排設)ᄒ다'는 'N₁-이 N₂-를 비셜ᄒ다'를 기본구문구조로 갖는다. <배설대상>의 어휘관계를 정리하면, 유의관계로 '연셕-연회-잔치/잔치', '경축연-축하연', '학교-학당' 등을 들 수 있다. 상위-하위관계를 보면, {연셕-연회-잔치/잔치⊇경축연-축하연, 디연, 락셩연/낙셩연, 태평연, 혼연}, {학교-학당⊇대학교, 어학교, 전문학교}, {은힝⊇국립은힝}을 확인할 수 있다. <배설대상>에는 개화기 신생어들이 상당수 포함되어 있다. 그 중에 '가무장, 교우촌, 교젼쇼, 농업쇼, 만국박람회, 우편국, 전당국, 활판쇼, 희랍교당'은 현대국어에서는 잘 쓰이지 않는 개화기의 신생어들이다.160)

---

159) '태평연'의 어의는 "전쟁에서 이기고 여는 잔치"이다.

160) '만국박람회'는 세계 여러 나라가 참가하여 각국의 생산품을 합동 전시하는 국제 박람회인데, 1851년에 런던에서 최초로 개최한 것이 그 기원이며, 현대국어에서 외래어 '엑스포'와 유의관계를 이룬다.

3.3.4.19. 〈첨부대상(添附對象)〉

영역결정술어 : N₂-를 첨부ᄒ다

명사어휘목록 : 략도(略圖), 련명서(連名書/聯名書), 리력셔(履歷書), 문서(文書), 셔류(書類), 졔도지(製圖紙), 죠건/됴건(條件), 증거셔류(證據書類), 청원셔(請願書)

대표용례 :

　ㄱ. 숨림법에 략도(略圖)를 신고셔에 첨부ᄒ라 ᄒ엿슨즉 (경보 389)

　ㄴ. 이 신고셔는 … 졔도지(製圖紙)를 첨부ᄒ여 신고ᄒ면 (경보 389)

　'첨부(添附)ᄒ다'는 'N₁-이 N₂-를 N₃-에 첨부ᄒ다'를 기본구문구조로 갖는다. <첨부대상>은 신문·잡지에서만 추출된다. <첨부대상>의 어휘관계를 정리하면 유의관계로 '문서-셔류'를 들 수 있고, 상위-하위관계로 {문서-셔류϶련명서, 리력셔, 증거셔류, 청원셔}를 확인할 수 있다.

3.3.4.20. 〈파괴대상(破壞對象)〉

영역결정술어 : N₂-를 부슈다

명사어휘목록 : 가산, 가산집물, 감독부, 건물, 경무셔(警務署), 관사(官舍), 관청(官廳), 교당, 긔명(器皿), 기동(柱), 녀인보교(女人步轎), 뎐화긔계(電話機械), 뎡ᄌ(亭子), 들보, 료리뎜(料理店), 류리창(琉璃窓), 문, 물건, 벽, 분파소, 세간/셰간, 션쳑(船隻), 셩문(城門), 셰무소(稅務所), 슐샹, 스발(沙鉢), 쎠, 옥(獄), 옥패(玉佩), 옹긔(甕器), 우톄소(郵遞所), 우편국(郵便局), 위패(位牌), 인력거(人力車), 일진회(一進會), 집, 지판쇼(裁判所), 텬쥬교당(天主敎堂), 표셕(表石), 학교, 회사(會社)

대표용례 :

　ㄱ. 그 집 기동과 들보와 문과 벽을 부슈고 부지거쳐ᄒ엿다더라 (민일)

　ㄴ. 쳔여 명이 감독부에 가셔 감독부와 뎐화긔계롤 다 부슈고 (경향)

　ㄷ. 민씨가 한씨의 집에 가셔 옹긔와 스발들을 부신 고로 (독립)

‘부슈다’는 ‘N$_1$-이 N$_2$-를 부슈다’를 기본구문구조로 갖는다. <파괴대상>의 어휘관계를 정리하면 유의관계로 ‘관샤-관쳥’, ‘가산-집물-세간/세간’, ‘우톄소-우편국’ 등을 들 수 있다. 상위-하위관계를 보면 {긔명⊒스발, 옹긔}, {문⊒셩문}, {교당⊒텬쥬교당}, {관샤-관쳥⊒감독부, 경무셔, 분파소, 셰무소, 지판쇼}, {건물⊒뎡즈, 료리뎜, 옥, 일진회, 학교, 회샤}, {물건⊒녀인보교, 뎐화긔계, 션쳑, 슐샹, 옥패, 위패, 인력거, 표셕}을 확인할 수 있고, 부분-전체관계를 보면 {집⊒가산, 기동, 들보, 문, 류리창, 벽}의 어휘집합을 확인할 수 있다.

3.3.4.21. 〈평론대상(評論對象)〉

영역결정술어 : N$_2$-를 평론ᄒ다

명사어휘목록 : 가부(可否), 관동학회(關東學會), 교화(敎化), 리도(異道), 만물, 맛, 법령, 사롬, 예수부활, 의관(衣冠), 졍ᄉ(政事), 정치(政治), 죠뎡(朝政), 힝젹(行跡/行績/行蹟)

대표용례 :

   ㄱ. 쳥국 공ᄉ 펑광예가 미국 만국회에 춤예ᄒ야 뭇춤 각 <u>교화를 평론ᄒᆞ실</u>
     (신학 76)

   ㄴ. 졔군즈는 사다가 <u>맛을 평론ᄒ시오</u> (미일)

‘평론(評論)ᄒ다’는 ‘N$_1$-이 N$_2$-를 평론ᄒ다’를 기본구문구조로 갖는다. <평론대상>의 어휘관계를 정리하면, 유의관계로 ‘졍ᄉ-정치’를 들 수 있고, 상위-하위관계를 보면, {졍ᄉ-정치⊒죠뎡}, {힝젹⊒예수부활}을 확인할 수 있다.

3.3.4.22. 〈폐지대상(廢止對象)〉

영역결정술어 : N$_2$-를 폐지ᄒ다

명사어휘목록 : 간관(諫官), 갓, 관상소(觀象所), 관제(官制), 관찰부, 관찰부
쥬스, 관탕(官宕), 구습, 구화(舊貨), 국문연구회(國文硏究會), 국민신보샤
(國民新報社), 국민의회(國民議會), 군부, 군악디(國樂隊), 남병영(南兵營),[161]
동화(銅貨), 률법, 리지국(理財局), 무관진급령(武官進級令), 법, 부결권(否
決權), 샹무회의소(常務會議所), 영, 슈조관(收租官), 시힝, 신문, 신문검
열, 악형, 안식일(安息日), 연탄소(煉炭所), 엽젼(葉錢), 우상, 은젼(銀錢),
인력거(人力車), 잡세, 죠셕식(朝夕食), 즁국글, 지샤, 지판권, 지판쇼, 참
의원, 참장부쟝, 측간(廁間), 탕건(宕巾), 특권, 학교, 한성부, 히지샤(該
支社)

대표용례 :

ㄱ. <u>간관을 폐지호</u> 후에 말길이 막히여 샹하가 권면호고 (독립)

ㄴ. 유대인의 <u>안식일을 폐지호고</u> 그리스도인의 년호를 시작혼 바 (신학 29)

ㄷ. 여러 관리들은 오늘브터 <u>관탕을</u> 일절 <u>폐지혼다더라</u> (대한)

ㄹ. 경효뎐 홍릉에 <u>죠셕샹식을</u> 긔신후브터 <u>폐지호신다더라</u> (대한)

'폐지(廢止)호다'는 'N₁-이 N₂-를 폐지호다'를 기본구문구조로 갖는다.
<폐지대상>의 어휘관계를 정리하면, 우선 유의관계로 '관탕-탕건'이
있고, '동화, 엽젼, 은젼'은 등위관계를 이루고 있다. 앞의 화제영역에서
추출되지 않았던 신생어로는 '관상소, 국문연구회, 국민신보샤, 리지국,
슈조관, 안식일, 연탄소, 히지샤'가 있다. '관상소'는 조선 말기에 학부
(學部)에 속하여 觀象, 測候, 曆書, 調製 등을 맡아보던 관청인데, 고종 32
년(1895)에 관상감을 고쳤다가 융희 원년(1907)에 측후소로 이름을 바꾸
었다. '국문연구회'는 광무 11년(1907) 7월에 학부(學部) 안에 설치한 국
문 연구 기관인 '국문연구소'가 주최하는 모임이다. 주시경, 지석영 등
의 위원으로 구성하여 약 3년 동안 국어 통일에 관한 토의를 하였다(이

---

161) 조선 시대에 함경도 북청에 두었던 남도 병영으로 병마절도사가 맡아 지켰다.

기문 1975). '국민신보샤'는 국권 강탈 직전에 일진회에서 1906년부터 발간한 친일 신문사이다. '리지국'은 대한제국 때에 탁지부에 속하여 현금 물품의 출납과 국가 재정에 관한 일을 맡아보던 관청인데, 광무 9년 (1905)에 설치되었다. '슈조관'은 宮房의 추수를 보러 가던 벼슬아치에 대한 명칭이다. '안식일'은 천주교/기독교 전문어이다. '희지샤(該支社)'는 "그(其) 지사"의 의미인데, 1908년 『대한미일신보』 기사 "지샤원 김호연 씨는 신보 디금을 슈납지 못홈이 만흔 고로 희지샤를 폐지ᄒ고"를 통해 그 어의를 알 수 있다. 참고로 『조선어사전』에는 표제항 '희(該)'에 대해서 관련 한자어 24개가 분할배열되어 있는데, 그 중 23개의 표제어에 포함된 '희(該)'를 뜻풀이에서 지시대명사 '그(其)'에 대응시키고 있다. 개화기 말모음에 나타난 '희(該)'의 지시대명사적 용법은 오늘날에는 잘 발견되지 않는다.

3.3.4.23. 〈화재대상(火災對象)〉

영역결정술어 : N_2-를 쇼화ᄒ다; 불지르다

명사어휘목록 : 가산, 가옥, 고을, 고을집, 곡식, 관ᄉ(官司), 농쟝(農場), 대촌, 뎐긔거(電氣車), 뎡거쟝(停車場), 뎡즈(亭子), 도셩(都城), 동리(洞里), 디더(紙袋), 령ᄉ관(領事館), 령ᄉ셔(領事署), 령졍(影幀), 목패(木牌), 문셔(文書), 물픔(物品), 분파소(分派所), 셩(城), 셩셔(聖書), 샤신(辭神), 셩경책, 셔칙(書冊), ᄉ고을집, 신주(神主), ᄉ당(祠堂), ᄉ랑(舍廊), 우편국, 졔구(祭具), 쥬막, 즙물(什物), 지부, 집, 찬미책, 청국비(淸國-), 촌락, 촌집, 칙, 칙즈(冊子), 학교, 화상(畵像)

대표용례 :

ㄱ. 슌검이 두번이나 나와 그 <u>령졍을 쇼화ᄒ</u> 졍격을 젹간ᄒ엿다더라 (독립)

ㄴ. 의병이 그 <u>농쟝을 다 쇼화ᄒ엿다</u> ᄒ고 (대한)

ㄷ. ᄎ쟝군의 <u>화상은 쇼화ᄒ라고</u> 희군에 지령ᄒ엿더니 (대한)

‘쇼화(燒火)ᄒ다; 불지르다’는 ‘N₁-이 N₂-를 쇼화ᄒ다; 불지르다’를 기본구문구조로 갖는다. <화재대상>의 어휘관계를 정리하면, 유의관계로 ‘가옥-집’, ‘싀고을집-촌집’, ‘령정-화샹’, ‘가산-집물’, ‘셔칙-칙-칙ᄌ’, ‘고을-동리’, ‘령ᄉ관-령ᄉ셔’ 등을 들 수 있다. 상위-하위관계를 보면 {셔칙-칙-칙ᄌ⊐성경책, 찬미책}, {관샤⊐령ᄉ관-령ᄉ셔, 분파소}, {제구⊐샤신, 신주}, {촌락⊐대촌}, {셩⊐도셩}을 확인할 수 있다. 한편 ‘뎐긔거’는 ‘전차(電車)’에 대한 개화기 신생어이다.162)

3.3.4.24. 〈확장대상(擴張對象)〉

영역결정술어 : N₂-를 확쟝ᄒ다

명사어휘목록 : 경무(警務), 경찰ᄉ무(警察事務), 공ᄉ(工事),163) 공ᄌ교(孔子敎), 광업(鑛業), 교구(敎區), 교육, 군비, 권리, 남녀학교, 대동교(大同敎), 륙군(陸軍), 부민회(府民會), 불교, 불학회(佛學會), 상업, 셰력(勢力), 실업, ᄉ무(事務), 아메리가쥬, 약국, 업무, 우두약, 위싱ᄉ무(衛生事務), 인쇄국,164) 일반ᄉ무(一般事務), 쟝로교회(長老敎會), 전선(電線), 전화(電話), 종교, 지면(紙面), 포디(砲隊), 포병, 학교, 학업, 항구, 해륙군, 헌병디(憲兵隊), 협회, 히군(海軍)

---

162) “뎐긔거라 ᄒᄂᆫ 것이 대한에 처음 싱겨남이 아즉도 긔명 못된 인민의 안목에 엇지 구경스러온 물건이 아니라고야 ᄒ리요 그러ᄒᆫ 고로 뎐긔거 러왕ᄒᄂᆫ디 구경들 ᄒ랴고 남녀로쇼상하 업시 닷토와 타기도 ᄒ고 구경도 ᄒᄂᆫ디 혹 실죡도 ᄒ고 혹 실슈도 ᄒ야 경식이 미양 죳치 못 ᄒ다더니 어졋긔 엇던 ᄋ희가 ᄯ 죽엇다ᄂᆫ지라 (독립)”

163) ‘공ᄉ(工事)’는 “토목이나 건축 일”의 뜻이다. 『조선어사전』에는 등재되어 있지 않은데, ‘공ᄉ(工事)’가 일본어에서 차용된 신생어였기 때문이다. 이에 대한 전통적인 국어 어휘는 ‘역ᄉ(役事)’인데, 『조선어사전』에는 ‘역ᄉ’가 등재되어 있고, 표제어로 등재되지 않은 “工事”로 뜻풀이하고 있다. 반드시 그렇다고는 말할 수 없지만, ‘公債, 敎師, 動産’처럼 당시의 용례가 문헌에 널리 나타나는 어휘인데도 『조선어사전』에 등재되지 않은 경우, 대개는 일본어식 신생어였기 때문이다.

164) 대한제국 때에 탁지부에 속하여 책을 찍는 일을 맡아보던 관청인데, 광무 8년(1904)에 두어 이듬해 없앴다가 다시 둔 것으로 융희 4년(1910)까지 있었다.

대표용례 :

　ㄱ. 지금 이독ᄒ시는 성의를 보답ᄒ기 위ᄒ야 이번에 <u>지면을 크게 확쟝ᄒᆞᆸ</u>
　　고 (대한)

　ㄴ. 니부에서 … <u>우두약을 방금 확쟝ᄒᄂᆫᄃᆡ</u> 근ᄅᆡ 잡류비들이 ᄉᆞᄉᆞ로이 든니
　　며 (경향)

'확장(擴張)ᄒ다'는 'N₁-이 N₂-를 확장ᄒ다'를 기본구문구조로 갖는다. "독립신문이 확장ᄒ여 리월 쵸일일 붓허 일요일 외에 날마다 츌판ᄒᆫ다ᄂᆫᄃᆡ (미일)"처럼 'N₁-이 확장ᄒ다/확쟝ᄒ다'의 자동사 구문도 문증된다. <확장대상>의 어휘관계를 보면, 유의관계로, '경무-경찰ᄉ무', 'ᄉ무-업무' 등을 들 수 있다. 상위-하위관계를 보면 {ᄉ무⊒경무-경찰ᄉ무, 위싱ᄉ무, 일반ᄉ무}, {학교⊐남녀학교}, {종교⊐공ᄌ교, 대동교, 불교, 쟝로교회}, {해륙군⊐륙군, 희군}, {실업⊐광업, 상업} {륙군⊐포ᄃᆡ, 포병, 헌병ᄃᆡ}를 확인할 수 있다.

3.3.5. 문화

개화기 신문·잡지에서 추출된 고빈도 술어 중에서 문화 관련 주요 화제영역을 결정하는 영역결정술어에는 '달다₂, 구경ᄒ다, 관광(觀光)ᄒ다, 유람(遊覽)ᄒ다, 그리다, 경츅(慶祝)ᄒ다, 닑다, 랑독(朗讀)ᄒ다, 모방(模倣/摸倣/摹倣)ᄒ다, 거힝(擧行)ᄒ다, 참석(參席)ᄒ다, 발긔(發起)ᄒ다, 발힝(發行)ᄒ다, 인쇄(印刷)ᄒ다, 발간(發刊)ᄒ다, 슝상(崇尙)ᄒ다; 슝비(崇拜)ᄒ다; 슝봉(崇奉)ᄒ다; 셤기다, 노릭ᄒ다; 부르다'가 선정되었다. 이어서 개화기 신문·잡지에서 영역결정술어에 따라 통합관계를 보이는 명사 어휘를 화제영역별로 제시하고, 특징적인 언어 사실과 어휘론적 특징, 특히 영역 내에서 관계 지을 수 있는 어휘관계를 정리한다.

3.3.5.1. 〈관람대상(觀覽對象)〉

영역결정술어 : N₂-를 구경ᄒ다

명사어휘목록 : 강산, 거동, 검슐(劍術), 경긔, 경복궁, 경상(景狀), 경셩(京城), 경시청, 경쳐(景處), 경치, 경황, 고려고젹(高麗古跡), 곰, 교회, 구라파, 구련성, 국화, 군함, 그림자, 금강산, 금산수, 긔린굴, 기슐젼람회(技術展覽會), 긔셩, 능금, 단쳥(丹靑), 달, 대부셤, 대한의원, 도회쳐(都會處), 돌함, 동양뎨국, 디방/지방, 련합공진회(聯合共進會), 령흥셤, 례식, 만리쟝셩(萬里長城), 만월디(滿月臺), 모란봉, 목단봉, 무한츈싴(無限春色), 물건, 박람회, 부벽누/부벽루, 북한사, 불놀이/불노리, 사룸, 산쳔, 산쳔경긔(山川境界), 상해, 선죽교(善竹橋), 셩당(聖堂), 소부셤, 쇼쟝(訴狀), 시비(是非), 시벽경치, 싱물, 연극, 연흥샤, 영광정, 영명수, 외국사룸, 원승이, 운동, 유젹, 은진미력, 의주, 잔치, 절/졀, 죠션, 죠션사룸, 지폐, 주혜원(慈惠院), 챵덕궁비원, 쳥인, 쵸한젹젼쟝, 칙, 파도, 평양, 풍경, 학도체조, 항구, 해군죠련, 형샹, 화류, 화원, 활동샤진(活動寫眞), 힝위

대표용례 :

ㄱ. 진시황이 쓰아 노흔 <u>만리쟝셩과 쵸한젹젼쟝을 구경ᄒ</u> 후에 도라와 (독립)

ㄴ. 학도 오십여 명이 … <u>대부셤과 쇼부셤과 령흥셤을</u> 츠례로 <u>구경ᄒ엿눈디</u> (대한)

ㄷ. <u>제일 강산 영광정과 제일 강산 부벽루와 모란봉을</u> 다 <u>구경하니</u> (신학 429)

ㄹ. 오빅 돈이나 되눈 <u>군함을</u> 다 <u>귀경ᄒ</u> 후 그 항구에 쥬찰ᄒ눈 회군 즁쟝을 차자 보고 (독립)

‘구경ᄒ다’는 ‘N₁-이 N₂-를 구경ᄒ다’를 기본구문구조로 갖는다. 어휘관계를 정리하기에 앞서 <관람대상>은 다시 [관람지]와 [관람물]의 어휘쟝(lexical fields)으로 구분된다.

a. [관람지]

강산, 경긔, 경복궁, 경상(景象), 경셩, 경시쳥, 경쳐, 경치, 고려고젹, 교회, 구라파, 구련셩, 금강산, 금산스, 긔린굴, 기슐젼람회, 긔셩, 달, 대부셤, 대한의원, 도회쳐, 동양뎨국, 련합공진회, 령흥셤, 만리쟝셩, 만월디, 모란봉, 목단봉, 무한츈식, 박람회, 부벽누/부벽루, 북한사, 산쳔, 산쳔경긔, 상해, 션죽교, 셩당, 소부셤, 연흥샤, 영광졍, 영명스, 유젹, 은진미력, 의주, 졀/절, 죠션, 즈혜원, 챵덕궁비원, 쵸한격젼쟝, 파도, 평양, 풍경, 항구, 화원

b. [관람물]

거동, 검슐, 곰, 국화, 군함, 그림자, 능금, 단쳥, 돌함, 례식, 물건, 불놀이/불노리, 사롭, 쇼장(訴狀), 시비(是非), 싱물, 연극, 외국사롭, 원승이, 운동, 잔치, 죠션사롭, 지폐, 쳥인, 칙, 학도체조, 해군죠련, 형샹, 화류, 활동샤진, 힝위

　[관람지]의 유의관계를 정리하면, '산쳔-강산', '경샹-경치-경긔-경쳐-풍경'이 유의어를 이루고 있다. [관람지]의 상위-하위관계를 살펴보면, 다음과 같다.

(49) ㄱ. {유젹⊐만리쟝셩, 쵸한격젼쟝, 구련셩; 챵덕궁비원, 경복궁, 영광졍,
　　　　 부벽루/부벽누, 만월디, 고려고젹, 션죽교}
　　 ㄴ. {지방/디방⊐동양뎨국, 구라파, 죠션; 평양, 의주, 경셩, 긔셩; 상해}
　　 ㄷ. {졀/절⊐연흥샤, 금산스, 은진미력, 북한사, 영명스}
　　 ㄹ. {도회쳐⊐즈혜원, 셩당, 련합공진회, 기슐젼람회, 박람회, 경시쳥, 교
　　　　 회, 항구, 대한의원}

(49ㄱ)에서 '만리쟝셩, 쵸한격젼쟝, 구련셩'은 해외 '유젹'에 대한 하위어이고, '챵덕궁비원, 경복궁, 영광졍, 부벽루/부벽누, 만월디, 고려고젹,

선죽교’는 국내 ‘유적’에 대한 하위어이다. (49ㄴ)에서 ‘동양뎨국, 구라파, 죠션’은 ‘나라’ 이상의 ‘지방/디방’에 대한 하위어이고, ‘평양, 의주, 경셩, 기셩; 상해’는 ‘나라’ 내의 ‘지방/디방’에 대한 하위어이다. (49ㄹ)의 상위어 ‘도회쳐’는 개화기의 근대화 이데올로기가 반영된 어휘로서 신생어이며, ‘ᄌ혜원(慈惠院), 셩당, 련합공진회(聯合共進會), 기슐젼람회, 박람회, 경시쳥, 교회, 항구, 대한의원(大韓醫院)’은 그 하위어이며, 모두가 개화기 신생어로 파악할 수 있다.

[관람물]의 상위-하위관계를 살펴보면, 다음과 같다.

(50) ㄱ. {물건⊇단쳥, 칙, 군함, 풍경, 쇼장(訴狀), 지폐, 돌함}

ㄴ. {사롬⊇쳥인, 죠션사롬, 외국사롬}

ㄷ. {싱물⊇곰, 원숭이; 화류, 국화, 능금}

ㄹ. {힝위⊇검슐, 해군죠련, 운동, 학도체조, 거동, 그림자, 활동샤진, 불놀이/불노리, 연극, 시비(是非), 례식, 잔치, 형샹}

(50ㄱ)은 [관람물]의 대표적인 하위집합인데, 상위어 ‘물건’에 대한 하위어로 ‘단쳥, 칙, 군함, 풍경, 쇼장(訴狀), 지폐, 돌함’이 추출되었다. (50ㄴ)의 ‘사롬’ 집합도 [관람물]에 포함시켰다. (50ㄷ)의 상위어 ‘싱물’은 다시 ‘동물’과 ‘식물’의 중간 상위어로 구별할 수 있으나, 추출된 어휘의 한계로 분지화시키지 못했다. 마지막으로 (50ㄹ)처럼 관람거리로서 ‘힝위’를 상위어로 보았을 때, ‘검슐, 해군죠련, 운동, 학도체조, 거동, 그림자, 활동샤진, 불놀이/불노리, 연극, 시비(是非), 례식, 잔치, 형샹’ 등은 그 하위어가 된다. 한편 여기서 ‘군함, 지폐, 활동샤진, 연극’은 개화기 문물의 명칭인바, 개화기 신생어로 판단된다.

〈관람대상〉→〈관광견학지(觀光見學地)〉

영역결정술어 : N_2-를 관광ᄒ다

명사어휘목록 : 대련습(大演習), 문명국(文明國), 일본, 패망국(敗亡國), 훈
    련원(訓練院)

대표용례 :

    ㄱ. 군부 쟝관이 공亽를 인호야 <u>대련습을 관광홀</u> 츠로 일본에 가는 째에는
      (대한)

    ㄴ. <u>패망국을 관광홈</u>은 식욕발동홈이로다 (대한)

    '관광(觀光)호다'는 'N₁-이 N₂-를 관광호다'를 기본구문구조로 갖는다.
<관광견학지>의 어휘들을 참조할 때, '관광호다'의 어의는, 오늘날 '구
경하다'의 어의보다는 '견학하다'의 어의에 더 가깝다는 사실을 알 수
있다. <관광견학지>는 신문·잡지 레지스터에서만 추출되었는데, 어
휘관계를 구명할 만큼 충분한 명사어휘목록이 묶이지 않았다. 이것은
오늘날 널리 쓰이는 '관광호다'가 개화기에는 아직 일반어화되지 않았
음을 암시한다. 개별 어휘를 살펴보면 '대련습'은 대규모의 병력과 장비
를 동원하여 벌이는 군사 연습을 의미하는 군사 전문어이다. '훈련원'은
조선시대에 군사의 시재(試才), 무예의 연습, 병서의 강습 따위를 맡아보
던 관아를 의미하는데, 순종 원년(1907)에 한일신협약의 체결에 따라 해
산되었다.

    〈관람대상〉→〈유람지(遊覽地)〉

영역결정술어 : N₂-를 유람호다

명사어휘목록 : 각쳐샤회(各處社會), 경복궁, 고등학교, 구라파(歐羅巴), 구
    미각국, 구쥬각국(歐洲各國), 대셩당(大聖堂), 동양, 무관학교, 미국, 북
    극, 북방교회, 북한사, 아프리까(Africa), 외국, 외국풍경, 인쳔항(仁川
    港), 일본, 일본해변, 챵덕궁(昌德宮), 쳐소(處所), 태셔양(太西洋)

대표용례 :

    ㄱ. 황뎨 폐하끠셔는 <u>대셩당(大聖堂)을 유람호시고</u> (경보 107)

ㄴ. 뎐하끠옵셔 본일 열흔 시에 <u>고등학교와 무관학교에 유람ᄒ시ᄂ</u> 고로 (대한)

'유람(遊覽)ᄒ다'는 'N₁-이 N₂-를 유람ᄒ다'를 기본구문구조로 갖는다. <유람지>의 어휘관계를 정리하면 유의관계로 '구라파-구쥬각국'을 들 수 있고,[165] 상위-하위관계를 보면 {외국∋미국, 북극, 일본, 아프리까}, {외국풍경∋일본해변}, {쳐소∋경복궁, 고등학교, 대셩당(大聖堂), 무관학교, 챵덕궁, 북방교회, 북한사}를 확인할 수 있다. '쳐소'의 '궁(宮)' 합성 명사로는 '겐싱돈궁, 경모궁, 경복궁, 경우궁, 경희궁, 남별궁, 동별궁, 룡동궁, 리본궁, 명례궁, 션희궁, 슈진궁, 어의궁, 연희궁, 운현궁, 육샹궁, 원져궁, 창경궁, 칠궁, 태즈궁' 등이 더 문증된다. 이 중 '칠궁'은 '경우궁, 룡동궁, 명례궁, 션희궁, 슈진궁, 어의궁, 육샹궁'을 말한다.

3.3.5.2. 〈게양물(揭揚物)〉

영역결정술어 : N₂-를 달다₂

명사어휘목록 : ㉮교화황긔(敎化皇旗), 국긔(國旗), 긔(旗), 독일국긔(獨逸國旗), 미국국긔(美國國旗), 태극국긔(太極國旗), 태극긔(太極旗), 팔괘국긔(八卦國旗)[166]

㉯금방울, 돗/돗ᄎ, 등, 등롱(燈籠), 등불, 망돌,[167] 머리, 몸, 비암(蛇), 투셔통(投書筒), 풍셕(風席),[168] 픠영(貝纓)

㉰명패, 문패, 현판, 효졔츙신문(孝悌忠信門)

---

165) 이병근(2001: 19)에서도 당시 사전에 실린 세계 각처의 지명을 언급하면서 이들에 대한 유의관계를 보여주고 있다.

166) '팔괘국긔'는 "대한제국 때에 복판에 팔괘 무늬를 금박한 의장기"인데, 대한제국을 상징하는 국긔인 셈이다.

167) 『표준국어대사전』에서는 '망돌'을 '맷돌'의 방언(강원), '맷돌'의 북한어로 뜻풀이하고 있다. '망돌'은 평안도 사람이 관계한 성경 관련 레지스터에서 1번 추출되었는데, 평안도 방언형이 반영된 것으로 추정된다.

168) '풍셕'의 어의는 "돗을 만드는 데 쓰는 돗자리"이다.

대표용례 :

   ㄱ. 학당 문에다 죠션 <u>국긔를</u> 놉히 달고 (독립)

   ㄴ. 심히 긴 돗대가 둘히오 그 돗대에 <u>다논 풍셕이</u> 둘힌디 (경보 286)

'달다$_2$'는 'N$_1$-이 N$_2$-를 N$_3$-에 달다'를 기본구문구조로 갖는다. 해당 명사 어휘의 통합관계를 보면 '달다$_2$'의 다의성을 포착할 수 있다. "게양하다"와 "매어 놓다" 그리고 "붙이다"가 그것이다. 이들 다의 중에 "게양하다"의 의미인 '달다$_2$'와 통합한 명사는 ㉮의 '교화황긔, 국긔, 긔' 등이 있고, "매어 놓다"의 의미인 '달다$_2$'와 통합한 명사는 ㉯의 '금방울, 등롱, 등불' 등이 있고, "붙이다"의 의미인 '달다$_2$'와 통합한 명사로는 ㉰의 '명패, 문패, 현판, 효졔츙신문'이 있다.

   <게양물>의 어휘관계를 정리하면 유의관계로 '명패-문패', '태극국긔-태극긔'를 들 수 있다. 상위-하위관계를 보면 {긔⊒국긔⊒독일국긔, 미국국긔, 태극국긔-태극긔, 팔괘국긔}, {긔⊒교화황긔}, {등⊒등롱}을 확인할 수 있고, 부분-전체관계를 보면 {등⊒등불}, {돗/돗ㅊ⊒풍셕}, {몸⊒머리}를 확인할 수 있다.

3.3.5.3. 〈경축일(慶祝日)〉

영역결정술어 : N$_2$-를 경축ᄒ다

명사어휘목록 : 건원절(乾元節), 계텬절(開天節), 긔원절,169) 독립일(獨立日), 만슈셩절(萬壽聖節), 셩탄일(聖誕日), 쳔츄경절(千秋慶節), 텬쟝절(天長節)

대표용례 :

   ㄱ. 황국협회에셔 쏘훈 <u>긔원절을 경축홀</u> 뜻스로 각회원이 의죠금을 거두오니 (미일)

   ㄴ. 감수쟝 목하뎐 씨가 일본국 <u>텬쟝절을 경축훈</u> 후에 귀국ᄒ다ᄂ디 (대한)

---

169) 개화기에는 '조선 개국'과 '대한제국 개국'을 기념하였는데, 이를 '긔원절'이라고 한다. "팔월 이십ᄉ일이 죠션 긔국 <u>긔원절이라</u> 죠션에 데일 가는 큰 경ᄉ론 날이니 나라와 빅셩이 다 ᄆ음에 깃분 날일네라 (독립)".

'경츅(慶祝)ᄒ다'는 'N₁-이 N₂-를 경츅ᄒ다'를 기본구문구조로 갖는다. <경츅일>은 신문・잡지에서만 추출된다. <경츅일>의 명사 어휘는 모두 등위관계를 이루고 있다. 이밖에 '-절(節)' 관련 명사로는 다음과 같다.

(51) 건원절경츅절, 계텬긔원경절, 공화절, 긔념절, 긔원경절, 독립절, 만슈셩절, 상원절, 오슌절, 즁양절, 쳔츄경절, 쳔츄절, 츄분절, 탄신절, 텬장절, 긔국긔원절

'건원절(乾元節)'은 1908년부터 대한제국 순종 황제의 탄생(2월 28일)을 기념하던 날이다. '계텬절'은 오직 1번 추출되었는데, 오늘날 개천절(開天節)의 오표기로 추정된다. '만슈셩절(萬壽聖節)'은 대한제국 때에 황제의 생일을 기념하던 날이며, 고종 광무 원년(1897)에 제정하였다. '쳔츄경절(千秋慶節)'은 대한제국 때에 황태자의 생일을 기념하던 날이며, 광무 원년(1897)에 정하였다. '텬장절(擅場節)'은 일본 천황의 생일을 기념하는 날이다.[170]

3.3.5.4. 〈모임〉

영역결정술어 : N₂-를 거힝ᄒ다

명사어휘목록 : 각청쇼임(各廳所任), 간ᄉ회(幹事會), 간틱(簡擇), 경츅례식(慶祝禮式), 경츅회(慶祝會), 관병식(觀兵式), 긔념식/긔렴식(記念式), 긔교식(開校式), 긔교예식(開校禮式), 긔당식(開堂式), 긔업식(開業式), 긔원긔념례식(開院記念禮式), 긔청식(開廳式), 긔통례식(開通禮式), 긔회식(開會式), 년죵시험(年終試驗), 대미샤례절(大missa禮節), 대운동회(大運動會), 데등예식(提燈禮式), 데등힝렬(提燈行列), 락셩식(落成式), 락셩연(落成宴), 련미사(煉missa), 련합운동회(聯合運動會), 례식(禮式), 림시총회(臨時總會),

---

170) 참고로 '-일(日)' 관련 명사로는 '경절일, 구세쥬탄일, 구쥬탄일, 동밍일, 명절일, 부활일, 셩교일, 셩탄일, 안식일, 죵목일, 쥬탄일, 휴가일' 등이 더 문증된다.

미사(missa), 민년회(每年會), 방학례식(放學禮式), 비힝션긔사식(飛行船開
社式), 상량식(上樑式), 상량례식(上樑禮式), 선거투표(選擧投票), 슈도긔통
식(水道開通式), 슈믹식(水脈式), 시복식(諡福式), 신혼례식(新婚禮式), 신혼
식(新婚式), 운동회(運動會), 원유회(園遊會), 원족회/원쪽회(遠足會), 장례
(葬禮), 장례식(葬禮式), 쟝스례식(葬事禮式), 쟝스례졀(葬事禮節), 정부영
칙(政府迎勅), (졸업쟝 주는) 례식, 졸업례식(卒業禮式), 졸업시험(卒業試
驗), 졸업식(卒業式), 진슈식(進水式), 진하례(進賀禮), 창립긔념식(創立記
念式), 춍션거(總選擧), 츄도회/츄됴회(追悼會), 친임식/친림식(親任式), 칙
봉례식(冊封禮式), 칙봉례졀(冊封禮節), 탄일경츅회(誕日慶祝會), 특별춍회
(特別總會), 평의회(評議會), 하긔방학식(夏期放學式), 한어강습회(漢語講習
會), 환영연(歡迎宴), 회의(會議)

대표용례 :

ㄱ. 영국 셔울 론돈 공원디에셔 큰 <u>관병식을 거힝ㅎ얏다더라</u> (독립)

ㄴ. 요안나 달그의 <u>시복식(諡福式Beatificatio)</u>을 금년 ᄉ월 십팔일에 <u>거힝ㅎ엿다</u>
더라 (경보 226)

'거힝(擧行)ㅎ다'는 'N$_1$-이 N$_2$-를 거힝ㅎ다'를 기본구문구조로 갖는다.
<모임>의 어휘관계를 정리하면, 유의관계로 '경츅례식-경츅회', '긔교
시-긔교예식', '상량식-상량례식', '신혼례식-신혼식', '장례-쟝스례식-쟝
스례졀-장례식', '(졸업쟝 주는) 례식-졸업례식-졸업식', '칙봉례식-칙봉
례졀' 등을 들 수 있는데, 일련의 유의어 예를 통해 현대국어에서 '어근+
-식(式)'인 파생어 중에는 원래 '어근+예식(禮式)'의 복합에서 후행 '예
식'이 절단(truncation)의 과정을 겪고서 형성된 것임을 개화기 자료는
암시한다. 상위-하위관계를 보면 다음과 같다.

(52) ㄱ. {긔념식/긔렴식ㅋ관병식, 긔당식, 긔업식, 긔원긔념례식, 긔쳥식, 긔
    통례식, 긔회식, 데등예식, 데등힝렬, 락셩식, 방학례식, 비힝션긔사

식, 슈도긔통식, 슈믹식, 시복식, 진슈식, 창립긔념식, 친임식/친림식,
하긔방학식, 락셩연, 츄도회/츄됴회, 탄일경츅회, 환영연}

ㄴ. {미사ㅋ 대미샤례졀, 런미사}

ㄷ. {회의ㅋ 간소회, 림시총회, 민년회, 원족회/원죡회, 특별총회, 평의회}

ㄹ. {운동회ㅋ 대운동회, 련합운동회}

ㅁ. {시험ㅋ 년종시험, 졸업시험}

등을 확인할 수 있다. (52ㄱ)의 '락셩연, 츄도회/츄됴회, 탄일경츅회, 환
영연'은 각각 '락셩식, 츄도식, 탄닐경츅식, 환영식'과 유의관계에 있기
때문에 상위어 '긔념식/기렴식'의 하위어로 포함시킬 수 있다. (52ㅁ)의
'시험'에 대한 개화기의 하위어를 더 보면, '동긔시험(冬期試驗), 월종시
험(月終試驗), 입학시험, 필긔시험, 하긔시험(夏期試驗), 학기시험, 학년시
험(學年試驗)' 등이 더 문증된다.

〈모임〉 → 〈참석모임〉

영역결정술어 : N₂-에 참셕ᄒ다

명사어휘목록 : 계삭회(計朔會), 구락부연회(俱樂部宴會), 대운동회(大運動
會), 만국공회(萬國公會), 만찬회(晩餐會), 슈여식(授與式), 오찬회(午餐會),
졍우회(政友會),[171] 친목회(親睦會), 한은총회(韓銀總會), 환영회(歡迎會),
회의(會議)

대표용례 :

ㄱ. 세 사룸은 상힌에 잇는 일본 구락부연회에 참셕ᄒ엿다더라 (대한)

ㄴ. 황뎨폐하는 본일 륙군ᄉ관학교에셔 졸업증셔 슈여식에 참여ᄒ기 위ᄒ야
   (대한)

---

171) 대한제국 융희 4년(1910)에 김종한, 민원식 등이 중심이 되어 조직한 보수정당이
   다. 황실존영, 교육진흥, 산업발전, 사회개량, 빈민구제, 한일친선 등을 창당 취지
   로 내세웠다.

‘참석(參席)ᄒ다’는 ‘N₁-이 N₂-에 참석ᄒ다’의 자동사 구문을 기본구문 구조로 갖는다. <참석모임>은 신문·잡지에서만 추출된다. <참석모임>의 어휘관계를 정리하면, 반의관계로 ‘만찬회↔오찬회’를 들 수 있다. 한편 ‘구락부연회’에서 ‘구락부’는 ‘club’에 대한 일본식 음차 외래어임은 물론이다.

〈모임〉→〈참석모임〉→〈발기(發起)모임〉

영역결정술어 : N₂-를 발긔ᄒ다

명사어휘목록 : 강습소(講習所), 관광단(觀光團), 군의회(郡議會), 녀학교(女學校), 농무회(農務會), 대한평화협회(大韓平和協會), 로동회(勞動會), 븍경헌정공회(北京憲政公會), 염직회사(染織會社), 운동회(運動會), 유세단(遊說團), 의연회(義捐會), 입학회(入學會), 종회(宗會), 친목회(親睦會), 회사(會社)

대표용례 :

ㄱ. 건축비 부죡익을 보츙코져 ᄒ여 <u>의연회롤 발긔ᄒ고</u> 돈을 만히 모집ᄒ여 (대한)

ㄴ. 동복군에 사는 오지영 오병남 졔씨가 <u>군의회를 발긔ᄒ야</u> 학교를 셜립ᄒ고 (대한)

‘발긔(發起)ᄒ다’는 “새로운 모임을 꾸며 일으키다.”는 뜻의 영역결정술어이다. ‘N₁-이 N₂-를 발긔ᄒ다’를 기본구문구조로 갖는다. <발기모임>에는 개화기 사회상의 일면을 엿보게 하는 신생어들이 대부분이다. 그 중에서 ‘대한평화협회’는 1910년에 심일택(沈日澤), 민영기(閔泳基) 등이 설립한 정치 계몽단체인데, 국권이 강탈된 후 일제의 탄압으로 해체되었고 ‘븍경헌정공회’는 1908년 북경에 있었던 헌정회를 말하는데, 의회 개설 운동을 추진한 바가 있다.

3.3.5.5. 〈발행물(發行物)〉

영역결정술어 : N₂-를 발힝ᄒ다

명사어휘목록 : 경픔권(景品券), 공채(公債), 공채증권(公債證券), 동젼(銅錢), 디권(地券), 신문, 영ᄌ보(英字報), 은힝권(銀行券), 잡지(雜誌), 지폐(紙幣), 채권(債券), 화폐(貨幣), 증권(證券)

대표용례 :

ㄱ. 샹을 만히 준다 ᄒ고 <u>경픔권을 발힝ᄒ여</u> 붉은 긔를 놉히 둘고 (대한)

ㄴ. 긔쟈 두 분을 불너다가 셔울 푸래쓰라 ᄒᄂᆫ <u>영ᄌ보를 발힝ᄒ더라</u> (대한)

'발힝(發行)ᄒ다'는 'N₁-이 N₂-를 발힝ᄒ다'를 기본구문구조로 갖는다. 〈발행물〉은 신문·잡지에서만 추출된다. 어휘관계를 정리하면 상위-하위관계로 {화폐⊐동젼, 은행권, 지폐}, {증권⊐경픔권, 공채, 공채증권, 디권, 채권}을 확인할 수 있다. 한편 기타 {신문, 영ᄌ보, 잡지}는 등의관계를 이룬다. 끝으로 종이류, 서적류뿐만 아니라 '화폐'도 〈발행물〉에 속한다는 점은 〈발행물〉이 종이류나 서적류만 대상으로 하는 〈인쇄물〉, 〈발간물〉보다 상위의 화제영역임을 말해 준다.

〈발행물〉→〈인쇄물(印刷物)〉

영역결정술어 : N₂-를 인쇄ᄒ다

명사어휘목록 : 견본지(見本紙), 교과서(敎科書), 도셔(圖書), 도화(圖畵), 목록(目錄), 문권(文券), 법규유편(法規郵便), 샤진(寫眞), 서칙(書冊), 신문, 져셔(著書), 칙(冊)

대표용례 :

ㄱ. <u>유익ᄒᆫ 신문과 유효ᄒᆫ 져셔를 힘써 인쇄ᄒ여</u> 발힝홀 것이여니와 (경보 491)

ㄴ. 일본 갓던 관광단의 <u>샤진들을</u> 셕판으로 <u>인쇄ᄒ여</u> 각기 ᄒ 벌 보내고셔 (대한)

‘인쇄(印刷)ᄒ다’는 ‘N₁-이 N₂-를 인쇄ᄒ다’를 기본구문구조로 갖는다. <인쇄물>은 신문·잡지에서만 추출된다. <인쇄물>의 어휘관계를 정리하면, 유의관계로 ‘도서-셔칙-칙’을 들 수 있다. 상위-하위관계를 보면 {도서-셔칙-칙⊐교과서, 도화, 져서}를 확인할 수 있다. <인쇄물>의 개별 어휘 중에 ‘샤진’이 ‘인쇄ᄒ다’와 통합관계를 이루고 있다는 점은 현대국어와의 차이점이다. 현대국어에서 ‘샤진’은 ‘뽑다, 인화(印畫)하다, 현상(現像)하다’와 연어를 이루지만, ‘인쇄하다’와는 통합하는 일이 잘 없다. 끝으로 종이류나 서적류를 대상으로 하는 <인쇄물>이 서적류에 한정된 <발간물>보다 상위의 화제영역이다.

〈발행물〉 → 〈인쇄물〉 → 〈발간물(發刊物)〉

영역결정술어 : N₂-를 발간ᄒ다

명사어휘목록 : 경성일보(京城日報),[172] 경찰월보(警察月報), 경향신문(京鄕新聞), 교과서(敎科書), 교보(校報), 국문보(國文報), 국문신보(國文新報), 대동공보, 련합교보(聯合校報), 론셜(論說), 미일신문(每日新聞), 별보(別報), 셔칙(書冊), 송ᄌ대젼(宋子大全), 시ᄉ신문(時事新聞), 신문(新聞), 신문잡지(新聞雜誌), 신문지(新聞紙), 신보(新報), 신셔젹(新書籍), 신학월보(神學月報), 영ᄌ신문(英字新聞), 월보(月報), 칙ᄌ(冊子), 크리스도인회보(Kristos人會報), 텰도신문(鐵道新聞), 트리뿐신문,[173] 한문신보(漢文新報), 헤럴드신문, 협셩신보(協成新報), 회보(會報), 히외보(海外報), 히외회보(海外會報), 히죠신문[174]

---

172) 광무 10년(1906) 9월 1일에 창간된, 통감부와 조선 총독부의 기관지이다. 한글판과 일어판을 각각 발행하였으며 친일의 성격을 띠었다. 일제 침략의 앞잡이 노릇을 하다가 광복과 함께 폐간되었다.

173) 개화기 자료에서 1번 검색된 어휘이다. ‘트리뿐신문’은 미국 뉴욕에서 헤럴드신문과 함께 간행되었던 신문이다.

174) 1908년『대한미일신보』기사 “로국령토 히삼위 디방에 한국인민 수십만 명이 지금 사ᄂᆞᆫ뒤 유지ᄒ 신ᄉ들이 본국 ᄉ상과 기명ᄉ업을 발달ᄒ기 위ᄒ야 그 항구에

대표용례 :

　ㄱ. 지금에 만시지탄을 계교치 안코 <u>련합교보(聯合敎報)</u>를 발간ᄒ기로 발긔ᄒ
　　옵ᄂ바 (대한)

　ㄴ. 미국 늬우욕에셔 <u>발간ᄒᄂ 트리쑨신문과 헤럴드신문은</u> 쳥일협약에 더ᄒ
　　야 (대한)

　‘발간(發刊)ᄒ다’는 ‘N₁-이 N₂-를 발간ᄒ다’를 기본구문구조로 갖는다. <발간물>의 어휘관계를 정리하면, 유의관계로 ‘셔칙-칙ᄌ’, ‘신문-신문지’를 들 수 있다. 상위-하위관계를 보면 {교보⊃련합교보}, {월보⊃경찰월보, 신학월보}, {회보⊃크리스도인회보; 히외회보}, {신보⊃국문신보, 한문신보; 협성신보}, {셔칙-칙ᄌ⊃교과셔, 송ᄌ대젼}, {신문⊃경셩일보, 경향신문, 미일신문, 시ᄉ신문, 톀도신문, 히죠신문; 영ᄌ신문⊃트리쑨신문, 헤럴드신문}을 확인할 수 있다.

3.3.5.6. 〈독서물(讀書物)〉

영역결정술어 : N₂-를 닑다

명사어휘목록 : 경(經), 고란경(Koran經), 고린도젼셔(Korinthos前書), 국문(國文), 규측(規則), 글, 누가복음(Luke福音), 대한일긔(大韓日記), 독본, 례문(禮文), 로마인셔(Roma人書), 론어(論語), 마태복음(Matthew福音), 명패, 밍ᄌ(孟子), 복음, 복타경(伏陀經), 불경, 상쟝례문(上狀禮文), 성경/셩경, 셔뎐(書傳), 셔칙(書冊), 시뎐(詩傳), 시편, 신문, ᄉ젹(史籍), 영문일긔(英文日記), 예언, 요한복음(Johannes福音), 우리말, 죠션략ᄉ(朝鮮略史), 죠션력디ᄉ략(朝鮮歷代史略), 쥬문(呪文), 찬미, 취지셔(趣旨書), 칙(冊), 통감(通鑑), 한문

대표용례 :

신문샤룰 셜시ᄒ고 <u>히죠신문</u>이라 ᄒᄂ 신문을 슌국문으로 발간ᄒᄂ디 그 취지셔룰 박혀 돌니더라”에서 ‘히죠신문’이 한번 검색되었고, 海朝新聞으로 추정된다.

ㄱ. 그 후에 회장이 <u>영문일긔만 닑고 대한일긔는 닑지</u> 아니하여도 알겟스니
  (신학 256)

ㄴ. 리응종 씨가 <u>취지셔를 닑고</u> 셔샹호 씨가 <u>규측을 닑은</u> 후에 (대한)

'닑다'는 'N₁-이 N₂-를 닑다'를 기본구문구조로 갖는다. <독서물>의 어휘관계를 정리하면, 유의관계로 '셔칙-칙'을 들 수 있다. 상위-하위관계를 보면 다음과 같다.

(53) ㄱ. {복음⊃누가복음, 마태복음, 요한복음}

  ㄴ. {경⊃고란경, 복타경, 불경, 성경/셩경}

  ㄷ. {ᄉ젹⊃죠션략ᄉ, 죠션력디ᄉ략, 통감}

  ㄹ. {례문⊃상쟝례문}

  ㅁ. {글⊃국문, 한문}

  ㅂ. {독본⊃론어, 밍ᄌ, 셔뎐, 시뎐}

(53ㄱ)의 '복음'에 대한 하위어로서 '마가복음'도 문증된다. (53ㄴ)에서 '고란경'은 오늘날 이슬람교의 경전인 '코란'을 의미하고, '복타경'은 오늘날 힌두교의 경전을 의미한다. 부분-전체관계로 {성경/셩경⊃고린도젼셔, 누가복음, 로마인서, 마태복음, 시편, 요한복음, 찬미}를 확인할 수 있다. 여기서 '찬미(讚美)'는 오늘날의 '찬송가'에 대한 개화기 어휘인데, 같은 의미로 '찬양가, 찬미가'가 더 널리 쓰였다.

⟨독서물⟩ → ⟨낭독물(朗讀物)⟩

영역결정술어 : N₂-를 랑독ᄒ다

명사어휘목록 : 국문보단, 규칙, 독립셔(獨立書), 셰칙(細則), 신문, 전회일긔(前回日記), 전회회록(前回會錄), 총측(總則), 축ᄉ(祝辭), 취지(趣旨), 편지

대표용례 :

ㄱ. 려영조씨논 태극교 창립훈 취지롤 랑독훈 후에 교죵의 원인을 설명ᄒ고 (대한)

ㄴ. 국문보단은 문경호씨가 대리로 랑독하다 (신학 248)

'랑독(朗讀)ᄒ다'는 'N₁-이 N₂-를 랑독ᄒ다'를 기본구문구조로 갖는다. 상위-하위관계로 {규칙⊐세칙, 총측}을 확인할 수 있다. '국문보단'은 『신학월보』에서 총 4번 검색되었다. '보단'은 "교회의 일을 정리한 기록"을 의미한다.

3.3.5.7. 〈모방대상(模倣對象)〉

영역결정술어 : N₂-를 모방ᄒ다

명사어휘목록 : 례식(禮式), 서양풍속(西洋風俗), 신식, 예수, 일본연극, 일인, 정당회(政黨會), 제도(制度), 풍속(風俗), 한국풍속(韓國風俗)

대표용례 :

ㄱ. 경시청에서 일본연극을 모방홀 초로 규측을 지여 (대한)

ㄴ. 한인은 일인을 ᄉ랑ᄒ야 죽긔 일홈ᄭ지 일인을 모방ᄒ되 (대한)

'모방(模倣/摸倣/摹倣)ᄒ다'는 'N₁-이 N₂-를 모방ᄒ다'를 기본구문구조로 갖는다. <모방대상>의 어휘관계를 정리하면, 상위-하위관계로 {풍속⊐서양풍속, 한국풍속}을 확인할 수 있다.

3.3.5.8. 〈숭상대상(崇尙對象)〉

영역결정술어 : N₂-를 슝상ᄒ다 ; 슝비ᄒ다 ; 슝봉ᄒ다 ; 셤기다

명사어휘목록 : 과연경(Koran經),[175] 구교(舊敎), 구학문, 궁궐, 권세, 귀신, 근본, 금소ᄋ치/금숑아지, 금슈(禽獸), 긔독교, 남ᄌ(男子), 녀신(女神), 님

---

175) '과연경'은 회회교의 경전으로 오늘날 '코란'을 의미하는 어휘인데, 개화기 자료에는 <독서물>에서 보듯 '고란경'으로 표기되기도 한다.

군/임군, 님금, 덕, 뎨국쥬의, 도덕, 도리, 룡당건뎐, 륜회, 리치, 리학, 마귀, 마왕, 명률, 모하못(Mahomet), 무긔, 무당, 무비권도, 무예, 문치(文治), 문학가, 문치(文彩/文采), 물건, 뭇사롬, 미돌법(米突法),176) 민족쥬의, 법학가, 복음, 부모, 부친, 불교, 불도, 사롬, 상제(上帝), 샤귀(邪鬼), 샹뎐(上典), 셕가모니(釋迦牟尼), 셕가불, 션약(仙藥), 쇼인(小人), 속긔(俗忌), 슐업(術業),177) 신, 신교(新敎), 신덕, 신령, 신쟈(信者), 아뷔/아비, 언론, 언어문즈, 여호와(Jehovah), 연셜, 영웅, 예수, 예수교, 예수씨, 외모, 외문, 요물, 용밍, 우샹/우상, 의식, 이교(異敎), 인물, 일본, 조샹, 주/쥬(主), 쥬인(主人), 중화풍긔, 즘싱, 철학가, 초목, 츙효, 크리스도(Kristos), 텬쥬(天主), 폐하, 풍속, 하느님/하나님, 한문, 허문, 헛된일, 헛일홈, 헬나글, 호반, 회회교, 긔화, 비암(蛇), ᄉ상

대표용례 :

ㄱ. 능히 그 어려온 거슬 비화쓸넌지 남의 사롬 <u>긔화는 숭샹ᄒᄂᆞ비</u> (미일)

ㄴ. <u>션약을 슝샹ᄒᆞ여도</u> 못춤내 죽지 아니ᄒᆞᄂᆞ 쟈ㅣ 업ᄂᆞᆫ지라 (경보 89)

ㄷ. <u>모하못과 셕가모니를 슝비ᄒᆞᄂᆞ</u> 쟈들은 오히려 괴이치 안타 (신학 77)

ㄹ. 함경북도 경원군에 잇ᄂᆞᆫ <u>룡당건뎐을 슝봉홀</u> 뜻으로 (대한)

ㅁ. <u>금숑아지롤 셤기고</u> 죄롤 지은 후로 (신학 36)

'슝샹(崇尙)ᄒ다; 슝비ᄒ다; 슝봉ᄒ다; 셤기다'는 'N₁-이 N₂-를 슝샹ᄒ다; 슝비ᄒ다; 슝봉ᄒ다; 셤기다'를 기본구문구조로 갖는다. "인군을 요슌으로 셤기자 ᄒᆞᆫ 말을 흉이라 (독립)"처럼 'N₁-이 N₂-로 셤기다' 구문도 문증되나 아주 드문 경우이다.

<숭샹대상>의 어휘관계를 정리하면, 유의관계로 '덕-도덕-도리', '가장-부친-아뷔', '그리스도/키리쓰토-주/쥬-예수', '귀신-샤귀-마귀-요물',

---

176) '미돌'은 "meter"의 음차 외래어이다.

177) '슐업'의 어의는 "음양, 卜筮 따위의 술법에 종사하는 일"이다.

'님금-님군/임군-人君/인군-폐하', '마귀-마왕', '부쳐-셕가', '여호와-상제-하나님/하ᄂ님-텬쥬', 금슈-즘성, '샹전-쥬인', '부모-어버이' 등을 확인할 수 있다. 이 중에 '그리스토/키리쓰토'는 'Kristos'의 음차 외래어이다. 한편, '상제(上帝)'는 중국에 천주교가 처음 전래되었을 때 천주교의 하ᄂ님을 이르던 말이 그대로 차용되어 쓰인 것이다. 반의관계로 '데국쥬의↔민족쥬의', '리학↔문학', '구교↔신교', '소인↔영웅' 등을 들 수 있다. 상위-하위관계를 보면 다음과 같다.

(54) ㄱ. {웃어룬⊃가장-부친-아뷔, 님금-님군/임군-人君/인군-폐하, 샹전-쥬인, 부모-어버이, 싀모, 싀부모, 아비, 어미, 조샹, 지아비}

ㄴ. {신⊃그리스도/키리쓰토-주/쥬-예수, 부쳐-셕가, 여호와-상제-하나님/하ᄂ님-텬쥬, 녀신, 모하못, 셕가모니}

ㄷ. {우샹/우상⊃귀신-샤귀-마귀-요물, 금송아지, 마귀-마왕, 금슈-즘성, 비암, 지물}

(54ㄱ, ㄴ, ㄷ)은 개화기에 대표적인 <숭상대상>이다. 그러나 '슝샹ᄒ다; 슝비ᄒ다; 슝봉ᄒ다'와 '셤기다'는 통합하는 명사어휘목록에서 사실은 차이가 있다. 개화기 신문·잡지 자료에서 보면 (54ㄱ)의 명사 어휘들은 '슝샹ᄒ다; 슝비ᄒ다; 슝봉ᄒ다'와는 통합하는 예가 없고 다만 '셤기다'와 통합한 예만 찾을 수 있다. 즉 신적인 존재나 위대한 인물은 '슝샹ᄒ다; 슝비ᄒ다; 슝봉ᄒ다'의 대상이지만, 일반적인 인물은 비록 [+존칭]의 의미자질을 가지더라도 '슝샹ᄒ다; 슝비ᄒ다; 슝봉ᄒ다'의 대상까지는 되지 못했다. 이에 비해 '셤기다'는 신적인 존재나 위대한 인물뿐만 아니라 [+존칭]의 의미자질을 가지는 어떤 명사 어휘라도 대상으로 삼았다. 이것은 현대국어에서도 마찬가지이다. 한편 (54ㄴ)과 (54ㄷ)의 '신'의 범주와 '우샹/우상'의 범주는 가치관의 차이이지만, 전통적 종교관으로 볼 때, 이와 같은 상위-하위어 집합을 구분할 수 있겠

다. 그 외에 {ᄉ상⊐데국쥬의, 민족쥬의, 긔화}, {신교⊐긔독교, 회회
교}, {언어문ᄌ⊐글⊐한문, 한문ᄌ, 헬나글}, {풍속⊐즁화풍긔}도 상위-
하위관계에 있다.

3.3.5.9. 〈음악(音樂)〉

영역결정술어 : N_2-를 노ᄅᆡᄒ다; 부르다

명사어휘목록 : 격양가(擊壤歌), 경츅가(慶祝歌), 남풍시, 노ᄅᆡ, 농부가(農夫
歌), 도화가(桃花歌), 독립가(獨立歌), 샹봉가(相逢歌), 숑별가(送別歌), 승
젼가(勝戰歌), ᄉ인가(四人歌), 아미타불(阿彌陀佛), 영광경(榮光經), 오현
금(五鉉琴), 익국가(愛國歌), 죠션가(朝鮮歌), 진보가(進步歌), 찬미(讚美),
찬미가(讚美歌), 쵹규화(蜀葵花),[178] 츅슈가(祝壽歌), 태평가(太平歌), 학도
가(學徒歌), 헬나시(Hellas詩), 환영가(歡迎歌), 희망가(希望歌)

대표용례 :

ㄱ. 군신상하가 합심ᄒ여 셔로 ᄉ랑ᄒ면 … <u>오현금과 남풍시을 노ᄅᆡᄒ며</u> (대한)

ㄴ. 무ᄊ 목ᄉ가 긔도ᄒ 후 <u>ᄉ인가를 노ᄅᆡᄒ고</u> (신학 364)

ㄷ. 뎌회를 세샹의게 보이시고 십ᄌ가로 <u>승젼가를 부르셧ᄂ니라</u> (신학 31)

ㄹ. 어느 학교에서는 <u>학도가 샹봉가를 부른다고</u> 경찰관이 금지ᄒ더라지 (대한)

‘노ᄅᆡᄒ다; 부르다’는 ‘N_1-이 N_2-를 노ᄅᆡᄒ다; 부르다’를 기본구문구
조로 갖는다. <음악>의 명사어휘목록 중에서 최상위어는 ‘노ᄅᆡ’이다.
<음악>의 어휘관계를 정리하면, 유의관계로 ‘찬미-찬미가’, ‘격양가-태
평가’ 등을 들 수 있고, 반의관계로 ‘샹봉가↔숑별가’를 들 수 있다. 상
위-하위관계를 보면, {찬미-찬미가⊐ᄉ인가, 영광경}, {경츅가⊐츅슈
가}를 확인할 수 있다. ‘-가(哥)’ 관련 명사로는 다음과 같다.

---

178) ‘쵹규화’의 어의는 “접시꽃”이다.

(55) 개선가, 격양가, 경츅가, 권쥬가, 귀향가, 동심가, 샹봉가, 숑별가, 찬미가,
찬숑가, 쳘도가, 쳘로가, 츅슈가, 츈향가, 태평가, 홍보가, 이민가

개화기에 유의관계에 있는 '찬미가(讚美歌)'와 '찬숑가(讚頌歌)는 '찬미(讚美)'와도 유의관계에 있었다.[179] '찬미'가 '찬미가, 찬숑가'의 의미였음은 언더우드의 『한영ᄌ뎐』(1890)에서 천주교/기독교 관련 어휘 중에 "Hymn. n. 셩영, 챵, 찬미, 찬미ᄒᆞᆫ노래."를 통해서도 알 수 있다(이병근 2001: 17).

한편 '-가(家)' 관련 명사를 보이면 다음과 같다.

(56) 개혁가, 격물가, 격치가, 공업가, 교휵가, 도덕가, 도학가, 롱업가, 명문가,
미슐가, 번역가, 법률가, 법학가, 사업가, 샹업가, 세도가, 세력가, 쇼셜가,
실업가, 연구가, 유세가, 은힝가, 의슐가, 자션가, 쟈본가, 쟝싁가, 젼도가,
정치가, 종교가, 탐험가, 편싁가, 화학가, 회계가, ᄉ업가, 지산가, 지샹가,
지졍가 ; 력ᄉ가歷史家, 리학가理學家, 문쟝가文章家Scriptor, 져슐가著述家,
쳘학가哲學家

이 중에 '명문가(名文家), 세도가(勢道家), 지샹가(宰相家)'의 '-가(家)'는 "그러한 가문"의 의미이며, 나머지는 "그러한 사람"의 의미이다.

3.3.5.10. 〈미술(美術)〉

영역결정술어 : N₂-를 그리다

명사어휘목록 : 검의줄(거미줄), 그림, 단청(丹靑), 도본(圖本), 도형(圖形),
디도(地圖), 디지, 둙(鷄), 모냥/모양, 방방곡곡, 사람, 세모(三角形), 쇼나무

---

179) "회당에 모혀 하ᄂᆞ님ᄭᅴ 츄슈 감샤ᄒᆞᄂᆞᆫ 깃분 <u>찬미</u>로 노래ᄒᆞ시고 (신학1: 5), 십일
샹오 구뎜 죵에 다시 모히여 구십오 <u>찬미</u>롤 노래ᄒᆞ고 목ᄉᆞ 쨍커씨가 마태복음 십
팔쟝을 닑고 (신학1: 233)".

(松), 얼골, 용, 칼, 코길이(象), 텬당디옥(天堂地獄), 팔쾌, 학, 형상(形象)

대표용례 :

ㄱ. 이제 쏘 판셔의 분부가 잇는 고로 <u>디지를 대총 그리니</u> (경보 351)

ㄴ. 한국 디도롤 복강에 사는 일본인에게 위탁ᄒ여 <u>도본을 그리기로</u> 결뎡ᄒ
엿ᄂ디 (대한)

'그리다'는 'N₁-이 N₂-를 그리다'를 기본구문구조로 갖는다. <미술>의 어휘관계를 정리하면, 유의관계로 '모냥/모양-형상', '도본-도형'을 들 수 있고, 상위-하위관계를 보면 {그림∋도본-도형}, {모냥/모양-형상∋검의줄, 단청, 둙, 방방곡곡, 사람, 세모, 쇼나무, 얼골, 용, 칼, 코길이, 텬당디옥, 팔쾌, 학}을 확인할 수 있다.

3.3.6. 교육

개화기 신문·잡지에서 추출된 고빈도 술어 중에서 교육 관련 주요 화제영역을 결정하는 영역결정술어에는 'ᄀ락치다, 교육(敎育)ᄒ다; 교훈(敎訓)ᄒ다, 번역(飜譯)ᄒ다, 류학(留學)ᄒ다, 졸업(卒業)ᄒ다, 비호다; 공부(工夫)ᄒ다'가 있다. 이어서 개화기 신문에서 교육 관련 영역결정술어에 따라 통힙관계를 보이는 명사 어휘를 화제영역별로 제시하고, 특징적인 언어 사실과 어휘론적 특징, 특히 영역 내에서 관계 지을 수 있는 어휘 관계를 정리한다.

3.3.6.1. 〈교육분야(敎育分野)〉

영역결정술어 : N₂-를 ᄀ락치다

명사어휘목록 : 격물학(格物學), 격믈(格物), 공업, 공예, 국문, 군ᄉ(軍事), 글/글ᄌ, 기예, 노래, 도, 도학, 디리(地理), 디리학(地理學), 디지/지지(地誌), 래듼말(Latin-), 력ᄉ(歷史), 리과(理科), 만국디지(萬國地誌), 만국력ᄉ

(萬國歷史), 말, 목ᄉ법(牧師法), 무학(武學), 문ᄉᄌ/문ᄍ(文字), 미술, 법, 법률, 병법, 복음, 불란셔말(佛蘭西-), 산슐/산술, 산학, 셩경, 신학, 신학문, ᄉ긔(史記), 어학, 언문, 언어, 영어, 오륜지법(五倫之法), 음악, 의슐(醫術), 일본국문, 일본말, 일어, 정치학/졍치학, 철도학, 측량기슐(測量技術), 텬문(天文), 텬물(天物), 학문, 학슐(學術), 학업, 한문, 한어, 헬나글(Hellas-), 화학

대표용례 :

ㄱ. 불란셔 쳘도 익ᄉ를 고입ᄒ야 <u>철도학을 ᄀᄅ친다더라</u> (독립)

ㄴ. 윤치호씨가 우리 학당에 와서 <u>격물학을 ᄀᄅ치ᄂᄃᆡ</u> (미일)

ㄷ. 혼 션싱이 ᄋᄒᆡ를 모화 <u>글을 가ᄅ치ᄂᄃᆡ</u> (대한)

'ᄀᄅ치다'는 'N₁-이 N₂-를 ᄀᄅ치다'를 기본구문구조로 갖는다.[180] "텬쥬ㅣ 죠선 교우들을 표양으로 ᄀᄅ치시고 (경보 332)"처럼 'N₁-이 N₂-를 N₃-로 ᄀᄅ치다' 구문도 문증된다. 드물게 "만약 예수끠셔 사ᄅᆷ이 안식일을 위ᄒ야 창조된 거시라고 ᄀᄅ치신 것 ᄀᆺᄒ면 (신학 25)"처럼 'N₁-이 S-고 ᄀᄅ치다' 구문이 나타난다. "뉘가 너희를 장래의 노하심을 피하라 가르치던냐 하엿시니 (신학 147)"처럼 'N₁-이 {S-라} ᄀᄅ치다' 구문도 아주 드물게 문증되는데, 이때 삽입절은 명령문으로 실현되는 것이 특징이다.

<교육분야>의 어휘관계를 정리하면, 유의관계로 '국문-언문', '언어-말', '일본말-일어', '글/글ᄌ-문ᄉᄌ/문ᄍ' 등을 들 수 있다. 상위-하위관계를 보면, {언어-말⊐래된말, 불란셔말, 영어, 일본말-일어, 한어}, {글/글ᄌ-문ᄉᄌ/문ᄍ⊐국문-언문, 일본국문, 헬나글, 한문}, {학문⊐격물학, 도학, 디리학, 무학, 미술, 산학, 신학, 어학, 음악, 정치학/졍치학, 철도

---

180) 개화기 자료에서 '가르치다'는 "敎"의 어의로 15가지의 이표기가 추출되었다. 이것은 표기의 혼란이 어느 시기보다도 극에 달했음을 단적으로 암시한다. 이러한 사실은 많은 지식인들로 하여금 맞춤법 규정의 필요성을 절감하게 했을 것이다.

학, 화학}, {디지/지지⊐만국디지}, {력ᄉ⊐만국력ᄉ, ᄉ긔}, {신학⊐복음, 성경, 목ᄉ법, 텬물},[181] {학슐⊐산슐/산술, 의슐, 측량기슐}, {무학⊐병법, 군ᄉ}, {도학⊐오륜지법}을 확인할 수 있다.

3.3.6.2. 〈교육대상(敎育對象)〉

영역결정술어 : N₂-를 교육/교휵ᄒ다; 교훈ᄒ다

명사어휘목록 : 가솔(家率), 가속(家屬), 가인(家人), 군졸(軍卒), 남녀, 녀인(女人), 녀ᄋ/녀아(女兒), 녀ᄌ(女子), 농부, 동ᄌ(童子), 동포, 로동쟈(勞動者), 무리, 문도, 밍인(盲人), 병인(病人), 봉교인(奉敎人), 부녀, 부인, 빅셩, 사나희, 싱도(生徒), 쏠, 아달, 아우, 아희, 안희, 인민, 인직(人才), ᄋ녀(兒女),[182] 자식/ᄌ식, 제자, 젼도인(傳道人), 즁, ᄌ녀(子女), ᄌ뎨/자제(子弟), ᄌ미(姉妹), ᄌ손(子孫), 쳥년(靑年), 쳥년ᄌ뎨(靑年子弟), 학교반쟝(學校班長), 학도, 학싱(學生), 후싱(後生), 훈쟝(訓長)[183]

대표용례 :

ㄱ. <u>안희와 ᄌ미와 쏠</u>을 각종 학문으로 <u>교육홈이</u> 가홈 (미일)

ㄴ. 야학교를 셜립ᄒ고 <u>로동쟈를 교육ᄒ기로</u> 계획중인디 (대한)

ㄷ. 젼도상에 여러가지 직분을 당호 온갓 사룸들이 목ᄉ나 젼도ᄉ나 권ᄉ나 쇽쟝이나 유ᄉ나 쥬일학교 반쟝이나 <u>훈쟝을 교훈ᄒ야</u> 쥬의 진리로 더 힘잇게 홈이오 (신학 1)

ㄹ. <u>봉교인을 교훈ᄒ고</u> 인도ᄒ야 유익을 더으더라 (경보 150)

---

181) 현대국어에서 '텬물'은 "천산물"의 어의로만 쓰이는데, 개화기에는 신학 전문어로서 다른 어의를 가지고 있었다. "텬물이란 거슨 하ᄂ님 관계ᄒ신 ᄉ물인디 특별히 사룸과 사룸의 종향(宗向)을 ᄀ르침이라 (신학 48)".

182) 'ᄋ녀'는 개화기 신문 레지스터에서 6번 추출되었다. 현대국어에서는 "여자" 혹은 "여자와 아이"의 어의로 쓰이지만, 개화기 자료에서는 6번 모두 '부모'에 대한 상대어 즉 "자녀"의 어의로 쓰였다.

183) '훈쟝(訓長)'은 『조선어사전』에 미등재되어 있으며, "교회에 속하면서 교리를 공부하기 위한 모임을 이끄는 사람"의 어의로서 천주교/기독교 전문어인 셈이다.

‘교육/교휵(敎育)ᄒ다; 교훈(敎訓)ᄒ다’는 ‘N₁-이 N₂-를 교육/교휵ᄒ다; 교훈ᄒ다’를 기본구문구조로 갖는다. <교육대상>의 어휘관계를 정리하면, 유의관계로 ‘가솔-가쇽-가인’, ‘녀인-녀ᄌ-부녀’, ‘부인-안희’, ‘빅셩-인민’, ‘사나희-쳥년’, ‘학도-학싱-싱도’, ‘자식/ᄌ식-ᄌ녀-ᄋ녀’, ‘ᄯᅩᆯ-녀ᄋ/녀아’, ‘동ᄌ-아희’ 등을 들 수 있고, 반의관계로 ‘ᄯᅩᆯ↔아달’, ‘제자↔훈쟝’을 들 수 있다. 상위-하위관계를 보면, {ᄌ뎨/자제ㅋ쳥년ᄌ뎨}, {학도-학싱-싱도ㅋ학교반쟝}, {후싱ㅋᄌ손}, {무리ㅋ문도ㅋ젼도인, 봉교인}, {빅셩-인민ㅋ군죨, 농부, 동포, 로동쟈, 밍인, 병인, 즁}을 확인할 수 있다. 한편 존대어화에 따른 어휘관계로 ‘아달-ᄌ뎨/자제’를 들 수 있다. ‘ᄌ뎨/자제’는 남의 ‘아달’을 높여 이르는 어휘이다.

3.3.6.3. 〈번역수단(飜譯手段)〉

영역결정술어 : N₃-로 번역ᄒ다

명사어휘목록 : 국문(國文), 국한문(國漢文), 대한말(大韓-), 동국말(東國-), 라딘말(Latin-), 방언(方言), 법문(法文),[184] 슌국문(純國文), 언문(言文), 영국글(英國-), 영문(英文), 영셔(英書), 영어, 죠션말(朝鮮-), 한문, 헤브레아국말,[185] 희랍국말(希臘國-)

대표용례 :

ㄱ. 세게지리셔를 <u>한문으로 번역ᄒ</u> 거신디 사름마다 볼만ᄒ 칙이니 (독립)

ㄴ. 그러나 쳥국 셩경현젼을 만약 <u>국문으로 번역ᄒ야</u> ᄀᄅ쳐스면 (대한)

ㄷ. 각죵 긴요ᄒ 학문을 <u>슌국문으로 번역ᄒ야</u> 발간ᄒᄂ 교육월보샤가 점점 흥왕ᄒᄂ디 (대한)

ㄹ. 이졔는 수빅 나라 <u>방언으로 번역ᄒ엿ᄉ즉</u> 다 온젼히 된 거슨 아니나 (신학 223)

---

184) ‘법문’의 어의는 “프랑스 글”이다.

185) 함·셈 어족 북서 셈 어파의 가나안 어군에 속한 언어인데, 이스라엘의 공용어로, 세계 각지의 유대인 사회에서도 쓰인다.

‘번역(飜譯)ᄒ다’는 ‘N₁-이 N₂-를 N₃-로 번역ᄒ다’를 기본구문구조로 갖는다. <번역수단>의 어휘관계를 정리하면, 유의관계로 ‘대한말-동국말-죠선말’, ‘영국글-영문-영셔’, ‘언문-국문’을 들 수 있다. 이 중에 ‘언문-국문’은 존대어화(amelioration)에 따른 유의어로 들 수 있는데, 한글을 낮잡아 전통적으로 ‘언문’이라고 하던 것을 개화기에 들어와서 주체의식이 형성되면서 ‘국문’으로 쓰게 되었다. 한편 개화기의 대표적인 <번역수단>으로서 ‘대한말-동국말-죠선말, 라딘말, 영어, 헤브레아국말, 희랍국말’은 등위관계를 이루고 있다. 그리고 ‘국문’과 ‘한문’ 사이에 번역의 정도에 따라 ‘슌국문←국한문←한문’의 등위관계를 세울 수 있다.

3.3.6.4. 〈유학지(留學地)〉

영역결정술어 : N₂-에(셔) 류학ᄒ다

명사어휘목록 : 동경(東京), 미국, 셔양(西洋), 아국(俄國), 외국, 일본, 타국(他國), 하와이(Hawaii), 히외(海外)

대표용례 :

　ㄱ. <u>미국에셔 류학ᄒ시ᄂ</u> 우리나라 동포들이 고명ᄒ신 (대한)

　ㄴ. <u>하와이에 유학ᄒᄂ</u> 친구도 어려온 돈을 불소히 연조ᄒ며 (신학 495)

‘류학(留學)ᄒ다’는 ‘N₁-이 N₂-에(셔) 류학ᄒ다’를 기본구문구조로 갖는다. <유학지>의 어휘관계를 정리하면, 유의관계로 ‘외국-타국-히외’를 들 수 있다. 상위-하위관계를 보면 {외국-타국-히외∋미국, 아국, 일본, 하와이}를 확인할 수 있고, 부분-전체관계를 보면 {일본∋동경}, {셔양∋미국, 아국, 하와이}를 확인할 수 있다.

3.3.6.5. 〈졸업학교(卒業學校)〉

영역결정술어 : N₂-에셔/를 졸업ᄒ다

명사어휘목록 : 경제학(經濟學), 고등소학교(高等小學校), 고등학과(高等學科), 공립학교(公立學校), 공부(工部), 농공상학(農商工學), 농업대학교(農業大學校), 대학교/디학교, 뎐보학(電報學), 리화학당(梨花學堂), 명치대학교(明治大學校), 무관학교(武官學校), 문과대학(文科大學), 물리학(物理學), 법률대학(法律大學), 법률학(法律學), 사년급(四年級), 삼년급(三年級), 소학교(小學校), 심상소학교(尋常小學校), 심상학교(尋常學校), 스범대학(師範大學), 스범학교(師範學校), 의학, 이년급(二年級), 일년급(一年級), 일본학교(日本學校), 정치학(政治學), 졔조학(製造學), 즁학교(中學校), 학교, 학문, 화학(化學), 히군학교(海軍學校)

대표용례 :

　ㄱ. 즁학교는 <u>심상학교에셔 졸업호</u> 쟈롤 ᄀ르치는 쳐소ㅣ라 (경향)

　ㄴ. 총무 민대식씨가 <u>물리학 화학을 졸업호고</u> 와셔 (대한)

　ㄷ. 윤효뎡씨의 쫄 윤정원씨가 십삼세에 일본에 류학호야 <u>고등학과를 졸업호</u>
　　　<u>고</u> (대한)

'졸업(卒業)호다'는 'N₁-이 N₂-에셔/를 졸업호다'를 기본구문구조로 갖는다. <졸업학교>는 다시 크게 [학문], [학교]의 어휘장으로 구별할 수 있다.

a. [학문]

경제학, 고등학과, 농공상학, 뎐보학, 물리학, 법률학, 의학, 정치학, 졔조학, 화학

b. [학교]

고등소학교,186) 공립학교, 공부, 농업대학교, 대학교/디학교, 리화학

---

186) 일제 강점기에 뎜상소학교를 졸업한 아동에게 다시 2년의 보통 교육을 실시하던
　　학교이다.

당,187) 명치대학교, 무관학교, 문과대학, 법률대학, 사년급, 삼년급, 소학교, 심상소학교,188) 심샹학교, ᄉ범대학, ᄉ범학교,189) 이년급, 일년급, 일본학교, 즁학교, 희군학교

[학문]의 어휘집합은 모두 등위관계를 이룬다. 이 밖의 학문 분야로 다음과 같다.

(57) 경리학, 경무학, 경물학, 경찰학, 공업학, 공쟝학, 광산학, 교도학, 교섭학, 금슈학, 긔계학, 농공샹학, 농리학, 농림학, 농업학, 뎐보학, 동물학, 동식학, 디리학, 디지학, 론개학, 롱업학, 륙군학, 리과학, 부국학, 산림학, 산슐학, 샤회학, 샹리학, 샹무학, 샹업학, 셩리학, 수사학, 슈신학, 식물학, 심리학, 심성학, 약물학, 우톄학, 위싱학, 인류학, 인죵학, 전문학, 전긔학, 젼문학, 츅셩학, 측량학, 칙산학, 텬문학, 텬쥬학, 톄노학, 항희학, 해군학, 협잡학, 형률학, ᄉ관학 ; 격치학格致學, 경졔학經濟學, 고싱물학古生物學, 뇌샹학腦相學, 두개골샹학頭盖骨相學, 디질학地質學Geography, 론리학論理學, 리지학理財學, 박물학博物學, 물리학物理學Physica, 법률학法律學, 비평학批評學, 우쥬학宇宙學, 정치학政治學, 제죠학制造學, 화공학畫工學, 싱리학生理學Physiologia, 싱물학生物學

개화기 신문·잡지에서도 '-론(論)' 파생어만큼이나 '-학(學)' 파생어들도 고급 전문 어휘로 판단한 듯하다. 그래서인지 해당 어휘에 한자를 노출시키는 경우가 다른 파생어들에 비해 많다. 경우에 따라서 번력 원어까

---

187) 조선 고종 23년(1886)에 미국의 선교사 스크랜턴(Scranton, M.) 부인이 설립한 여성 교육 기관으로 현재 이화여자대학교의 전신이다.
188) 일제 강점기에 초등교육을 행하던 학교로서 오늘날의 초등학교에 해당한다.
189) 개화기부터 초등학교 교원 양성을 목적으로 두었던 고등학교 정도의 학교였다. 1963년에 이를 폐지하고 새로 2년제 교육 대학을 창설하였다.

지 제시하고 있는 데서도 그러한 사실을 알 수 있다. 학문 관련 2음절어로 '공학, 광학, 긔학, 농학, 리학, 병학, 사학, 샹학, 수학, 신학, 의학, 쳘학, 텬학, 화학' 등이 문증된다.

　[학교]의 어휘관계를 정리하면 유의관계로 '심상소학교-심샹학교'를 들 수 있다. 상위-하위관계를 보면 {소학교∋고등소학교}, {대학교/디학교∋명치대학교; 농업대학교, 문과대학, 법률대학, 스범대학}, {무관학교∋휘군학교}, {일본학교∋명치대학교}, {스범학교∋스범대학}을 확인할 수 있다.

3.3.6.6. 〈학습영역(學習領域)〉

영역결정술어 : N₂-를 비호다; 공부ㅎ다

명사어휘목록 : 각종학슐(各種學術), 격물학, 경계, 경문(經文), 경서/경셔(經書), 경젼숑(經典頌),190) 경제ㅅ무(經濟事務), 경제학(經濟學), 공학(工學), 광산학(鑛山學), 광학(廣學), 교련(敎鍊), 교법례, 교섭학, 교측, 교회법(敎會法), 교훈, 구약, 국문, 그리스도, 그림, 그림그리기, 글, 글닑기, 글ㅈ, 금셕거림(金石그림), 농법(農法), 농학(農學), 덕국말, 도리, 도인법(導引法),191) 도학, 동물, 동학쥬문, 디리(地理), 디리학(地理學), 디지, 디지학, 력스(歷史), 론리학, 리과학(理科學), 리치, 만국공법, 만국말, 묘리, 문법, 문ㅈ(文字), 물리학(物理學), 물산, 믁시록, 바독, 방언, 법률, 법률칙, 법률학(法律學), 법식, 법어(法語), 병학, 복음, 복음셩셔, 복타경(伏陀經),192) 부국학, 불도(佛道), 사젹/스젹, 산법(數法), 산술/산슐, 샨슈(算數), 샹법(商法), 샹학, 선학, 셔양교(西洋敎), 셔양셔(西洋書), 셔양의슐(西洋醫術), 셩경, 셩교(聖敎), 소학, 수사학, 수학, 술, 슐법(術法), 식물,

---

190) 오늘날의 '찬송가'에 해당하는 개화기 어휘이다.

191) 도가에서 선인이 되기 위한 양생법의 하나인데, 정좌, 마찰, 호흡으로 온몸의 근육과 관절을 조절하여 모든 병을 물리친다고 한다.

192) 힌두교의 경전에 대한 개화기 어휘이다.

식물학, 신약, 신학, 신학문, 심성학, 亽긔(史記), 亽셔삼경, 亽업(事業), 아라샤말(俄羅斯), 아어(俄語), 어학, 언문, 염불, 영문, 영어, 외국말, 우두법(牛痘法), 우테亽무, 음양슐셔, 의학, 이티리말/이틸리말(伊太利-), 인종, 일본말, 일어, 전긔학(電氣學), 전도련셜법(傳道演說法), 전도법, 정치(政治), 정치학(政治學), 제죠법(製造法), 제죠학(製造學), 죠선말(朝鮮-), 쥬문(呪文), 즁국문ㅅ즈, 즁학, 찬미곡조, 청국글, 측산학, 칼, 타국말, 탄금법(彈琴法), 텬문학, 텬쥬교, 텬쥬학(天主學), 텬학(天學), 풍뉴, 풍쇽(風俗), 학문, 학슐, 한문, 한어, 협잡학(挾雜學), 화학(化學), 힝뎡亽법

대표용례 :

ㄱ. 나도 <u>영어와 법어와 아어와 이틸리말을 빅홧고</u> (독립)

ㄴ. 넷슨 <u>의학을 빅호고</u> 셋슨 <u>제죠학 전긔학과 광산학을 빅호게</u> 흔다더라 (독립)

ㄷ. 쇼학교에 입학흐야 형식 <u>교련을 빅우고</u> (대한)

ㄹ. <u>식물학을 공부흔</u> 사룜은 즈미가 잇고 (신학 207)

ㅁ. 젼도亽가 도룰 아지 못흐눈 나라헤 가셔눈 몬져 그 <u>방언을 공부흐눈디</u> (신학 224)

'빅호다; 공부(工夫)흐다'는 'N₁-이 N₂-를 (N₃-에서) 빅호다; 공부흐다'를 기본구문구조로 갖는다. <학습영역>의 어휘관계를 정리하면, 유의관계로 '글즈-문즈', '산법-산슈', '일본말-일어', '아라샤말-아어', '외국말-타국말', '국문-언문', '광산학-광학', '즁국문ㅅ자-한문', '텬문학-텬학', '亽긔-사젹/亽젹' 등을 들 수 있다. 상위-하위관계를 보면, {만국말-외국말-타국말⊃덕국말, 법어, 아라샤말-아어, 일본말-일어, 영어, 이티리말/이틸리말, 한어}, {경문⊃복타경, 복음, 쥬문}, {학문⊃경졔학, 공학, 광산학, 교셥학, 농학, 디리학, 디지학, 론리학, 리과학, 물리학, 법률학, 병학, 부국학, 상학, 수사학, 수학, 식물학, 신학, 심성학, 의학, 전긔학, 정치학, 제죠학, 측산학, 텬문학, 텬쥬학, 텬학, 협잡학, 화학}, {법식

∋농법, 도인법, 슐법, 우두법, 전도련셜법, 전도법, 제죠법, 탄금법},
{경서/경셔∋ᄉ셔삼경, 소학}, {법률∋교회법, 샹법}, {셩경∋구약, 신
약, 복음셩셔, 믁시록, 복음, 경전슝-찬미곡조}, {슐법∋음양슐셔}, {어
학∋문법} 등을 확인할 수 있다.

제4장 주요 명사 어휘의 다의 분석

4.1. 화제영역을 통한 다의 분석의 과정

본 절에서는 앞 장에서 추출된 개화기 주요 명사 어휘를 중심으로 다의 분석을 시도한다. 그러기 위해서 우선 개화기 주요 명사 어휘 목록을 제시한다. 그리고 이 목록이 갖는 의미를 본고의 전체적인 틀을 염두에 두고서 기술한다. 이로써 본고의 연구 방법이 갖는 한계와 그 한계에 대한 해명의 기회를 갖는다. 이어서 대표적인 예문의 문맥의미를 참조하고 영역결정술어와 해당 화제영역을 검토한 결과를 바탕으로 개화기 주요 명사 어휘의 다의를 분석해 보겠다.

제3장에서 추출된 개화기 명사 어휘의 어종수는 대략 4,018개이다. 그런데 화제영역별로 추출된 어휘의 총수는 대략 6,004개이다. 이것은 4,018개의 개화기 명사 어휘 중에는 2개 이상의 영역결정술어와 통합관계를 이루는 것이 있다는 것을 암시한다. 실제로 4,018개의 명사 어휘 중에서 20%가 조금 넘는 875개의 명사 어휘는 23개의 영역결정술어와 통합하는 경우부터 2개의 영역결정술어와 통합하는 경우까지 있다. 우선 2개 이상의 영역결정술어와 통합하는 875개의 개화기 주요 명사 어휘 목록을 정리하면 다음과 같다.[1]

---

1) 총어종수에서 대략 80%에 해당하며 1개의 영역결정술어와 통합하는 3,143개의 개화기 명사어휘목록은 2개 이상의 영역결정술어와 통합하는 명사 어휘를 제외하

23개 영역결정술어와 통합하는 명사 어휘 : 1개

　　사람/사롬/스롬

22개 영역결정술어와 통합하는 명사 어휘 : 1개

　　물건

19개 영역결정술어와 통합하는 명사 어휘 : 2개

　　돈, 집

17개 영역결정술어와 통합하는 명사 어휘 : 2개

　　몸, 책/칙

15개 영역결정술어와 통합하는 명사 어휘 : 1개

　　학교

13개 영역결정술어와 통합하는 명사 어휘 : 3개

　　곡식, 마암/마음/마옴/ᄆ옴, 술/슐

12개 영역결정술어와 통합하는 명사 어휘 : 2개

　　신문, 학문

11개 영역결정술어와 통합하는 명사 어휘 : 3개

　　법률, 음식, 쌍

10개 영역결정술어와 통합하는 명사 어휘 : 4개

　　나라/ᄂ라, 셔칙, 옷, 직물

09개 영역결정술어와 통합하는 명사 어휘 : 16개

　　교회, 규측, 나무, 령혼, 말, 물, 물픔, 셩경, 예수, 인민, 쳐소, 토디, 학도, 빅셩, 쓸, 지판쇼

08개 영역결정술어와 통합하는 명사 어휘 : 6개

　　문셔, 안히, 아히, 일본, 졍부, 쌀

고 본고에서 확인된 모든 명사 어휘이며, 또 1개의 영역결정술어와 통합하는 명사 어휘는 본고의 연구 방법상 다의 분석의 대상이 될 수 없으므로 여기서는 4,018개의 어휘 목록을 다 보여주지는 않고 2개 이상의 영역결정술어와 통합하는 875개의 개화기 주요 명사 어휘만 제시한다.

07개 영역결정술어와 통합하는 명사 어휘 : 22개

가옥, 경무텽, 고기, 교우, 군수, 권리, 금, 담비, 도리, 말솜, 법, 복음, 부인, 쇼문, 슌검, 육신, 의복, 편지, 풍쇽, 항구, 비, 스무

06개 영역결정술어와 통합하는 명사 어휘 : 35개

가산, 계집, 과질, 관찰부, 군함, 글, 기롬, 덕, 돌, 령, 만물, 말(馬), 명령, 무덤, 병뎡, 셩교, 쇼, 시톄, 아편연, 약, 우샹, 정치, 쥬, 짐승, 차, 쳘도, 칼, 텬쥬교, 하느님, 학업, 힘, 지산, 지죠, 희군, 힝실

05개 영역결정술어와 통합하는 명사 어휘 : 44개

가쇽, 경무셔, 교육, 군긔, 그릇, 긔계, 논, 대궐, 도로, 도젹, 로동쟈, 마귀, 문권, 미국, 방, 벼슬, 병원, 불, 불도, 셤, 셩품, 실과, 아둘, 역둔토, 인력거, 일, 일홈, 잔치, 죠션, 죠측, 쥬인, 쳡, 탄환, 학당, 한문, 회샤, 둙, 스업, 싱각, 뜻, 쎠, 죄, 즈식, 직졍

04개 영역결정술어와 통합하는 명사 어휘 : 87개

소곰, 귀신, 죄인, 굴, 텬쥬, 군슈, 즁학교, 인심, 경시텅, 국문, 쥬막, 젼염병, 인도, 국긔, 젼답, 지목, 죵교, 긔운, 함뎌, 화폐, 은혜, 국가, 피, 군뎌, 리치, 셩명, 머리, 남녀, 우편국, 명, 륙군, 싱명, 욕심, 목슘, 녀인, 계쇽회, 명예, 왕, 즈손, 관제, 령스관, 관원, 법령, 지식, 노리, 밥, 병, 병긔, 쇼식, 병인, 병졸, 복, 얼골, 니국, 디지, 분파소, 언론, 도량형, 양, 교훈, 대포, 사업, 등, 샹업, 악습, 쩍, 대학교, 고을, 동포, 리익, 광산, 비암, 관광단, 관리, 신학문, 법부, 쳐즈, 디방, 신문샤, 불교, 훈령, 부녀, 뎡거쟝, 신, 례물, 교스, 비단

03개 영역결정술어와 통합하는 명사 어휘 : 167개

경무스, 경문, 경비, 경찰셔, 경츅회, 고난, 고문관, 고싱, 공업, 공스관, 관샤, 관인, 관쳥, 광업, 교당, 구라파, 구휼금, 군물, 궁궐, 권세, 규례, 그리스도, 그리스도인, 근본, 글즈, 금령, 긔념식, 긔념쟝, 긔독교, 긔디, 긔력, 긔명, 기예, 길, 남셔, 농무회, 농업, 님군, 대신, 뎐답, 뎐토, 도덕, 도셩, 독약, 동리, 동헌, 뒤간, 등불, 디옥, 량식, 례식, 례비당, 륜션, 률

법, 리력셔, 명쥬, 모냥, 모친, 무당, 무리, 문즈, 물화, 민심, 밋음, 병참
쇼, 복락, 부모, 부엌, 붓, 사나희, 산, 살, 샹션, 샹쇼, 서울, 션화당, 셩,
셩당, 셰금, 셰젼, 소리, 슈고, 슈죡, 시비, 신명 신부, 신톄, 아오, 아편,
안경, 어션, 언문, 언약, 역군, 영국, 영어, 예수교, 예언, 옥, 외국, 외국
인, 용밍, 우두법, 월급, 은젼, 의병, 의학, 의회, 인쟝, 인쳔항, 인지, 일
진회, 임원, 입, 자뎨, 잡셰, 쟝례원경, 쟝졍, 져울, 전도인, 정치학, 정황,
제도, 제물, 죵, 즁츄원, 지폐, 지혜, 질병, 집물, 창, 쳥원셔, 총, 칙령, 친
목회, 타국, 통감, 평양, 폐하, 포쳥, 하인, 학슐, 학싱, 협회, 형샹, 화약,
화학, 환난, 활판쇼, 회당, 회의, 흑ᄉ병, 기쳔, 미, 빅미, 순림, 쐬, 쓸, 즈
녀, 즈위단, 힝위

02개 영역결정술어와 통합하는 명사 어휘 : 484개

가권, 가산즙물, 가샤, 가옥셰, 간난, 간친회, 감리셔, 감옥셔, 강도, 강습
소, 강ᄋ지, 개, 거름, 검슐, 격물학, 결셰, 결젼, 경계, 경복궁, 경셩, 경
운궁, 경제학, 경츅연, 경치, 경황, 계명, 계칙, 고등지판쇼, 고로옴, 고아
원, 고쵸, 곤란, 공, 공덕, 공문, 공부, 공젼, 공채, 공회, 공소, 과즈, 관가,
관쇽, 관찰부쥬ᄉ, 관찰ᄉ, 관하인, 광이, 교과셔, 교량, 교민, 교우촌, 구
루마, 구슬, 구습, 국, 국고금, 국문연구회, 국민, 국셔, 국채보샹, 국채보
샹금, 국회, 국치, 군난, 군량, 군막, 군병, 군부, 군부대신, 군부협판, 군
비, 군용디, 군ᄉ, 궁, 권력, 권쇽, 권ᄉ, 귀, 규식, 규쟝각학ᄉ, 그림, 금
광, 금숑아지, 금익, 긔, 긔지, 긔한, 긔싱, 기도, 나귀, 남편, 내암시, 녀
식, 녀신, 녀편네, 녀학교, 농쟝, 능금, 능력, 다과, 다리, 단, 단쳥, 단톄,
담, 담빈디, 대운동회, 대통령, 대포알, 대한, 뎐거, 뎐긔거, 뎡즈, 도, 도
쟝, 도학, 동경, 동모, 동물, 동양, 됴례, 두루마기, 들보, 디구, 디리, 디
리학, 디방비, 디방졔도, 락셩연, 란류, 량미, 력ᄉ, 례배당, 례복, 로동회,
롱샹공부, 뢰물, 룡산, 륙혈포, 륜회, 릉쟝, 마챠, 만국, 만리쟝셩, 만민,
만민공동회, 만찬회, 매민, 면류관, 명패, 모즈, 목, 목션, 목ᄉ, 몬지, 몽
치, 묘리, 무관학교, 무녀, 물고기, 물리학, 뭇사람, 민회, 바눌, 박람회,

발, 방법, 방언, 버러지, 버레, 법률학, 법부대신, 법亽, 별궁, 보조금, 보통학교, 보비, 복타경, 본관, 본셩, 본쳥, 봉투, 뵈, 부산, 부산항, 부윤, 부쳐, 부친, 북간도, 북경, 북한亽, 분부, 비도, 비상, 비서관, 비위, 비지, 산림, 산슐, 산포슈, 상업, 샤귀, 샤랑, 샤진, 샤환미, 샤회, 샹, 샹민, 샹법, 샹표, 선지자, 셔반아, 셔양교, 셕탄고, 션, 션견안비, 션교회, 션비, 셩곽, 셩균관박亽, 셩뎐, 셩만찬, 셩은, 셩질, 셩취, 셩칙, 셰, 셰계, 셰력, 셰무소, 세샹, 셰샹, 셰칙, 소학교, 손(客), 손, 손가락, 쇠, 쇼인, 쇼쥬, 수레, 슈녀원, 슈뢰포, 슈풀, 슌亽, 슐법, 슐샹, 슐잔, 싀모, 시간, 시강원부쳠亽, 시계, 시복식, 시죵, 시죵원경, 식구, 식물, 신교, 신당, 신덕, 신령, 신문지, 신쟈, 신쥬, 신학, 신화, 실업, 심판, 아국, 아메리가, 아비, 악풍, 악형, 안건, 알, 약국, 약죠, 양셩쇼, 양혜, 어린ᄋ희, 어물, 어업, 어용션, 어음, 어학, 언어, 여관, 여비, 여슉관, 여호와, 연고, 연극쟝, 연설, 연셕, 연필, 연희쟝, 열쇠, 열심, 영광, 영문, 영화, 영싱, 영즈신문, 예수씨, 오륜지법, 욕, 우질, 우톄亽무, 우편, 우피, 운동, 운동회, 웃옷, 원망, 원슈, 원유회, 원죡회, 월봉, 위관, 위력, 위싱亽무, 유물진화, 은덕, 은亽금, 은힝, 읍내, 의, 의견셔, 의관, 의론, 의무, 의슐, 의식, 의안, 의원, 이쥬민, 인구, 인명, 인물, 인의, 인찰쇼, 일본말, 일본인, 일어, 일인, 자리, 자본금, 잔, 잡류, 쟝례원쟝례, 젼곡, 젼설, 젼투함, 졀, 졀영도, 졍당회, 졍셩, 졍신, 졍亽, 졔물포, 졔자, 졔조학, 졔죠소, 죄슈, 죠건, 죠션말, 죠약, 죵각, 죵즈, 죽음, 쥬문, 쥬육, 쥬亽, 즁츄원의관, 즁츄원의쟝, 증세, 지회, 직분, 진리, 진복, 진흙, 질삼, 집신, 집안, 찬미, 찬미가, 찬졍, 참셔관, 챠관, 챵덕궁, 챵질, 쳐, 쳔변, 쳥년회, 쳥년즈졔, 쳥인, 쳥쵹, 쵸목, 츙명, 츄잠, 츙셩, 츙심, 측량기슐, 치, 치젹, 칙교, 칼집, 탁지부대신, 탄약, 태의원경, 태평양, 텬당, 텬문학, 텬연두, 텬황궁, 텰로, 토벌디, 토이긔, 평복, 포도즙, 포슈, 폭발탄, 폴발약, 풀, 풍셜, 핀잔, 핍박, 하늘, 학부대신, 학식, 학졍, 학회, 한셩부, 한셩부판윤, 한어, 할례, 향노, 허리, 헬나글, 협판, 형, 형구, 형벌, 형슈, 형편, 호외, 호원, 호포, 화, 화로, 환도, 활,

황뎨, 회의쇼, 회포, 회회교, 훈쟝, 휼금, 긱쥬, 닙시, 닝슈, 민년회, 스관,
스긔, 스당, 스무소, 스범학교, 스샹, 스약, 스젹, 스졍, 스지, 싱도, 싱물,
쏫, 쏭, 쏭입, 즈싱지셜, 치싁옷, 칙즈, 희외, 힝동, 힝젹

여기서 한 가지 언급해야 할 점으로 주요 명사 어휘가 여러 개의 영
역결정술어와 통합하고, 결과적으로 여러 개의 화제영역에 속하는데,
이것이 어떤 의미를 지니는가 하는 것이다. 그 의미는 두 가지로 정리
되는데, 첫째 2개 이상의 영역결정술어와 통합하는 주요 명사 어휘는
다의 분석의 대상이 되며, 둘째 주요 명사 어휘 가운데 어떤 어휘가, 더
많은 영역결정술어와 통합할수록 여러 화제영역에 걸치는 결과가 되는
바, 다른 어떤 어휘들보다도 고빈도어로서 시사성이 높은 상위 개념일
가능성이 있다는 뜻이다. 실제로 제3장에서 화제영역별로 상위-하위관
계를 밝혔는데, 본문에서 대표적인 상위어로 파악된 개화기 명사 어휘
들, 예컨대, '곡식, 나라, 돈, 마암/마음/마옴/ᄆ옴, 말(言), 법률, 사람/사룸/
스룸, 슐, 쌍, 음식, 책/칙, 학교, 학문' 등은 다음과 같은 화제영역들에서
상위어로 파악된 바가 있다.

(1) ㄱ. <매물대상> {곡식⊐밀, 쌀/쏠(⊐샤환미)},

　　ㄴ. <출입처> {나라⊐몽고, 미국-아메리가, 셔반아, 아국, 영국, 인도국,
　　　　일본, 죠션, 즁국-지나, 쳥국, 토이긔}

　　ㄷ. <모집대상> {돈⊐고금, 고본금, 구휼금, 국채보상금, 긔본금, 긔부금,
　　　　의연금}

　　ㄹ. <위로대상> {마암/ᄆ옴⊐근심, 인심}

　　ㅁ. <교육분야> {언어-말⊐래된말, 불란셔말, 영어, 일본말-일어, 한어}

　　ㅂ. <실시대상> {법률⊐민격법-호젹법, 부분립법, 어업법, 우두법, 징령
　　　　령, 쳥결법}

　　ㅅ. <모집대상> {사룸⊐군슈, 광군, 녀학도, 동지인, 동지쟈, 동포, 로동

쟈, 로동쳥년, 로동학원, 병뎡, 병졸, 부상, 비도, 션비, 쇼방부, 승도, 싱도, 위원, 이쥬민, 인지, ㅇ동, 지원쟈, 즈원병, 철도역군, 쳥년즈뎨, 토민병, 토병, 포군, 포슈, 학도, 학싱, 헌병, 헌병보조원}

ㅇ. <액체> {술/슐∋독쥬; 막걸니, 소쥬, 쳥쥬}

ㅈ. <조사대상> {쌍∋토디/토지∋관유디, 군용디, 긔지, 뎐토, 변경, 역둔토, 은결, 털도디}

ㅊ. <원조대상> {음식∋물, 밥, 생선/싱션, 술, 슉닝, 실과, 쩍, 알}

ㅋ. <인쇄물> {도셔-셔칙-칙∋교과셔, 도화, 져셔}

ㅌ. <설립물> {학교∋보통학교, 소학교/쇼학교, 스범학교, 소경학교; 스립학교; 국문학교, 법정학교, 음악학교, 일어학교; 개통학교, 공진학교, 광동학교, 광한학교, 룡천학교, 명류학교, 명진학교, 문진학교, 보문학교, 보셩학교, 부흥학교, 신흥학교, 운셩학교, 챵명학교, 함흥학교, 협셩학교}

ㅍ. <학습영역> {학문∋경제학, 공학, 광산학, 교셥학, 농학, 디리학, 디지학, 론리학, 리과학, 물리학, 법률학, 병학, 부국학, 샹학, 수사학, 수학, 식물학, 신학, 심셩학, 의학, 젼긔학, 정치학, 제죠학, 칙산학, 텬문학, 텬쥬학, 텬학, 협잡학, 화학}

위의 명사어휘목록과 비교하면 (1)의 믿줄 친 주요 명사 어휘는 23개의 영역결정술어에서 9개의 영역결정술어까지 통합하고 따라서 여러 화제영역에 포함된 경우임을 알 수 있다.

이 중에서 '사람/사름/스람'은 명사어휘목록에서 보듯이 가장 많은 영역결정술어와 통합했다. 영역결정술어에 의해 명명된 화제영역까지 포함해서 그 예를 구체적으로 보자.

(2) ㄱ. 사름-을 다리다 〈동행대상〉

  ㄴ. 사름-을/의게 권면ㅎ다 〈권면대상〉

ㄷ. 사룸-을 단속ᄒ다 〈단속대상〉

ㄹ. 사룸-을 위로ᄒ다 〈위로대상〉

ㅁ. 사룸-을 고빙ᄒ다 〈초빙대상〉

(3) ㄱ. 사룸-을 거절ᄒ다 〈거절대상〉

ㄴ. 사룸-을 밋다 〈믿음대상〉

ㄷ. 사룸-을 던지다 〈투척물〉

(4) ㄱ. 사룸-이 공정ᄒ다 〈공정주체〉

ㄴ. 사룸-이 공평ᄒ다 〈공평주체〉

ㄷ. 사룸-을 모집ᄒ다 〈모집대상〉

(5) ㄱ. 사룸-이 귀ᄒ다 〈귀중품〉

ㄴ. 사룸-을 도격질ᄒ다; 도적ᄒ다 〈도난대상〉

ㄷ. 사룸-을 폴다 〈매물대상〉

(6) 사룸-을 기르다 〈성장대상〉

(7) ㄱ. 사룸-이 답지ᄒ다 〈답지물〉

ㄴ. 사룸-을 보호ᄒ다 〈보호대상〉

ㄷ. 사룸-이 문명ᄒ다 〈문명대상〉

ㄹ. 사룸-을 됴사ᄒ다 〈조사대상〉

ㅁ. 사룸-을 평론ᄒ다 〈평론대상〉

(8) ㄱ. 사룸-을 구경ᄒ다 〈관람대상〉

ㄴ. 사룸-을 슝비ᄒ다; 슝샹ᄒ다; 슝봉ᄒ다; 셤기다 〈숭상대상〉

ㄷ. 사룸-을 그리다 〈미술〉

(2)를 통해 '사람/사롬/수람'은 인물 관련 화제영역 <동행대상>, <권면
상대>, <단속대상>, <위로대상>, <초빙대상>뿐만 아니라, (3)의 개
인생활 관련 화제영역 <거절대상>, <믿음대상>, <투척물>, (4)의 정
치 관련 화제영역 <공정주체>, <공평주체>, <모집대상>, (5)의 경제
관련 화제영역 <귀중품>, <도난대상>, <매물대상>, (6)의 산업 관련
화제영역 <성장대상>, (7)의 사회 관련 화제영역 <답지물>, <문명대
상>, <보호대상>, <조사대상>, <평론대상>, (8)의 문화 관련 화제영
역 <관람대상>, <숭배대상>, <미술>까지 널리 포함되어 있다. 이것
은 우선 '사람/사롬/수람'이 다의 분석의 대상이 된다는 점 외에 개화기
의 어떤 명사 어휘보다도 최상위 개념의 명사 어휘라는 것을 말해 준다.
본고의 집필 의도가 개화기의 '인간' 중심 어휘를 보여 주는 것이었고,
또 그러한 정신에 입각해서 기술되었는데, 결과적으로 '사람/사롬/수람'
이 최상위의 주요 명사 어휘임이 드러난 것은 당연한 귀결이다.

  그러나 여전히 남는 문제는 화제영역의 체계가 명사 어휘의 다의를
분석하는 데에 적극적으로 뒷받침이 되어 주지 못하고 있다는 점이다.
이 점에 대해서 필자는 본고의 연구 방법이 가지는 한계를 지적하고,
또 그럴 수밖에 없었던 점에 대한 해명의 기회를 가지겠다. 우선 화제
영역의 설정이 충분한 언어학적 근거에 기반하지 않았다는 점과, 본고
의 화제영역이 심리 어휘부에 의존한 연구 결과물이 아니라 자료 중심
의 귀납적 연구 결과물인바, 입체적인 화제영역 계층구조에까지는 도달
하지 못하고, 대체로 평면적인 계층구조 수립에 머무를 수밖에 없었다
는 점을 밝혀둔다. 사실 다의를 분석하는 일은 영역결정술어를 통한 화
제영역 체계 내에서 상위 화제영역과 하위 화제영역의 계층(hierachies)
및 그 경계를 결정하는 작업과 맞물린다. 이런 계층과 경계를 결정하는
일은 다의 분석에 있어 중요한 기준이 될 수도 있다. 이러한 한계를 인
식하고 다의어의 의미 분석을 시도했으나 결과적으로 몇몇 다의어를 제
외하고 화제영역의 계층이 잘 드러나지 않았다.

  본고가 이러한 한계를 품게 된 이유는 화제영역들이 입체적인 계층 구조의 조직화에 이르지 못하고, 평면적인 계층구조에 머물러서 생긴 부득이한 결과이기 때문이다. 본고의 의도가 개화기 명사 어휘의 어휘 체계 전모를 필요충분하게 낱낱이 밝히는 데 있었다기보다는 신문·잡 지자료에 한해서 어휘망을 구축하고 기술하는 방법을 모색하는 데에 있 다는 점과 본고의 화제영역이 부류(classes) 중심이 아니라 영역(domains) 중심으로 명사어휘목록을 구성했던 점도 해당 명사 어휘가 여러 화제영 역의 영역결정술어와 통합하는 결과를 낳은 셈이다. 한편 입체적인 화 제영역 계층구조를 구축하더라도 화제영역의 위계가 반영된 다의 분석 은 쉽지 않은 것이 사실이다. 실제로 이 점에 대해서는 현대 불어 명사 어휘에 대해 입체적 의미부류를 표방한 Gross의 Classes d'Objets도 아직 다의어와 의미부류 간의 위계에 대해 명쾌한 해결책을 주지 못하고 있다.

  한 가지 더 해명의 소지가 되는 것은 화제영역의 중복이 다의관계 성 립과 항상 평행적이지만은 않다는 사실이다. 즉 본고에서 개화기 명사 어휘가 여러 화제영역에 포함되어 있다고 해서 다의어야만 하는 것은 아니다. 왜냐하면 본고의 화제영역은 사실 어휘들이 가질 수 있는 무수 히 많은 관점의미(perspective)들 중의 하나를 드러낸 것에 불과하기 때문 이다.[2] 따라서 여러 화제영역에 속해 있는 어휘의 관점의미들이 이질성

---

2) 사물이나 개념은 바라보는 관점에 따라서 서로 다른 측면이 부각되기 마련이다. 예컨대, '말(馬)'의 경우, 동물학자는 분류학적 관점에서 '말'이 다른 동물들과 어 떤 점에서 구분되는지에 관심을 가지고, 승마기수나 농부는 기능적 관점에서 '말' 이 해 줄 수 있는 능력에 관심을 가지고, 수의사는 해부학적인 관점에서 '말'이 어 떤 부분들로 이루어져 있는가에 관심을 가지며, 축산업자는 사육자의 관점에서 '말'을 낳고 기르는 방법에 관심을 가진다. '책'도 작가의 관점에서는 창작의 대상 이지만 독자의 관점에서는 독서의 대상이다. 그래서 특정 문맥에서는 이들 중 어 느 하나의 관점에서 바라본 측면만 부각되기도 하고, 어떤 경우에는 둘 이상의 관 점이 가능하여 중의성을 내포하기도 한다(Cruse 2000: 117-9, 박동호 2002: 106). 예컨대 개화기의 용언 '졸업ᄒ다'를 들면, "총무 민대식씨가 <u>물리학 화학을 졸업 ᄒ고 와서 (대한)</u>"와 같은 문장은 "민대식씨가 물리학과 화학을 전공하고 와서"의 의미일 수도 있고, "민대식씨가 물리학과 화학(자연대학)을 졸업하고 와서"의 의미

을 두드러지게 보일 때만 해당 어휘에 대해 언어학적으로 의미 있는 다의를 분석할 수 있다.

이런 한계를 인식하고 2개 이상의 영역결정술어와 통합한, 이상의 875개 개화기 주요 명사 어휘로 다의 분석을 시도한다. 예컨대, 다의어로 판단되는 개화기 신생어 '쳘도/텰도(鐵道)'의 다의 분석 과정을 기술해 보겠다. '쳘도/텰도(鐵道)'는 6개의 영역결정술어와 통합관계에 있음을 제3장에서 실증하였다. 그 영역결정술어를 보이면 다음과 같다.

(9) ㄱ. 쳘도/텰도-를 <u>호위ㅎ다</u>

    ㄴ. 쳘도/텰도-를 <u>보호ㅎ다</u>

    ㄷ. 쳘도/텰도-를 <u>폴다</u>

    ㄹ. 쳘도/텰도-를 <u>관리ㅎ다</u>

    ㅁ. 쳘도/텰도-를 <u>건축ㅎ다</u>

    ㅂ. 쳘도/텰도-를 <u>타다</u>

본고에서 (9)의 영역결정술어을 토대로 '쳘도/텰도'가 속한 화제영역을 통해 '쳘도/텰도'의 다의를 분석하면, 결과적으로 '쳘도/텰도'는 다음과 같은 화제영역에 포함되어 있다.

(9′) ㄱ. <호위대상>

    ㄴ. <보호대상>

일 수도 있다. 왜냐하면 개화기 한글자료에는 '전공(ㅎ다)'가 일절 나타나지 않는다는 점과 '졸업ㅎ다'에 의해 묶이는 명사어휘목록에 현대국어의 화제영역과는 달리 '뎐보학(電報學), 물리학(物理學), 법률학(法律學), 의학(醫學), 정치학(政治學), 제조학(製造學), 화학(化學)' 등 전문적인 학문분야가 포함되는 점으로 보아 '졸업ㅎ다'에서 위와 같은 중의성을 포착할 수 있기 때문이다. 이와 같이 하나의 어휘 및 그 어휘가 가리키는 대상 및 어의를 바라보는 이러한 여러 측면을 '관점의미'라고 한다.

    ㄷ. <매물대상>

    ㄹ. <관리물>

    ㅁ. <축조물>

    ㅂ. <운송수단>

(9′)의 화제영역으로 '철도/텰도'에서 언어학적으로 의미 있는 다의(polyseme)을 분석할 수 있다. 좀더 구체적으로 보면 '철도/텰도'를 통해서 분석되는 다의는 두 가지이다. "기차 운행을 위한 철제 궤도"와 "기차 자체"가 그 하위의미이다. 대표적인 예문을 보면,

  (10) ㄱ. 포구롤 긔항ᄒ며 <u>텰도롤 건축ᄒ거나</u> (경보 66)

      ㄴ. 만쥬와 요동 등디에 병참쇼를 두어 <u>철도를 보호ᄒ려</u> ᄒ다 ᄒ니 (미일)

      ㄷ. 일긔가 죠흐면 <u>철도를 타고</u> 시골노 다니시며 민간 질고를 친히 술피신다더라 (독립)

(10ㄱ, ㄴ)의 '텰도롤 건축ᄒ다, 철도를 보호ᄒ다'와 그 문맥의미에서 '철도/텰도'가 "기차 운행을 위한 철제 궤도"라는 하위의미를, (10ㄷ)의 '철도를 타다'와 그 문맥의미에서 "기차 자체"라는 하위의미를 가진다는 사실을 알 수 있다.3) '철도/텰도'가 "기차 운행을 위한 철제 궤도"를 뜻하는 화제영역은 <호위대상>, <보호대상>, <매물대상>, <관리물>, <축조물>이 있고, '철도/텰도'가 "기차 자체"를 뜻하는 화제영역은 <운송수단>이 있는바, 개화기 신생어 '철도/텰도'는 현대국어에서와는 달리 '가차'라는 환유 의미도 가졌다는 점을 알 수 있다.

  한편, '사람/사롬/스롬'은 23개의 영역결정술어와 통합함을 앞에서 살폈다. 결과로 '사람/사롬/스람'은 (2)~(8)에서 보았듯이

---

3) '철도/텰도'가 환유(metonymy)에 의해 어의확장이 되어서 '기차'라는 주변의미가 생긴 것이다.

(11) <거절대상>, <공정주체>, <공평주체>, <관람대상>, <권면대상>, <귀중품>, <미술>, <단속대상>, <답지물>, <도난대상>, <동행대상>, <매물대상>, <모집대상>, <문명대상>, <믿음대상>, <보호대상>, <성장대상>, <숭배대상>, <위로대상>, <조사대상>, <초빙대상>, <투척물>, <평론대상>

에서 추출되었는데, '사람/사룸/스람'과 통합하는 영역결정술어나 (11)의 화제영역으로는, 비록 '사람/사룸/스람'이 어떤 개화기 주요 명사 어휘보다 관점의미를 많이 드러냈지만, 언어학적으로 의미 있는 다의를 찾을 수는 없었다.

4.2에서는 이러한 다의 분석 절차를 통해서 23개의 영역결정술어와 통합한 '사람/사룸/스람'부터 2개의 영역결정술어와 통합한 484개의 개화기 명사 어휘까지 검토한 결과로써 개화기 주요 명사 다의어를 제시하고자 한다. 한편 모든 어휘는 그 자체로 특수성과 용법의 독특한 패턴을 가진다는 어휘론자들의 일반론을 좇아서, 선별된 개화기 다의어를 본고의 연구 방법으로 찾은 다의 개수에 따라 나열하면서 기술하겠다.[4)]

4.2. 주요 명사 어휘의 다의관계

4.2.1. 4개의 다의를 찾은 명사 어휘

4개의 다의가 확인된 명사 어휘로는 '마암/마음/마옴/ᄆᆞᆷ'이 있다. '마암/마음/마옴/ᄆᆞᆷ'은 13개의 영역결정술어와 통합했다. 이를 통해 '마암/마음/마옴/ᄆᆞᆷ'의 네 가지 다의를 분석할 수 있다. "심정/심리",

---

4) "Every lexical item in the language has its own individual and unique pattern of behaviour(Alan 1998: 46)"

"생각", "의도/의지", "관심"이 '마암/마음/마옴/무옴'의 하위의미이다. 우선 "심정/심리"의 뜻으로 '마암/마음/마옴/무옴'이 추출된 화제영역과 대표적인 예문을 보이면 다음과 같다.[5]

> (12) <봉양대상>, <수련대상>, <위로대상>, <지배대상>, <거주지>, <추물>
> ㄱ. 타향에 잇는 형제의 <u>마암을 위로하고</u> 권면하는 중에 (신학 69)
> ㄴ. 어미 셤기믈 … 그 쯧을 봉양하고 그 <u>무옴을 봉양호야</u> (관성제군오륜 4a)

(12ㄱ, ㄴ)의 '마암을 위로하다, 무옴을 봉양호다' 등에서 '마암/마음/마옴/무옴'의 하위의미인 "심정/심리"를 찾을 수 있다. 이 중에서 <봉양대상>을 통해 확인되는 (12ㄴ)은 현대국어에서라면 의미적으로 허용되지 않는 예문이다. 현대국어에서 '봉양하다'는 "부모나 조부모와 같은 웃어른을 받들어 모시고 섬기다"의 의미인바, 인성명사가 아니면 <봉양대상>의 논항에 올 수 없다.

한편 "생각"의 뜻으로 '마암/마음/마옴/무옴'이 추출된 화제영역은 <공정주체>, <공평주체>가 있다.

> (12′) 구라파를 다녀온 후에 <u>무옴이 더 공평호여지고</u> (독립)

(12′)의 '무옴이 공평호다' 등을 통해서 "생각"이라는 '마암/마음/마옴/무옴'의 하위의미를 확인할 수 있다. "의도/의지"의 뜻으로 '마암/마음/마옴/무옴'이 추출된 화제영역은 <음식물>, <귀중품>이 있다.

---

5) 다의어의 예에서 통합하는 영역결정술어는 일일이 제시하지 않는다. 제시된 화제영역을 통해 제3장에 소개된 영역결정술어가 자동적으로 드러날 뿐만 아니라, 예문을 통해 해당 영역결정술어를 어느 정도 확인할 수 있기 때문이다.

(12″) 이들은 집으로 도라가실 째에 하느님끠 더 갓가온 <u>ㅁ.음을 먹고</u> (신학 210)

(12″)의 'ㅁ.음을 먹다' 등을 통해 '마암/마음/마ㅇ./ㅁ.음'의 하위의미 "의도/의지"를 확인할 수가 있다. 이때 'ㅁ.음을 먹다'는 관용 표현으로 현대국어에서처럼 '결심하다'의 의미임은 물론이다. 그밖의 주변의미로 "관심"을 뜻하는 '마암/마음/마ㅇ./ㅁ.음'이 추출된 화제영역에는 '<도난대상>, <소진대상>, <욕구>'가 있다.

(12‴) ㄱ. 맛춤 츄풍이 이러남이 우연히 <u>ㅁ.음이 동ㅎ.야</u> 비치씨를 구ㅎ.야 (미일)
　　　ㄴ. 압살놈이 이스라엘 사람들의 <u>마음을 도적하더니</u> (신학 30)

(12‴)의 '마음을 도적하다, ㅁ.음이 동ㅎ.다' 등을 통해서 '마암/마음/마ㅇ./ㅁ.음'의 하위의미 "관심"을 확인할 수 있다.

4.2.2. 3개의 다의를 찾은 명사 어휘

3개의 다의가 확인된 명사 어휘로는 '늬각/늬국, 병원, 세상, 신문, 신문샤, 직판소/직판쇼, 집, 학교'가 있다. 이 중에 '늬각/늬국, 병원, 신문샤, 직판소/직판쇼, 학교'는 "기관, 건물, 장소"의 하위의미를 갖기 때문에 같은 다의 유형으로 파악할 수 있다. 한편 '집'은 "건물, 장소, 가정/집안"의 하위의미를 갖는데, 넓게는 앞의 다의어와 같은 유형에 속하는 셈이다. 여기서는 유형화가 가능한 '늬각/늬국, 병원, 신문샤, 직판소/직판쇼, 집, 학교'의 다의를 우선적으로 분석·제시하되, 본고에서 출현빈도가 높은 '집, 학교, 직판소/직판쇼, 병원, 늬각/늬국, 신문샤' 순으로 제시한다. 그리고 나머지 '신문, 세상'의 다의를 기술한다.

'집'은 19개의 영역결정술어와 통합했다. 이를 통해 '집'의 세 가지 다의를 분석할 수 있다. "주거 건물", "주거 장소", "가정/집안"이 그 하위의미이다. 이것은 현대국어에서 '집'이 갖는 다의와 다르지 않다. 우선 "주거 건물"의 뜻으로 '집'이 속한 화제영역과 대표적인 예문을 보이면 다음과 같다.

(13) <거래대상> → (<매물대상>, <매입대상>),[6] <보호대상>, <붕괴대상>, <수리대상>, <예비대상>, <이동대상>, <조사대상>, <차용대상>, <추물(醜物)>, <파괴대상>, <화재대상>

   ㄱ. 죠션 갓가이 집을 사거나 짓고 죠션에 드러갈 긔회를 기드리려 (경보 150)

   ㄴ. 의병이 문경군을 습격ᄒ고 일인의 집을 쇼화ᄒ엿눈디 (대한)

(13ㄱ, ㄴ)의 '집을 사다, 집을 쇼화ᄒ다' 등에서 '집'의 하위의미인 "주거 건물"을 얻을 수 있다. 한편 "주거 장소"의 뜻으로 '집'이 속한 화제영역은 <거주지> → (<숙박처>, <출입처>), <구금장소>가 있다. 특히 <거주지> → (<숙박처>, <출입처>)에서 알 수 있듯이, 영역결정술어의 상위-하위관계에 따라서 '집'의 하위의미가 그대로 전이됨도 알 수 있다.

(13′) 철신의 집에 류슉ᄒ며 셩교 도리롤 무론디 (경보 358)

(13′)의 '집에 류슉ᄒ다' 등을 통해서 "주거 장소"라는 '집'의 하위의미를 확인할 수가 있다. 마지막으로 "가정/집안"의 뜻으로 '집'이 속한 화

---

6) '<거래대상>→(<매물대상>, <매입대상>)'은 본고에서 설정한 화제영역의 계층구조에 따라, 상위 영역의 의미가 하위 영역에 승계됨을 표시한 것이다. 즉 상위 화제영역 <거래대상>의 의미가 그 하위 화제영역으로 설정한 <매물대상>, <매입대상>에 그대로 승계됨을 '집'의 다의를 분석하는 과정에서 드러낸 셈이다.

제영역의 예로 <운영대상>, <지배대상>이 있다.

(13″) 그 집 쥬인이 당초에 그 <u>집을 경영홀</u> 째에 (미일)

(13″)의 '집을 경영ᄒ다' 등을 통해서 '집'의 하위의미 "가정, 집안"을 확인할 수 있다.

개화기 신생어 '학교(學校)'는 15개의 영역결정술어와 통합했다. 이를 통해 '학교'의 세 가지 다의를 분석할 수 있다. "교육을 담당하는 기관, 교육을 행하는 장소, 교육 시설을 갖춘 건물"이 '학교'의 하위의미이다. 우선 "교육을 담당하는 기관"의 뜻으로 '학교'가 속한 화제영역과 대표적인 예문은 다음과 같다.

(14) <지배대상>, <폐지대상>, <확장대상>, <졸업학교>, <설립물>, <구 속대상>

   ㄱ. 경비가 곤난ᄒ여 <u>학교를 폐지홀</u> 디경이 되엿더니 그 (대한)
   ㄴ. 혼 <u>학교에서 졸업ᄒ기</u> 젼에 그 ᄌ녀를 다른 학교로 옴기지 말미 (신 학 5)

(14ㄱ, ㄴ)의 '학교를 폐지ᄒ다, 학교에서 졸업ᄒ다' 등에서 '학교'의 하위의미인 "교육을 담당하는 기관"을 찾을 수 있다. 한편 "교육을 행하는 장소"의 뜻으로 '학교'가 속한 화제영역은 <기부장소>, <이동대상>, <출입처>가 있다.

(14′) 더번에 민회에 참례혼 일로 … <u>학교에 드러가지</u> 아니ᄒ엿더니 (독립)

(14′)의 '학교에 드러가다' 등을 통해서 '학교'의 하위의미 "교육을 행하는 장소"를 확인할 수가 있다. "교육 시설을 갖춘 건물"의 뜻으로 '학

교'가 속한 화제영역은 <차용대상>, <배설대상>, <파괴대상>, <화재대상>, <수리대상>, <축조물>이 있다.

(14″) 의병이 돌입ᄒ야 관ᄉ와 <u>학교를 쇼화ᄒ엿ᄂ디</u> (대한)

(14″)의 '학교를 쇼화ᄒ다' 등을 통해서 '학교'의 하위의미 "교육 시설을 갖춘 건물"을 확인할 수가 있다. 한편 '학교'와 상위-하위관계에 있으며, 4개의 영역결정술어와 통합관계를 보인 '대학교/디학교(大學校)'도 '학교'에 준하는 다의를 분석할 수 있다. 즉, "기관"의 의미는 <졸업학교>, "장소"의 의미는 <출입처>, "건물"의 의미는 <설립물>, <축조물>에서 찾을 수 있다.

개화기 신생어 '지판소/지판쇼(裁判所)'는 9개의 영역결정술어와 통합했다. '지판소/지판쇼'와 영역결정술어의 통합관계를 통해 세 가지 다의를 분석할 수 있다. "분쟁에 대하여 재판을 내리는 기관", "재판을 내리는 장소", "재판 시설을 갖춘 건물"이 '지판소/지판쇼'의 하위의미이다. 우선 "분쟁에 대하여 재판을 내리는 기관"의 뜻으로 '지판소/지판쇼'가 추출된 화제영역과 대표적인 예문은 다음과 같다.

(15) <보고처>, <폐지대상>, <이동대상>, <배설대상>

　　ㄱ. 본 읍에셔ᄂ 본 도 <u>지판소에 보고ᄒ야</u> 겁탈 강간ᄒᄂ 률에 의지ᄒ야
　　　 (경보 291)

　　ㄴ. 정부에셔 <u>지판쇼를 비셜ᄒ여</u> 놋코 (독립)

(15ㄱ, ㄴ)의 '지판소에 보고ᄒ다, 지판쇼를 비셜ᄒ다' 등에서 '지판소/지판쇼'의 하위의미인 "분쟁에 대하여 재판을 내리는 기관"을 얻을 수 있다. 한편 '재판을 내리는 장소'의 뜻으로 '지판소/지판쇼'가 추출된 화제영역은 <고발처>, <구금장소>, <출입처>가 있다.

(15′) 김계휘 씨가 평남 <u>지판소에 고발ᄒ엿더니</u> (대한)

(15′)의 '지판소에 고발ᄒ다' 등을 통해서 '지판소/지판쇼'의 하위의미 "재판을 내리는 장소"를 확인할 수 있다. 끝으로 "재판 시설을 갖춘 건물"의 뜻으로 '지판소/지판쇼'가 추출된 화제영역은 <축조물>, <파괴대상>이 있다.

(15″) 평양군 의천방 삼리 디방에 <u>지판소를 건축ᄒ기</u> 위ᄒ야 (대한)

(15″)의 '지판소를 건축ᄒ다' 등을 통해서 '지판소/지판쇼'의 하위의미 "재판 시설을 갖춘 건물"을 확인할 수가 있다.

개화기 신생어 '병원(病院)'은 5개의 영역결정술어와 통합했다. 이를 통해 '병원'의 세 가지 다의를 분석할 수 있다. "환자를 진찰하고 치료하는 기관", "환자를 진찰하고 치료하는 장소", "환자를 진찰하고 치료하는 건물"이 '병원'의 하위의미이다. "환자를 진찰하고 치료하는 기관"의 뜻으로 '병원'이 추출된 화제영역과 대표적인 예문은 다음과 같다.

(16) <기부장소>, <시찰대상>
    ㄱ. 깅구에도라스 <u>병원에 긔부ᄒ</u> 돈이 십만 방이오 (대한)
    ㄴ. 각쳐 례비당들과 <u>병원들과</u> 인찰쇼를 <u>시찰ᄒ고</u> 일간 연회를 ᄒ야 (독립)

(16ㄱ, ㄴ)의 '병원에 긔부ᄒ다, 병원을 시찰ᄒ다'에서 '병원'의 하위의미인 "환자를 진찰하고 치료하는 기관"을 얻을 수 있다. 한편 "환자를 진찰하고 치료하는 장소"의 뜻으로 '병'이 추출된 화제영역은 <출입처>가 있다.

(16′) 二十七일에 <u>병원에 드러갓는디</u> 병이(염통병과 챵ᄌ병과 학질이 합흠이
　　　라) (경보 59)

(16′)의 '병원에 드러가다' 등을 통해서 '병원'의 하위의미 "환자를 진찰하고 치료하는 장소"를 확인할 수가 있다. 끝으로 "환자를 진찰하고 치료하는 건물"의 뜻으로 '병원'이 추출된 화제영역은 <개량대상>, <설립물>이 있다.

(16″) 례배당을 짓느니도 잇고 혹 <u>병원을 설립하고</u> (신학 4)

(16″)의 '병원을 설립하다' 등을 통해서 '병원'의 하위의미 "환자를 진찰하고 치료하는 건물"를 확인할 수 있다.

개화기 신생어 '닉각/닉ᄀ(內閣)'은 4개의 영역결정술어와 통합했다. 이를 통해 '닉각/닉ᄀ'의 세 가지 다의를 분석할 수 있다. "국무대신들이 국정을 집행하던 최고 기관", "그런 장소", "그런 건물 자체"가 '닉각/닉ᄀ'의 하위의미이다. 우선 "국무대신들이 국정을 집행하던 최고 기관"의 뜻으로 '닉각/닉ᄀ'이 추출된 화제영역과 대표적인 예문은 다음과 같다.

(17) <조직체>, <개혁대상>
　　　ㄱ. 이번에 진보당 ᄌ쥬당들이 다시 <u>닉각을 죠직ᄒ엿다고</u> (독립)
　　　ㄴ. 토이기국 쳥년당은 두번재 <u>닉각을 기혁ᄒ기로</u> 경영ᄒ다더라 (대한)

(17ㄱ, ㄴ)의 '닉각을 죠직ᄒ다, 닉각을 기혁ᄒ다'에서 '닉각/닉ᄀ'의 하위의미인 "국무대신들이 국정을 집행하던 최고 기관"을 얻을 수 있다. "국정을 집행하던 장소"의 뜻으로 '닉각/닉ᄀ'이 추출된 화제영역은 <이동대상>이 있다. "국정을 집행하던 건물"의 뜻으로 '닉각/닉ᄀ'이 추출된 화제영역은 <축조물>이 있으며,

(17′) 챵덕궁 안에 <u>닉각을 새로 건츅ᄒ더</u> 그 경비로 팔쳔원을 지츌ᄒ다더라
   (대한)

(17′)의 '닉각을 건츅ᄒ다'를 통해서 '닉각/닉ᄀᆨ'의 하위의미 "국졍을 집행하던 건물"을 확인할 수 있다.

개화기 신생어 '신문샤(新聞社)'도 4개의 영역결정술어와 통합했다. 이를 통해 '신문샤'의 세 가지 다의를 분석할 수 있다. "신문을 발행하는 기관, 그런 장소, 그런 건물 자체"가 '신문샤'의 하위의미이다. 우선 '신문을 발행하는 기관'의 뜻으로 '신문샤'가 추출된 화제영역의 대표적인 예문은 다음과 같다.

(18) 궁닉부 관인들이 자의로 우리 <u>신문샤를 달나</u> ᄒ야 (독립)

(18)의 '신문샤를 달다'에서 '신문샤'의 하위의미인 "신문을 발행하는 기관"을 찾을 수 있다. 한편 "신문을 발행하는 장소"의 뜻으로 '신문샤'가 추출된 화제영역으로 <이동대상>이 있다. "신문을 발행하는 건물"의 뜻으로 '신문샤'가 추출된 화제영역으로 <설립물>, <배설대상>이 있다.

(18′) 무명잡세를 혁파ᄒ며 경셩에셔 <u>신문샤를 셜립ᄒ야</u> (독립)

(18′)의 '신문샤를 셜립ᄒ다' 등을 통해서 '신문샤'의 하위의미 "신문을 발행하는 건물"을 확인할 수 있다.

이상의 "기관, 건물, 장소"의 하위의미를 갖는 '집, 학교, 지판소/지판쇼, 병원, 닉각/닉ᄀᆨ, 신문샤'를 제외하고, 3개의 다의를 분석할 수 있는 명사 어휘로는 '신문, 세상/세샹/셰샹'이 있다. 우선 개화기 신생어 '신문(新聞)'은 12개의 영역결정술어와 통합했다. 이를 통해 '신문'의 세 가

지 다의를 분석할 수가 있다. "신문지(新聞紙), 새로운 소식을 담은 텍스트, 신문 제도"가 '신문'의 하위의미이다. 우선 "신문지"의 뜻으로 '신문'이 속한 화제영역과 대표적인 예문은 다음과 같다.7)

(19) <수집물(手執物)>, <투척물>, <매물대상>, <차용대상>, <발행물> →
    <인쇄물> → <발간물>

ㄱ. 사롬들이 지금은 신문을 들고 안져 말ᄒ기를 (미일)
ㄴ. 우리가 신문샤를 셜시ᄒ야 ᄌ본을 불소이 드려 신문을 발간ᄒ야 (미일)

(19ㄱ, ㄴ)의 '신문을 들다, 신문을 발간ᄒ다' 등에서 '신문'의 하위의미인 "신문지"를 찾을 수 있다.8) <발행물> → <인쇄물> → <발간물>의 경우도 '신문'의 하위의미 "신문지"가 영역결정술어의 상위-하위관계에 따라 그대로 전이되었다. 한편 "새로운 소식을 담은 텍스트"의 뜻으로 '신문'이 추출된 화제영역은 <독서물> → <낭독물>이 있다.

(19′) 누구던지 신문을 넑는 쟈로 ᄒ야곰 압흔 눈물을 금치 못ᄒ게 ᄒ눈지라
    (대한)

(19′)의 '신문을 넑다'를 통해서 '신문'의 하위의미 "새로운 소식을 담은 텍스트"를 확인할 수가 있다. 끝으로 "신문 제도"의 뜻으로 '신문'이 추출된 화제영역은 <개정대상>, <폐지대상>, <유행주체>가 있다.

---

7) 일본어에서 처음에는 news paper에 대한 번역어로 '신문지'가 쓰였기 때문에 개화 초기 조선수신사들의 기록에는 '신문지'로만 나타난다. 그 후 한동안 '신문지/신문'이 함께 쓰이다가 '신문'으로 굳어졌는데, 이는 일본어에서 일어난 어형변화가 국어에도 그대로 투영된 결과이다.

8) 앞의 주에서 언급했듯이, '신문지'도 개화기 자료에 나타난다. "귀국인 빈셜이라 ᄒ눈 쟈가 한국 셔울에셔 신문지를 발간ᄒ야 (대한)"를 참조할 수 있다.

(19″) 만일 몃 빅 자리가 늘지 안코 보면 <u>신문을 폐지ᄒ게</u> 되여 (미일)

(19″)의 '신문을 폐지ᄒ다' 등을 통해서 '신문'의 하위의미 "신문 제도"를 확인할 수가 있다.

　'세상/세샹/셰샹'은 4개의 영역결정술어와 통합했다. 이를 통해 '세상/세샹/셰샹'의 세 가지 다의를 분석할 수 있다. "한정된 구성인자와 공간을 갖는 사회", "지상(地上)", "전세계"가 '세상/세샹/셰샹'의 하위의미이다. "한정된 구성인자와 공간을 갖는 사회"의 뜻으로 '세상/세샹/셰샹'이 추출된 화제영역의 대표적인 예문은 다음과 같다. 이때의 '세상/세샹/셰샹'은 근대화의 개념이 포함된 것으로 볼 수 있다.

　(20) 결단코 지금 <u>문명흔 셰샹에셔</u> 허락지 아니ᄒ눈 바ㅣ라 (대한)

(20)의 '문명흔 셰샹' 혹은 "우리 조뎡의셔도 그 <u>셰샹을 본밧으려</u> ᄒ오니 엇지 슬프지 아니ᄒ오릿가 (경보 71)"의 '셰샹을 본밧다' 등에서 '세상/세샹/셰샹'의 하위의미인 "한정된 구성인자와 공간을 갖는 사회"를 찾을 수 있다. 한편 "지상"의 뜻으로 '세상/세샹/셰샹'이 추출된 화제영역은 <거주지>, <추물(醜物)>이 있다.

　(20′) 비록 너희를 쩌나나 다시 흔위가 나를 딕신ᄒ야 <u>셰샹에 거ᄒ리니</u> (신학 25)

(20′)의 '셰샹에 거ᄒ다' 등을 통해서 '세상/세샹/셰샹'의 하위의미 "지상"을 확인할 수 있다. "전세계"의 뜻으로 '세상/세샹/셰샹'이 추출된 화제영역은 <지배대상>이 있는데, 천주교/기독교 잡지에서만 추출된 용례 정보를 고려할 때, 이때의 '세상/세샹/셰샹'은 천주교/기독교 전문어로 파악할 수가 있다.

(20″) 이 긔의 긔상을 본즉 온 <u>셰샹을 이긔신</u> 긔샹이오 쏘흔 <u>셰샹을 다스리는</u> 호령 소리도 나오는 듯흐며 (신학 160)

(20″)의 '셰샹을 이긔다, 셰샹을 다스리다' 등을 통해서 '세상/셰샹/셰샹'의 하위의미 "전세계"를 확인할 수가 있다.

4.2.3. 2개의 다의를 찾은 명사 어휘

개화기 신문·잡지 자료에서 2개의 다의가 분석된 명사 어휘로는 3개 이상의 영역결정술어와 통합한 '뎡부/정부, 복음, 고기, 편지, 철도/텰도, 도량형, 머리, 비단, 공업'과 2개의 영역결정술어와 통합한 '강습소, 고등지판쇼, 경제학, 정치학, 동물, 식물, 산포슈, 샹표, 이스라엘, 찬미, 찬미가, 츄잠 등이 있다.

'뎡부/정부(政府)'는 9개의 영역결정술어와 통합했다. 이를 통해 '뎡부/정부'의 두 가지 다의를 분석할 수 있다. "한 나라의 최고 통치권을 가지고 있는 국가기구", "국가의 정책과 그 집행을 맡은 주체"가 '뎡부/정부'의 하위의미이다. 우선 "한 나라의 최고 통치권을 가지고 있는 기구"의 뜻으로 '뎡부/정부'가 추출된 화제영역과 대표적인 예문은 다음과 같다.

(21) <보호대상>, <개혁대상>, <공격대상>, <보고처>, <찬송대상>, <조직체>, <믿음대상>, <붕괴대상>

　　ㄱ. 인민이 쩌들고 일어나 그 <u>정부를 보호흐고</u> (독립)

　　ㄴ. 지금 새 <u>정부롤 조직흐야</u> 긔화에 정신을 쓰는 째니 (경향)

(21ㄱ, ㄴ)의 '정부를 보호흐다, 정부롤 조직흐다' 등에서 '뎡부/정부'의 하위의미인 "한 나라의 최고 통치권을 가지고 있는 기구"라는 하위의미

를 얻을 수 있다. 한편 "국가의 정책과 그 집행을 맡은 주체"의 뜻으로
'뎡부/정부'가 속한 화제영역은 <공평주체>가 있다.

    (21′) 우흐로 셩군을 모시고 아늬로는 <u>공평훈 정부가</u> 잇스나 (독립)

(21′)의 '정부가 공평흐다'를 통해서 '뎡부/정부'의 하위의미 "국가의 정
책과 그 집행을 맡은 주체"를 확인할 수 있다.『표준국어대사전』에서는
'정부'를 단의어(單義語)로 등재하고 있다. 참고로 용례 중심의 사전인
『연세 한국어사전』에서는 본고와 같이 '정부'를 다의어로 처리하고 있다.
    개화기 천주교/기독교 전문어인 '복음(福音)'은 7개의 영역결정술어와
통합했다. 이를 통해 '복음'의 두 가지 다의를 분석할 수 있다. "예수에
의해 구원을 받게 된다는 기쁜 말씀"과 신약 성경에서 예수의 생애와
교훈을 기록한 "복음서"가 '복음'의 하위의미이다. 우선 "예수에 의해
구원을 받게 된다는 기쁜 말씀"의 뜻으로 '복음'이 추출된 화제영역과
대표적인 예문은 다음과 같다.

    (22) <숭상대상>, <교육분야>, <학습영역>, <믿음대상>, <청취대상>,
          <향유대상>
          ㄱ. 양주하던 일을 파타하고 <u>복음를 숭상하며</u> 정엄를 힘쓰니 (신학 208)
          ㄴ. 이 곳에 와 <u>복음을 드른지라</u> 평안흐기를 원흐노라 (신학 392)

(22ㄱ, ㄴ)의 '복음을 숭상하다, 복음을 듣다' 등에서 '복음'의 하위의미
인 "예수에 의해 구원을 받게 된다는 기쁜 말씀"을 얻을 수 있다. "복음
서"를 뜻하는 '복음'이 추출된 화제영역은 <독서물>이 있다.

    (22′) <u>복음을 닑는</u> 모든 사름의 ᄆᆞᆷ을 반드시 감동홀지니라 (신학 38)

(22′)의 '복음을 닑다'를 통해서 '복음'의 하위의미 "복음서"를 확인할 수가 있다. 환유에 의해 어의확장을 겪은 결과로 다의를 획득한 경우이다.

'고기'도 7개의 영역결정술어와 통합했다. 이를 통해 '고기'의 두 가지 다의를 분석할 수 있다. "동물의 살덩어리"와 "물고기"가 그 하위의미이다. 우선 "동물의 살덩어리"의 뜻으로 '고기'가 추출된 화제영역과 대표적인 예문은 다음과 같다.

> (23) <음식물>, <강탈대상>, <매물대상>, <예비대상>, <투척물>, <물건>
> ㄱ. 사롬들이 도야지고기와 개고기 파는 거슬 졔 임의로 금단ᄒᆞ고 심지어 그 <u>고기를 모도 늑탈하는</u> 고로 (독립)
> ㄴ. 뎌희가 흥샹 원망ᄒᆞ는 하느님이 물과 <u>고기를 예비ᄒᆞ야</u> 주신지라 (신학 285)

(23ㄱ, ㄴ)의 '고기를 늑탈하다, 고기를 예비ᄒᆞ다' 등에서 '고기'의 하위의미인 "동물의 살덩어리"를 찾을 수 있다. 한편 "물고기"의 뜻으로 '고기'가 추출된 화제영역은 <성장대상>이 있다. <성장대상>은 [+유정성]을 가진 어휘를 집합으로 하는데, 이것이 '고기'의 의미를 "물고기"로 한정한다.

> (23′) 괴화요쵸를 심으고 년못슬 파 년도 심으고 <u>고기도 기르고</u> 공퇴지가와 공일이면 가셔 말근 공긔도 마시고 (미일)

(23′)의 '고기도 기르다'를 통해서 '고기'의 하위의미인 "물고기"를 확인할 수가 있다.

7개의 영역결정술어와 통합한 또다른 경우로서, '편지(便紙/片紙)'를 들 수 있다. '편지'와 영역결정술어의 통합관계로 '편지'의 두 가지 다의를 분석할 수 있다. "편지지와 편지봉투를 아우르는 말", "편지의 내용”이 ‘편지’의 하위의미이다. 우선 “편지지와 편지봉투를 아우르는 말”
의 뜻으로 ‘편지’가 추출된 화제영역과 대표적인 예문은 다음과 같다.

(24) <수집물(手執物)>, <투척물>, <물건>, <헌납대상>, <예비대상>

　　ㄱ. 그 희 동지스 째에 드러가 쥬교끠 이 <u>편지롤 밧치기로</u> (경보 80)

　　ㄴ. 청국에 보낼 <u>편지를 예비ᄒ여</u> 사ᄅᆞᆷ을 변문에로 보내겟논고로 (경보 264)

(24ㄱ, ㄴ)의 ‘편지롤 밧치다, 편지를 예비ᄒ다’ 등에서 ‘편지’의 하위의
미인 “편지지와 편지봉투를 아우르는 말”을 얻을 수 있다. 한편 “편지의
내용”의 뜻으로 ‘편지’가 추출된 화제영역은 <위조대상>, <낭독물>
이 있다.

(24′) 그 사ᄅᆞᆷ이 ᄌᆞ긔 <u>편지를 위조ᄒ</u> 줄 알고 (대한)

(24′)의 ‘편지를 위조ᄒ다’ 등을 통해서 ‘편지’의 하위의미 “편지의 내
용”을 확인할 수 있다.

　개화기 신생어 ‘쳘도/텰도(鐵道)’는 6개의 영역결정술어와 통합했다.
이를 통해 ‘쳘도/텰도’의 두 가지 다의를 분석했다. “기차 운행을 위한
철제 궤도”, “기차”가 ‘쳘도/텰도’의 하위의미이다. “기차 운행을 위한
철제 궤도”의 뜻으로 ‘쳘도/텰도’가 추출된 화제영역과 대표적인 예문을
다시 보이면, 다음과 같다.

(25) <호위대상>, <보호대상>, <매물대상>, <관리물>, <축조물>

　　ㄱ. 포구롤 긔항ᄒ며 <u>텰도롤 건축ᄒ거나</u> (경보 66)

　　ㄴ. 만쥬와 요동 등디에 병참쇼를 두어 <u>쳘도를 보호ᄒ려</u> ᄒ다ᄒ니 (미일)

(25ㄱ, ㄴ)의 ‘텰도롤 건축ᄒ다, 쳘도를 보호ᄒ다’ 등에서 ‘쳘도/텰도’의

하위의미인 "기차 운행을 위한 철제 궤도"를 얻을 수 있다. 한편 '기차'의 뜻으로 '쳘도/텰도'가 추출된 화제영역은 <운송수단>이 있다.

> (25′) 일긔가 죠흐면 <u>쳘도를 타고</u> 시골노 다니시며 민간 질고를 친히 술피신
> 다더라 (독립)

'쳘도/텰도'가 환유에 의해 의미확장이 되어서 "기차"라는 주변의미가 생긴 셈인데, (25′)의 '쳘도/텰도를 타다'는 관용 표현으로서 '기차를 타다'라는 의미로 해석된다. 한편 현대국어의 '고속도로를 타다, 국도를 타다, 자유로를 타다'와 같은 관용 표현은 여기서 유추된 것으로 파악할 수 있다.

'도량형(度量衡)'은 4개의 영역결정술어와 통합했다. 이를 통해 '도량형'의 두 가지 다의를 분석할 수 있다. "길이, 부피, 무게 등을 재는 기구", "그렇게 하는 단위의 체계"가 '도량형'의 하위의미이다. 우선 "길이, 부피, 무게 등을 재는 기구"의 뜻으로 '도량형'이 추출된 화제영역과 대표적인 예문은 다음과 같다.

> (26) <수리대상>, <수입대상>, <제출물>
> ㄱ. <u>도량형을 슈리ᄒ기</u> 위ᄒ야 특허를 밧으려면 엇지 ᄒᄂ뇨 (경보 421)
> ㄴ. <u>도량형을 슈입ᄒ여</u> 풀고져 ᄒ면 엇지ᄒᄂ뇨 (경보 421)

(26ㄱ, ㄴ)의 '도량형을 슈리ᄒ다, 도량형을 슈입ᄒ다' 등에서 '도량형'의 하위의미인 "길이, 부피, 무게 등을 재는 기구"를 얻을 수 있다. 한편 "길이, 부피, 무게 등을 재는 단위의 체계"의 뜻으로 '도량형'이 추출된 화제영역은 <개정대상>이 있다.

> (26′) <u>도량형이 긔뎡되엿다</u> ᄒ니 그 법이 엇더ᄒ뇨 (경보 405)

(26')의 '도량형이 기덩되다'를 통해서 '도량형'의 하위의미 "길이, 부피, 무게 등을 재는 단위의 체계"를 확인할 수 있다. 한편『표준국어대사전』에서는 '도량형'을 "길이, 부피, 무게 따위의 단위를 재는 법"으로 뜻풀이하는바, 단의어로 보고 있으며, 개화기의 "길이, 부피, 무게 등을 재는 기구"의 뜻인 '도량형'에 대해서는 '도량형기'의 북한어로 기술하고 있다. 이로써 우리는 개화기에는 다의어로 쓰이던 '도량형'이 현대국어에서 '도량형'과 '도량형기'로 어형을 달리하여 각각 단의어로 쓰이는 것으로 파악할 수 있다. 한편 3개의 영역결정술어와 통합한 '져울'도 '도량형'에 준하는 다의어이다. 즉 '져울'이 "기구"의 의미로 <물건>, <공평주체> 화제영역에서 확인되고, "단위"의 의미로 <개정대상> 화제영역에서 확인된다.

'머리(頭)'도 4개의 영역결정술어와 통합했다. 이를 통해 '머리'의 두 가지 다의를 분석할 수 있다. "신체에서 목 윗부분인 頭部", "머리털"이 '머리'의 하위의미이다. "신체에서 목 윗부분인 頭部"의 뜻으로 '머리'가 추출된 화제영역과 대표적인 예문은 다음과 같다.

(27) <게양물>, <신체부위>

　　ㄱ. 치우와 묵특이 곳흔 마왕을 참ᄒᆞ여 그 <u>머리를 둘고</u> (대한)

　　ㄴ. 방안에 더운 도슈가 더부러나 <u>머리가 압흐고</u> (독립)

(27)의 '머리를 둘다, 머리가 압흐다'에서 '머리'의 하위의미인 "신체에서 목 윗부분인 頭部"를 찾을 수 있다.9) 한편 "머리털"의 뜻으로 '머리'가 추출된 화제영역은 <성장대상>, <추물(醜物)>이 있다.

(27') 아모리 학부대신이 억지로 <u>머리를 기르고</u> 녯 복식을 닙으라 (독립)

____

9) '머리가 압흐다'에서 '머리'를 "머리속" 혹은 "두뇌"의 어의로 파악한다면 개화기 신문·잡지 자료에서 확인되는 '머리'의 다의는 세 가지가 되는 셈이다.

(27′)의 '머리를 기르다' 등을 통해서 '머리'의 하위의미 "머리털"을 확인할 수 있다.

'비단(緋緞)'도 4개의 영역결정술어와 통합했다. 이를 통해 '비단의 두 가지 다의를 분석할 수 있다. "명주실로 짠 광택이 나는 옷감", "그것으로 만든 옷"이 '비단'의 하위의미이다. 우선 "명주실로 짠 광택이 나는 옷감"의 뜻으로 '비단'이 추출된 화제영역과 대표적인 예문은 다음과 같다.

(28) <수출대상>, <귀중품>, <단장수단>
    ㄱ. 엇던이는 몸의 <u>비단으로 단장하고</u> 오입하는데 침혹하야 (신학 5)
    ㄴ. 시톄를 혼가지로 장스홀시 셔양 법례대로 <u>비단으로 쓰고</u> (경보 328)

(28ㄱ, ㄴ)의 '비단으로 단장하다, 비단으로 쓰다' 등에서 '비단'의 하위의미인 "명주실로 짠 광택이 나는 옷감"을 얻을 수 있다. 한편 중심의미에서 환유에 따른 어의확장으로 생긴 주변의미인 "비단옷"의 뜻으로 '비단'이 속한 화제영역은 <의복>이 있다.

(28′) ㄱ. 군즈의 <u>비단을 입어</u> 몸이 더운 것이 이 누가 쨔는 거시며 (미일)
    ㄴ. 빅셩이 <u>무명옷슬 아니 닙고</u> 모직과 비단을 닙게 되며 (독립)

(28′)의 '비단을 입다/닙다'를 통해서 '비단'의 하위의미 "비단옷"을 확인할 수 있다.

'공업(工業)'은 3개의 영역결정술어와 통합했다. 이를 통해 '공업'의 두 가지 다의를 분석할 수 있다. "원료를 인력이나 기계력으로 가공하여 유용한 물자를 만드는 산업", "그러한 산업을 가르치는 학문"이 '공업'의 하위의미이다. 우선 "원료를 인력이나 기계력으로 가공하여 유용한 물자를 만드는 산업"의 뜻으로 '공업'이 추출된 화제영역과 대표적인 예문은 다음과 같다.

(29) <보호대상>, <발달대상>

　　　ㄱ. 샹업과 <u>공업을 보호ᄒ야</u> 써 궁곤혼 쟈를 구졔ᄒ며 (경보 10)

　　　ㄴ. 뎌는 한인의 <u>공업이 발달홀가</u> 밤낫으로 넘려ᄒᄂ니 (대한)

(29ㄱ, ㄴ)의 '공업을 보호ᄒ다, 공업이 발달ᄒ다'에서 '공업'의 하위의미인 "원료를 인력이나 기계력으로 가공하여 유용한 물자를 만드는 산업"을 얻을 수 있다. 한편 "그런 산업을 가르치는 학문"의 뜻으로 '공업'이 추출된 화제영역은 <교육분야>가 있다.

　　(29′) 뎡부에셔 크게 학교를 셰우고 인민을 모집ᄒ야 각식 <u>공업을 ᄀᄅ치ᄂ</u>
　　　　　쳐쇼라 (독립)

(29′)의 '공업을 ᄀᄅ치다'를 통해서 "학문"으로서의 '공업'을 확인할 수 있다.

　이밖에 2개의 영역결정술어와 통합한 개화기 명사 어휘에서 분석된 다의어로는 '강습소(講習所), 고등지판쇼(高等裁判所), 경졔학(經濟學), 정치학(政治學), 동물(動物), 식물(植物), 산포슈(山砲手), 샹표(商標), 이스라엘, 찬미, 찬미가(讚美歌), 츄잠(秋蠶)' 등이 있다. 이들 어휘는 본고의 대상 자료를 통해 다의를 논할 수 있는 최소 영역결정술어의 개수에서 분석되었기 때문에 모두 2개의 다의만 확인할 수 있다. 예문은 본고의 해당 화제영역에서 찾을 수 있는바, 생략하도록 하고, 분석된 다의만 소개한다.

　우선 '강습소(講習所)'는 "강습하는 건물"과 "강습하는 기관"의 의미가 각각 <설립물>, <발기모임>을 통해서 분석된다. '고등지판쇼(高等裁判所)'는 "판결하는 장소"와 "판결하는 건물"의 의미가 각각 <압송처>, <수리대상>을 통해서 분석된다. 개화기의 명사 어휘 중에서 신생어에 해당하는 '경졔학(經濟學)'과 '정치학'도 다의가 분석되는데, "학문"으로서의 의미와 "학과"로서의 의미가 그것이다. "학문"은 <학습영역>을 통해서, "학과"는 <졸업학교>를 통해서 '경제학(經濟學)'과 '정치학'의 의미를 확인할 수 있다.

'동물(動物)'과 '식물(植物)'은 "생물 자체"와 "학문"으로서의 의미를 분석할 수 있는데, '동물'은 <귀중품>을 통해서 "생물 자체"라는 의미를, <학습영역>을 통해서 "학문"으로서의 의미를 확인할 수 있고, '식물'은 <매물대상>을 통해서 "생물 자체"라는 의미를, '동물'의 경우와 마찬가지로 <학습영역>을 통해서 "학문"으로서의 의미를 확인할 수 있다.

'산포슈(山砲手)'는 "사냥꾼"과 "사냥행위"의 의미가 각각 <종속대상>, <금지대상>을 통해서 분석된다. '샹표(商標)'는 "상품의 표지"와 "상품의 상징(logo)"의 의미가 각각 <위조대상>, <경쟁물>을 통해서 분석된다. 개화기 외래어인 '이스라엘'에서는 "사람"과 "장소"의 의미를 분석할 수 있는데, '이스라엘'은 <구속대상>을 통해서 "사람"의 의미를, <지배대상>을 통해서 "장소"의 의미를 분석할 수 있다.

개화기국어에서 유의관계에 있는 '찬미(讚美)'와 '찬미가(讚美歌)'에서는 "하나님의 사랑과 은총을 기리는 노래", "찬송가 텍스트 자체"의 의미를 분석할 수 있는데,10) '찬미'는 <음악곡>을 통해서 "하나님의 사랑과 은총을 기리는 노래"라는 의미를, <독서대상>을 통해서 "찬송가 텍스트 자체"라는 의미를 확인할 수 있고, '찬미가(讚美歌)'는 '찬미'와 마찬가지로 <음악곡>을 통해서 "하나님의 사랑과 은총을 기리는 노래"라는 의미를, <광고물>을 통해서 "찬송가 텍스트 자체"라는 의미를 확인할 수 있다. 마지막으로 '츄잠(秋蠶)'는 "양잠(養蠶)"과 "누에"의 의미가 각각 <실시대상>, <성장대상>을 통해서 분석된다.

---

10) '찬미'가 '찬송가'의 의미였음은 언더우드의 『한영ㅈ뎐』(1890)에서 천주교/기독교 관련 어휘 중에 "Hymn. n. 셩영, 챵, 찬미, 찬미ᄒ난노래."를 통해서도 알 수 있다 (이병근 2001: 17).

제5장 결론

　이상에서 개화기 신문·잡지를 토대로 본고에서 모색한 연구 방법을 적용하여 개화기국어 명사 어휘를 고찰하였다. 여기서는 앞 장들에서 논의된 내용을 요약하고 미진했던 부분에 대해 반성하면서 앞으로의 과제를 제시해 보기로 한다.

　본고의 목적은 데이터베이스화된 개화기 신문·잡지를 토대로, 개화기 명사 어휘에 대해 연구 방법을 설계해 보고 명사와 술어의 어휘·문법적 특성을 실증적으로 보이면서 개화기국어 공시태의 명사 어휘에 대해 화제영역별로 어휘의 특성을 기술하고 어휘관계를 밝히는 것이었다. 이런 목적 하에 제1장 서론은 연구 목적, 연구 대상 및 자료, 논의의 구성으로 짜여졌는데, 개화기 신문·잡지를 데이터베이스화한 약 240만 어절의 말모음을 연구 대상으로 삼았음을 밝혔다. 이 자료를 이용하여 자료의 빠른 검색은 물론이고, 어휘들의 빈도, 어휘들 간의 통합관계 등을 손쉽게 확인할 수 있으며 특히 본고에서 추구하는 어휘·문법적 특성을 실증할 수 있었다.

　제2장에서는 개화기국어 명사 어휘체계의 수립을 위해 연구 방법을 모색했다. 우선 연구 방법 설계를 위해 본고에서는 '영역결정술어'라는 개념을 제안했다. 영역결정술어란 "일정한 양의 말모음(corpus)에서 고유한 화제영역으로 묶일 수 있는 명사 어휘들을 논항으로 취하되, 명사 어휘들의 어휘관계를 구명할 수 있을 정도로 실증적 용례가 충분히 추

출되는 술어 용언"을 말한다. 이로써 개화기의 시사성이 높은 화제를 확인할 수 있었다. 본고의 영역결정술어는 Gross의 Classes d'Objets에서 제안한 'Prédicats Appropriés'와 Fillmore의 'FrameNet'에 소개된 'frame elements(FEs)'에서 암시를 얻은 것이지만, 이들과는 엄격히 구별된다. 특히, Prédicats Appropriés는 부류들(classes)을 규정해 주는 술어이고, 본고에서 제안한 영역결정술어는 영역들(domains)을 나누는 술어이다. 즉 명사어휘목록의 구성요소가 되는 명사들이 다소 이질적인 부류에 속하더라도 영역결정술어에 의해서 한 영역에 속하기도 한다. 영역결정술어가 선정되면 명사어휘목록과 영역결정술어의 통합관계와 용례를 명시적으로 제시했다.

그리고 본고에서 파악하고자 하는 개화기국어 명사 어휘의 어휘관계는 유의관계, 반의관계, 상위-하위관계, 부분-전체관계, 은유/환유, 존대어화/비속어화, 단어족을 중심으로 보여주었다. 물론 신생어, 차용어, 전문어는 개별 화제영역에서 추출된 대로 업급하였다.

제3장에서는 설계된 연구 방법을 바탕으로 화제영역을 결정하되, 인물 관련 어휘, 개인생활 관련 어휘, 사회생활 관련 어휘의 망을 수립하면서, 다시 사회생활 관련 어휘를 정치, 경제, 산업, 사회, 문화, 교육으로 계층화시켰다. 화제영역별로 추출된 영역결정술어와 명사어휘목록을 예시하고, 어휘를 정리 · 기술하였다.

제4장에서는 명사 어휘를 중심으로 통합하는 영역결정술어와 개별 명사의 통합관계를 다시 한번 검토하면서 개화기 주요 명사 어휘가 여러 화제영역에 걸치는 경우가 지니는 의미를 고구해 보고, 개화기 중요 명사 어휘의 다의관계를 분석해 보았다.

결과로 어휘체계화를 위해 방대한 어휘관계에 관심을 두었기 때문에 개별적인 어휘들의 세세한 특성까지는 살피지 못했다. 그러나 방대한 데이터베이스를 토대로 개화기 신문 · 잡지에 쓰인 명사 어휘를 실증적으로 살펴보았고, 이를 통해 공시적인 개화기국어의 명사 어휘를 실증되는 대로 기술할 수 있었다. 특히 개화기의 언어실상을 더 잘 보여주는 신생어, 전문어, 외래어뿐만 아니라 일반 명사들까지 어휘관계를 파악해 보고 나아가서 명사와 영역결정술어의 통합관계까지 검토하고 계량화함으로써 개화기의 주요 명사 어휘도 확인할 수 있다. 나아가 다의 관계까지 확인했다.

이를 토대로 가깝게는 현대의 신문·잡지를 균형있게 구축하여 개화기의 그것과 서로 비교 검토해 보아야 할 것이다. 개화기국어와 현대국어의 더 새롭고 구체적인 관계를 확인할 수 있을 것이다. 예컨대 일단은 개화기국어와 현대국어의 영역결정술어부터 차이가 있다. 다행히 개화기국어와 현대국어의 영역결정술어가 겹친다 하더라도 명사어휘목록에서 큰 차이가 있다. 이처럼 현대국어 자료와 함께 개화기국어 자료를 연구하면 개화기국어와 현대국어의 비교점과 차이점이 더 구체적으로 드러날 것이 예상된다.

한편 멀게는 화제영역을 넘어서 보편적인 의미영역을 수립해야 할 것이다. 의미영역을 입체적으로 체계화하고, 아울러 그 속에서 개화기국어 어휘 용법과 현대국어 어휘 용법을 비교해야 할 것이다. 그리고 근대, 중세국어 시기의 어휘 용법과 비교를 통해 어휘사를 정립해야 할 것이다.

참고문헌

강규선(1989), 「20세기 초기 국어의 경어법 연구」, 성균관대 박사논문.

강신항(1985a), 「근대화 이후의 외래어 유입 양상」, 『국어생활』 2, 국어연구소.

강신항(1985b), 「서구문명의 유입과 국어생활의 변화」, 『전통문화와 서양문화』, 성균관대학교.

강신항(1995), 「일본 한자어」, 『새국어생활』 5-2, 국립국어연구원.

고영근(1976a), 「서양인의 한국어문법연구」, 『한국어문논총』, 우촌강복수박사회 갑기념논총, 형설출판사.

고영근(1976b), 「19세기 중엽의 불란서 선교사들의 한국어연구에 대하여」, 『김형규박사정년퇴임논문집』, 서울대학교 사범대.

고영근(1979), 「19세기 전반기의 서양인의 국어연구자료」, 『관악어문연구』 14, 서울대 국문과.

고영근(1999), 『텍스트이론-언어문학통합론의 이론과 실제』, 대우학술총서 448, 아르케.

고종석(1999), 『감염된 언어-국어의 변두리를 담은 몇 개의 풍경화』, 개마고원.

곽충구(1989), 「『로한ᄌ뎐』의 한국어와 그 전사에 대하여」, 『이화어문논집』 10, 이화여자대학교 한국어문학연구소.

국립국어연구원(1993), 『신소설의 언어 사용 실태 조사』, 국립국어연구원.

권영민(1975), 「개화기 소설의 문체 연구」, 서울대 석사논문.

권영민(2002), 『한국현대문학사(1896-1945)』 1, 민음사.

김광조(1984), 「개화기의 어휘 연구-『독립신문』에 나타난 어휘를 중심으로」, 연세대 교육대학원 석사논문.

김광해(1993), 『국어어휘론 개설』, 집문당.

김광해(1995), 「조망-국어에 대한 일본어의 간섭」, 『새국어생활』 5-2, 국립국어연구원.

김동언(1998), 『'턴로력뎡'과 개화기 국어』, 한국문화사.

김동언(1999), 「개화기 국어 형태」, 『국어의 시대별 변천 연구』 4, 국립국어연구원.

김민수(1968), 「주시경의 국어 운동」, 『이숭녕박사송수기념논총』, 을유문화사.

김민수(1977), 『주시경 연구』, 탑출판사.

김봉희(1999), 『한국 개화기 서적 문화 연구』, 이화여자대학교 출판부.

김석득(1986), 「개화기의 국어 연구」, 『국어생활』 4, 국어연구소.

김영배(1985a), 「『Corean Primer』의 어휘(상)-한자어를 중심으로」, 『정익섭 박사 화갑 기념 논총』, 간행위원회.

김영배(1985b), 「『Corean Primer』의 어휘(하)-고유어를 중심으로」, 『월촌 구수영 선생 화갑 기념 논총』, 간행위원회.

김완진(1973), 「국어어휘마멸의 연구」, 『진단학보』 35, 진단학회.

김인선(1990), 「갑오경장 전후 개화파의 한글 사용-독립신문에서의 한글전용 배경」, 『주시경학보』 8, 탑출판사.

김종택(1973), 「한·중·일어의 서구 외래어 수용 양상」, 『국어교육연구』 2, 전국교육대학 국어연구회.

김종훈(1987), 「개화기 교과서 어휘 소고」, 『한실 이상보 박사 화갑 기념 논총』, 민속원.

김창섭(1999), 『국어 어휘 자료 처리를 위한 단어와 구의 형태·통사론적 연구』, 국립국어연구원.

김형철(1990), 「개화기 문헌의 어휘 연구-『서유견문』을 중심으로」, 『경남어문』 23, 경남대학교.

김형철(1997), 『개화기 국어 연구』, 경남대 출판부.

김형철(1998), 「개화기 유의어 연구」, 『청암 김영태 박사 화갑 기념 논문집』, 창
　　원대.

김형철(1999), 「개화기 국어 어휘」, 『국어의 시대별 변천 연구』 4, 국립국어연구원.

남기심(1977), 「개화기 국어의 문체에 대하여」, 『연세교육과학』 12, 연세대.

남영신(1994), 『(새로운) 우리말 분류 대사전』, 성안당.

문유진(1996), 「의미론적 어휘개념에 기반한 한국어 명사 WordNet의 설계와 구
　　축」, 서울대학교 박사학위논문.

민현식(1986a), 「개화기 국어의 어휘에 대하여 ─ 사라진 고유어·한자어를 중심
　　으로」, 『국어생활』 4, 국어연구소.

민현식(1986b), 「개화기 국어의 어휘(1)」, 『약천김민수교수회갑기념논총』, 탑출판사.

민현식(1986c), 「개화기 국어의 어휘(2)」, 『국어교육』 53·54, 한국국어교육연구회.

민현식(1986d), 「개화기 국어의 어휘(3)」, 『국어교육』 55·56, 한국국어교육연구회.

민현식(1993), 「개화기 국어사 자료에 대하여」, 『국어사 자료와 국어학의 연구』,
　　문학과 지성사.

민현식(1994a), 「개화기 국어 문체 연구」, 『국어국문학』 111, 국어국문학회.

민현식(1994b), 「개화기 국어 문체에 대한 종합적 연구(1)(2)」, 『국어교육』 83·84.

민현식(1999), 「개화기 국어 문법」, 『국어의 시대별 변천 연구』 4, 국립국어연구원.

박동호(1998), 「대상부류에 의한 한국어 어휘기술과 한국어 교육」, 『한국어교육』
　　9-2.

박동호(2002), 「다의어 분할의 원칙 ─ 세종체언 전자사전의 경우」, 한국사전학회
　　제2회 학술대회, 한국사전학회.

박동호(2003), 「의미부류 체계의 구축과 적용」, 『어학연구』 39-1, 서울대 언어교
　　육원.

박영섭(1989), 「신소설에 나타난 어휘고(1) ─ 고유어와 사라진 한자어를 중심으로」,
　　『논문집』 19, 강남사회복지학교.

박영섭(1990a), 「신소설에 나타난 어휘고(2) ─ 고유어를 중심으로」, 『기곡 강신항
　　선생 화갑 기념 논문집』, 태학사.

박영섭(1990b), 「신소설에 나타난 어휘고(4) – 신용어와 차용어를 중심으로」, 『논
　　　문집』 20, 강남대.

박영섭(1992), 『개화기 국어 어휘 자료집 – 신소설편』, 솔터.

박영섭(1994a), 『개화기 국어 어휘 자료집(1) – 독립신문 편』, 서광학술자료사.

박영섭(1994b), 『개화기 국어 어휘 자료집(2) – 신소설 편』, 서광학술자료사.

박영섭(1996), 『개화기 국어 어휘 자료집(3) – 교과서・신문 편』, 박이정.

박영섭(1997a), 『개화기 국어 어휘 자료집(4) – 잡지 편』, 박이정.

박영섭(1997b), 『개화기 국어 어휘 자료집(5) – 외래어 편』, 박이정.

박용수(1994), 『새우리말갈래사전』, 서울대 출판부.

박현순(1989), 「국역성서의 어휘와 문체에 대한 연구」, 서울여대 석사학위논문.

변민주(1995), 「20세기 초 국어의 파생어 연구」, 단국대 석사논문.

서상규・한영균(2000), 『국어정보학입문』, 태학사.

서재극(1970), 「개화기 외래어와 신용어」, 『동서문화』 4, 계명대학교.

서정섭(1991), 「개화기 국어 어휘의 의미에 대하여 – 신소설을 중심으로」, 『한글
　　　문화』 4.

서정수・우인혜(2005), 「일본을 거쳐서 들어온 외래어휘」, 『새국어생활』 5-2, 국
　　　립국어연구원.

성원경(1989), 「『서유견문』에 한역된 각 국가명고」, 『동방학지』 36・37, 연세대
　　　국학연구소.

성환갑(1986), 「차용어와 고유어의 조화」, 『국어학 신연구』, 약천김민수교수화갑
　　　기념논총, 탑출판사.

송　민(1976), 「19세기 천주교 자료의 국어학적 고찰」, 『국어국문학』 72・73, 국
　　　어국문학회.

송　민(1985), 「조선 통신사의 일본어 접촉」, 『어문학논총』 5, 국민대.

송　민(1987a), 「조선 통신사의 모국어 체험」, 『어문학논총』 6, 국민대.

송　민(1987b), 「프랑스 선교사의 한국어 연구 과정」, 『교회사연구』 5, 한국교회
　　　사연구소.

송   민(1988a), 「일본 수신사의 신문명 어휘 접촉」, 『어문학논총』 7, 국민대.

송   민(1988b), 「국어에 대한 일본어의 간섭」, 『국어생활』 14, 국어연구소.

송   민(1989), 「개화기 신문명 어휘의 성립 과정」, 『어문학논총』 8, 국민대.

송   민(1990), 「어휘 변천의 양상과 그 배경」, 『국어생활』 22, 국어연구소.

송   민(1992), 「개화기의 언어 개신에 대하여」, 『어문학논총』 11, 국민대.

송   민(1994), 「갑오경장기의 어휘」, 『새국어생활』 4-4, 국립국어연구원.

송   민(1999a), 「신생한자어의 성립배경」, 『새국어생활』 9-2, 국립국어연구원.

송   민(1999b), 「한자어 기선, 기차의 연원」, 『새국어생활』 9-3, 국립국어연구원.

송   민(1999c), 「開化初期의 新生漢字語 受容」, 『어문학논총』 18, 국민대.

송   민(1999d), 「器械에서 機械가 되기까지」, 『새국어생활』 9-4, 국립국어연구원.

송원용(2002), 「형태론과 공시태·통시태」, 『국어국문학』 131, 국어국문학회.

신복룡(1999), 『조선견문기(H.N. 알렌 지음/신복룡 역주)』, 집문당.

신중진(1998), 「현대국어 의성의태어 연구」, 국어연구 154, 서울대 석사학위논문.

신중진(2003), 「개화기 주요 한글자료를 찾아서」, 『인하어문연구』 6, 인하대학교.

신중진(2004a), 「개화기 신문·잡지에 쓰인 고빈도 동음이의어 고찰」, 『한국문화』
    33, 서울대 한국문화연구소.

신중진(2004b), 「개화기 한글자료 말뭉치의 구축 방안」, 『관악어문연구』 29, 서
    울대 국어국문학과.

신중진(2005a), 「개화기 신문·잡지에 쓰인 명사 파생 접사와 파생어」, 『한민족어
    문학』 46, 한민족어문학회.

신중진(2005b), 「개화기에 신생한 '電' 관련 어휘에 대하여」, 『한국어학』 29, 한
    국어학회.

신중진(2006), 「한국 근대 초기의 '洋' 관련 서구 문명 어휘에 대하여」, 『국어국
    문학』 144, 국어국문학회.

신창정(1992), 「개화기 국어 표기법의 전개와 검토」, 『국어 표기법의 전개와 검
    토』, 한국정신문화연구원.

심은리(1995), 「개화기 국어 교과서 연구」, 홍익대 교육대학원 석사논문.

심재기(1982), 『국어어휘론』, 집문당.

심재기(1988), 「게일 문법서의 몇가지 특징 － 原則談의 설정과 관련하여」, 『한국문화』 9, 서울대 한국문화연구소.

심재기(1989), 「한자어 수용에 관한 통시적 연구」, 『국어학』 18, 국어학회.

심재기(1992a), 「개화기의 교과서 문체에 대하여」, 『국어국문학』 107, 국어국문학회.

심재기(1992b), 「개화기 문체 양상에 관한 연구」, 『한국문화』 13, 서울대 한국문화연구소.

심재기 편(1998), 『국어어휘의 기반과 역사』, 태학사.

엄소연(1999), 「개화기 국역성서 어휘의 의미·통사론적 연구」, 숙명여대 석사학위논문.

여증동(1981), 「19세기 『독립신문』에 대한 연구(1)」, 『배달말』 6, 배달말학회.

여증동(1982), 「19세기 『독립신문』에 대한 연구(2)」, 『배달말』 7, 배달말학회.

여증동(1989), 「19세기 『독립신문』에 대한 연구(3)」, 『배달말』 8, 배달말학회.

연규동(1996), 「근대국어 어휘집 연구」, 서울대 박사학위논문.

오미나(2000), 「『사민필지』의 국어학적 연구」, 숙명여자대학교 석사학위논문.

우인혜(1985), 「『독립신문』의 국어학적 연구」, 한양대 석사학위논문.

유만근(1980), 「외래어 수용 방식에 대한 고찰」, 『어학연구』 16-1, 서울대.

유탁일(1980), 「개화기 교과용 도서 총록」, 『한국학논집』, 계명대 한국학연구소.

유현경(1997), 「국어 형용사 연구」, 연세대 박사학위논문.

육진경(1990), 「19세기 후기 국어의 형태론적 연구」, 건국대 석사논문.

윤사순·이광래(2001), 『우리 사상 100년』, 현암사.

이경우(1998), 『최근세 국어 경어법 연구』, 태학사.

이광린(1969), 『한국 개화사 연구』, 일조각.

이광린(1975), 「서재필의 『독립신문』 간행에 대하여」, 『진단학보』 39, 진단학회.

이규태(2000a), 『죽어도 나는 양반, 너는 상놈 － 이규태의 개화백경1』, 조선일보사.

이규태(2000b), 『호판 댁 나귀는 약과도 싫다하네 － 이규태의 개화백경2』, 조선일보사.

이규태(2001a), 『잘돼도 못돼도 다 조상 탓－이규태의 개화백경3』, 조선일보사.

이규태(2001b), 『소 죽으면 며느리 얻는다－이규태의 개화백경4』, 조선일보사.

이규태(2001c), 『개화는 싫어 개국은 더욱 싫어－이규태의 개화백경5』, 조선일보사.

이규태(2001d), 『오로지 교육만이 살 길이라－이규태의 개화백경6』, 조선일보사.

이기동(1994), 「갑오경장이 어문 생활에 끼친 영향」, 『새국어생활』 4-4, 국립국어
　　　연구원.

이기문(1975), 『개화기의 국문 연구』, 일조각.

이기문(1977), 「19세기 말의 국문론에 대하여」, 『어문논집』 19・20, 고려대 국문과.

이기문(1979), 「19세기 말엽의 국어에 대하여」, 『난정남광우박사화갑기념논총』,
　　　간행위원회.

이기문・이병근(1979), 「주시경 학문을 다시 생각한다」, 『한국학보』 16, 일지사.

이기문(1980), 「19세기 말엽의 국어에 대하여」, 『난정남광우박사회갑기념논총』,
　　　일조각.

이기문(1984), 「개화기의 국문 사용에 관한 연구」, 『한국문화』 5, 서울대 한국문
　　　화연구소.

이기문(1989), 「『독립신문』과 한글 문화」, 『주시경학보』 4, 탑출판사.

이병근(1970), 「19세기 후기 국어의 모음체계」, 『논문집』 7, 학술원.

이병근(1976), 「19세기 국어의 모음체계와 모음조화」, 『국어국문학』 72・73, 국
　　　어국문학회.

이병근(1977), 「최초의 국어사전 『말모이』」, 『언어』 2-1, 한국언어학회.

이병근(1978), 「애국계몽주의 시대의 언어관」, 『한국학보』 12, 일지사.

이병근(1979), 「주시경의 언어 이론과 늣씨」, 『국어학』 8, 국어학회.

이병근(1980), 「말소리에서 『조선말본』으로」, 『연암현평효박사회갑기념논총』,
　　　형설출판사.

이병근(1982), 「국어 사전 편찬고」, 『백영정병욱박사환갑기념논총』, 신구문화사.

이병근(1985), 『국어연구의 발자취』, 서울대 출판부.

이병근(1986), 「개화기의 어문 정책과 표기법 문제」, 『국어생활』 4, 국립국어연구원.

이병근(1988), 「개화기의 어휘 정리와 사전 편찬」, 『주시경학보』 1, 탑출판사.

이병근(1998), 「통감부 시기의 어휘 정리와 그 전개―지석영의 『언문』을 중심으로」, 『한국문화』 21, 서울대 한국문화연구소.

이병근(1999), 「한국어 동사의 어휘문법적 특성에 관한 사전학적 연구―'좋다// 나쁘다/싫다'를 중심으로」, 『애산학보』 23.

이병근(2000), 『한국어 사전의 역사와 방향』, 태학사.

이병근(2001), 「서양인 편찬의 開化期 韓國語 對譯辭典과 近代化―한국 근대 사회와 문화의 형성과정에 관련하여」, 『한국문화』 28, 서울대 한국문화연구소

이병근(2003), 「근대국어학의 형성에 관련된 국어관―대한제국 시기를 중심으로―」, 『한국문화』 32, 서울대 한국무화연구소.

이성구(1985), 『훈민정음연구』, 동문사.

이숭녕(1965), 「천주교 신부의 한국어 연구에 대하여」, 『아세아연구』 18, 고려대학교.

이응호(1975a), 『개화기의 한글 운동사』, 성청사.

이응호(1975b), 「외국인의 사전 편찬 사업」, 『명지어문학』 7, 명지대.

이응호(1983), 「『한불ᄌ뎐』에 대하여」, 『한글』 179, 한글학회.

이응호(1994), 「갑오경장과 어문정책」, 『새국어생활』 4-4, 국립국어연구원.

이익섭(1992), 『국어 표기법 연구』, 서울대 출판부.

이익섭(1993), 「근대 국어 표기법의 성격과 특징」, 『정신문화연구』 50, 한국정신문화연구원.

이태진(2000), 『고종시대의 재조명』, 태학사.

이한섭(1987), 「『서유견문』에 받아들여진 일본의 한자어에 대하여」, 『일본학』 6, 동국대 일본학연구소.

이현희(1994a), 『중세국어 구문연구』, 신구문화사.

이현희(1994b), 「19세기 국어의 문법사적 고찰」, 『한국문화』 15, 서울대 한국문

화연구소.

이현희(1999a), 「'둫다' 구문에 대한 통시적 연구」, 『진단학보』 87, 진단학회.

이현희(1999b), 「개화기 국어 자료」, 『국어의 시대별 변천 연구』 4, 국립국어연구원.

이홍식(2000), 「개화기의 국문 관련 논설에 대한 고찰」, 『덕성어문학』 제10집, 덕성여자대학교.

임홍빈·한재영(1993), 「국어 어휘의 분류 목록에 대하여」, 국립국어연구원.

정귀생(1983), 「개화기 차용어의 연구」, 단국대학교 석사논문.

정길남(1992), 『19세기 성서의 우리말 연구』, 서광학술자료사.

정길남(1994), 『성서의 우리말 연구』, 서광학술자료사.

정길남(1996), 『개화기 자료 집성』, 박이정.

정길남(1997), 『개화기 교과서의 우리말 연구』, 박이정.

정도세(1998), 「개화기 교과서의 어휘 연구－1890년대 국어 교과서를 중심으로」, 경남대 석사논문.

정승철(1999), 「개화기 국어 음운」, 『국어의 시대별 변천 연구』 4, 국립국어연구원.

정우택(1987), 「후기 근대 국어의 형태음소론적 고찰」, 『국어연구』 79, 서울대 석사논문.

정재영(1997), 「19세기 말부터 20세기 초의 한국 어문」, 『한국문화』 18, 서울대 한국문화여구소.

조남현(1985), 「한국 개화사상의 단면－『독립신문』의 논설－」, 『전통문화와 서양문화(1)』, 성균관대출판부.

조문제(1984), 「개화기 국어과 교육의 연구」, 한양대 박사학위논문.

조성오(1993), 『우리역사이야기-조선후기에서 식민지시기까지』, 돌베개.

채현식(2000), 「유추에 의한 복합명사 형성 연구」, 서울대 박사학위논문.

최경봉(1006), 「국어 명사의 의미 구조 연구」, 고려대학교 국어국문학과 박사학위논문.

최명옥(1985a), 「19세기 후기 서북방언의 음운론」, 『인문연구』 7, 영남대.

최명옥(1985b), 「존 로쓰의 Corean Primer(한국어초보)의 평북 의주지역어」, 『천
　　　시권교수화갑기념논총』, 형설출판사.
최명옥(1985c), 「서북방언의 문서술어에 대한 형태론적 연구―19세기 후기 평북
　　　의주지역어를 중심으로」, 『방언』 8, 한국정신문화연구원.
최태영(1986), 「초기 번역 성경 연구 3」, 『국어학 신연구』, 약천김민수교수화갑
　　　기념논총, 탑출판사.
최태영(1990), 「초기 번역 성서의 띄어쓰기」, 『숭실사학』 4, 숭실대.
최태영(1991), 「초기 번역 성경 연구 4」, 『국어학의 새로운 인식과 전개』, 김완진
　　　선생화갑기념논총, 민음사.
최태영(1993), 「초기 번역 성경의 ‘ㅎ다’ 용언고」, 『국어사 자료와 국어학의 연구』,
　　　문학과 지성사.
최태영(1998), 「19세기 말 국어의 띄어쓰기―『독립신문』을 중심으로」, 『국어국
　　　문학』 121, 국어국문학회.
최호섭·옥철영(2002), 「한국어 의미망 구축과 활용」, 2002 한국어학회 국제학
　　　술대회, 발표논문집.
한백언(1985), 「19세기 국어의 복합명사 연구」, 단국대학교 석사학위논문.
한송화(1998), 「국어 자동사 연구」, 연세대 박사학위논문.
한영균(1989), 「國語學研究에 있어서의 PC의 活用可能性」, 『울산어문논집』 5, 울
　　　산대 국문과.
한영균(2003), 「어휘 계량적 분석과 띄어쓰기 문제」, 『한국문화』 31, 한국문화연
　　　구소.
홍윤표(1985), 「최초의 국어사전 『국한회어』에 대하여」, 『백민전재호박사회갑기
　　　념논문집』, 간행위원회.
홍종선(1996), 「개화기 시대 문장의 문체 연구」, 『국어국문학』 117, 국어국문학회.
野間秀樹(1998), 『朝鮮語 分類基礎語彙集』, 東京外國語大學 語學敎育硏究協議會.
柳父章(1982), 『飜譯語成立事情』(서혜영 옮김. 도서출판 일빛), Tokyo : Iwanami
　　　Shoten, Publishers.

Alan Partington (1998), *Patterns and Meanings; Using Corpora for English Language Reseach and Teaching*, John Benjamins Pub. Co.

Aitchison, J. (1988/1994), *Word in the mind -An Introduction to the Mental Lexicon*, Blackwell.

Baker, Collin F. and Josef Ruppenhofer (2002), FrameNet's Frames vs. Levin's Verb Classes. In J. Larson and M. Paster (eds.) Proceedings of the 28th Annual Meeting of the Berkeley Linguistics Society.

Benson, M., Benson, E., Ilson, R. (1986), *Lexicographic Description of English*, John Benjamins Pub. Comp.

Buitelaar, P. (1998), CoreLex: Systematic Polysemy and Underspecification, Ph.D. Dissertation, Brandeis University.

Christiane Fellbaum (1998), *WordNet: An Electronic Lexical Database*, The MIT Press.

Cruse, D. A. (2000), *Meaning in Language; An Introduction to Semantics and Pragmatics*, Oxford University Press.

Cruse, D. A. (2001), The Lexicon, *The Handbook of Linguistics*, Blackwell Pub.

Edwin Willams (1987), *On the Definition of Word*, The MIT Press.

Fillmore, Charles J. (1982), Frame semantics; in Linguistics in the Morning Calm (pp. 111-137), Hanshin Publishing Co., Seoul, South Korea.

Gross, G. (1992), "Classes d'objets et enseignement", Actes du colloque sur le traitement automatique, Séoul.

Handke, Jürgen (1995), *The Structure of the Lexicon*, Mouton de Gruyter : Berlin, New York.

Hartmann, R. R. K. (1983), *Lexicography : Principles and Practice*, Academic Press Inc.

Jackendoff, R. (1993), *Patterns in the mind: Language and human nature*, Harvester Wheatsheaf; New York, London, Toronto, Sydney, Tokyo, Singapore.

Jackson, H. (1988), *Words and Their Meaning*, Longman.

Jan Anward (2000), A dynamic model of part-of-speech differentiation, *Approaches to the Typology of Word Classes*, Mouton de Gruyter : Berlin/New York.

Johnson, Christopher R. and Charles J. Fillmore. (2000), The FrameNet tagset for frame-semantic and syntactic coding of predicate-argument structure. In the Proceedings of the 1st Meeting of the North American Chapter of the Association for Computational Linguistics (ANLP-NAACL 2000).

Levin B. (1993), *English Verb Classes and Alternations*, The Uni. of Chicago Press.

Lyons (1968), *Introduction to Theoretical Linguistics*, Cambridge Uni. Press.

Lipka, L. (1992), *An outline of English Lexicology: Lexical Structure, Word Semantics and Word-Formation*, Max Niemeyer Verlag, Tübingen.

Mel'čuk, Igor (1992), *Dictionnaire explicatif et combinatoire du français contemporain, Recherches lexico-sémantiques III*, Les Presses de l'Université de Montréal.

Mel'čuk, Igor A., André Clas, Alain Polguère (1995), *Introduction À La Lexicologie Explicative et Combinatoire*, Duculot.

Ooi, V. B. Y. (1998), *Computer Corpus Lexicography*, Edinburgh Uni. Press.

Petruck, Miriam. (1996), Frame Semantics. In Jef Verschueren, Jan-Ola Östman, Jan Blommaert, and Chris Bulcaen (eds.). Handbook of Pragmatics 1996. Philadelphia: John Benjamins.

Pustejovsky, J. (1995), *The Generative Lexicon*, The MIT Press.

Sinclair, S., Cottrell, G. & M. Tanenhaus (1988), *Lexical Ambiguity Resolution*, San Mateo: Morgan Kaufmann.

William Bright (1992), *International Encyclopeadia of Linguistics*, Oxford Uni. Press.

Yael Ravin & Claudia Leacock (2000), Polysemy: An Overview, *Polysemy: Theoretical and Computational Approaches*, Oxford Press.

부록: 영역결정술어 대당 화제영역

찾아보기

>>> **라**

레지스터(register) 17, 115

>>> **마**

말모음(corpus) 17
명령문 234
명사어휘목록 29
문맥색인(KWIC) 28
문맥의미 40

>>> **바**

반의관계(antonymy) 30
반의어 149
변한말 116
보통명사 37, 40
부류(classes) 24
부분-전체관계 31
부분어(meronym) 31
부정 지향적 어휘 67
북한어 38
분할배열 41, 211
불완전동사 42, 152
비속어 47
비인성명사 58

>>> **사**

사전 149
삽입절 234
상위-하위관계(hyponymy) 30
상위어 30, 76, 216
생산성 44

『서유견문』 16
수혜자 32
시사성 99
신생어 31, 39
신어 55
『신학월보』 20
심리 어휘부 26

>>> **아**

약자 지향적인 어휘 47
어근 34
어의변화 79
어의확장 268
어휘개념구조 108
어휘계층(lexical hierachies) 30
어휘관계 24
어휘장(lexical fields) 29, 49
어휘집합 28
언문철자법 19
연어관계 82, 142
영역(domains) 24
영역결정술어 24, 29
오표기 100
외래어 123
원말 116
원언어(source language) 32
원음주의 163
유의관계(synonymy) 30
유의어 54, 124
유추 270
유형(types) 21
은유 67
음차 외래어 36
의미역 150
의미자질 58, 230
의미정보 116

신중진
· 부산 출생
· 서울대학교 인문대학 국어국문학과 졸업(1996)
· 동 대학원 국어국문학과 문학석사(1998)
· 동 대학원 국어국문학과 문학박사(2004)
· 국립국어원 사전편수원 역임
· 한신대, 충북대, 울산대, 대구대, 가톨릭대, 인하대, 이화여대, 서울대 강사 역임
· 서울대 기초교육원 전임대우강사 역임
· 현재 울산대학교 인문대학 국어국문학과 조교수

주요 논저
· 「율사본『불설대보부모은중경』의 국어학적 고찰」(1996)
· 「의성어의 조어원리와 단어형성 참여 양상」(1999)
· 「통시사전 기술 방향 연구: 유의관계에 있는 '기르다/양육하다/치다/키우다'를 통해서」
  (2004)
· 「-르]$_{Noun}$＋ㅅ＋Noun- 합성어의 통시 어휘론」(2004)
· 「'고드름'의 방언 분화와 어원」(2006)
· 「한국 근대 초기의 '洋' 관련 서구 문명 어휘에 대하여」(2006)외 다수

國語學叢書 60

개화기국어의 명사 어휘 연구

초판 제1쇄 인쇄 2007년 11월 10일   초판 제1쇄 발행 2007년 11월 20일

지은이 신중진

펴낸이 지현구 **펴낸곳** 태학사 **등록** 제406-2006-00008호

주소 경기도 파주시 교하읍 문발리 파주출판도시 498-8

전화 마케팅부 (031) 955-7580~2 편집부 (031) 955-7584~90 **전송** (031) 955-0910

홈페이지 www.thaehaksa.com **전자우편** thaehak4@chol.com

ⓒ 신중진, 2007

값은 뒤표지에 있습니다.

ISBN 978-89-5966-187-9   94710
ISBN 978-89-7626-147-2   (세트)

國語學 叢書 目錄

國語學 叢書 目錄